슈퍼 트레이더

SUPER TRADER

장세에 상관없이 수익이 계속 불어나게 하라!

슈퍼 트레이더

반 K. 타프 지음 | 신가을 옮김

SUPER
TRADER

이레미디어

감사의 글

이 책이 나오도록 애써주신 분들이 너무 많아서 한 사람 한 사람 일일이 거명하기가 힘들 정도다. 우선 모두에게 감사를 전한다. 다른 방향으로 생각해보도록 자극이 되는 질문을 해준 분도 계셨고, 새로운 방향에서 출발하도록 제안을 해준 분도 계셨다. 하지만 너무 큰 신세를 졌기에 여기에서 특별히 거론하고 싶은 분들이 있다.

특히, 이 책의 일러스트를 담당해준 질리언 콤펠Jillian Comphel에게 감사를 전한다. 질리언 같은 인재를 발견해 직원으로 두고 있다는 것이 얼마나 다행인지 모른다.

퇴고와 편집을 맡아준 베키 맥케이Becky McKay에게도 감사를 전한다. 팔방미인 베키 덕분에 이 책이 나올 수 있었다. (고마워요, 베키!)

그리고 이 책이 나오도록 해준 캐시 해스티Cathy Hasty와 멜리타 헌트Melita Hunt에게 감사를 전한다. (두 분 모두 고맙습니다!) 우리 회사의 전직 CEO였던 멜리타는 2009년 운명을 달리했다. 모두 멜리타를 그리워하고 있다.

내게 큰 도움을 주신 모든 분들과 여기에 직접 언급하지 않았더라도 작건 크건 간에 힘을 보태주신 모든 분들께 감사를 전한다.

반 K. 타프Van K. Tharp

평범한 투자자의 운명

사람들은 끊임없이 내게 전화를 걸어 도움을 요청한다. 그러면서 항상 이런 조건을 붙인다. "저는 그냥 평범한 투자자이기 때문에 시간이나 노력을 많이 들이고 싶지는 않아요."

혹시 당신도 바로 그런 사람은 아닌가?

조 스미스Joe Smith 역시 자신을 그저 평범한 보통 투자자라고 생각했다. 그는 열심히 일했고, 2003년에 은퇴했다. 조는 은퇴 이후에 사용할 투자 밑천으로 62만 3,000달러를 모았고, 은퇴 후 사회보장을 포함해 월 6,500달러의 수입이 생겼으며, 약 35만 달러의 주택담보대출금이 남아 있었다. 조와 아내는 보유한 현금으로 대출금을 갚을지에 대해 의논했다. 매달 2,000달러씩 대출금으로 빠져나가고 있었기에 모두 상환하면 여유롭게 생활할 수 있기 때문이었다.

2000년부터 2003년까지 시장이 곤두박질치자 조의 밑천은 30% 가량 줄어들었다. 그러나 2003년에 시장은 다시 상승했으며, 따라서 조는 최악의 상황은 지났다고 판단하고 연 10%의 수익을 기대했다. 연 10%의 수익이면 매달 쓸 수 있는 돈이 5,000달러나 늘어나는 것이다. 이는 담보대출금을 갚고도 남는 액수였다. 조는 도시공학 석

사였고, 그에게 있어 투자는 그리 어려운 얘기가 아니었다. 왜냐하면 그는 영리한 사람이므로 시장에서도 잘 해낼 거라고 믿었다. 조는 평균 이상의 수익을 올려서 2000년도에 시장이 붕괴되기 이전처럼 잔고를 100만 달러까지 불릴 수 있을 거라 생각했다.

그러나 조 역시 많은 사람이 저지르는 실수를 범했다. 그는 도시공학을 8년간 공부했고, 늘 최고로 인정받아 왔다. 그는 자신이 똑똑하므로 은퇴 후에 시장의 프로들을 능가해 연 10% 수익을 올리는 투자자가 될 수 있다고 생각했다. 그러기 위해서 조가 생각한 방법은 제대로 된 종목을 고르는 것이었고, 실제로 그는 그렇게 했다.

현재 68세인 조가 시장에서 공부한 것이라곤 종목 선정에 관한 책 서너 권과 워렌 버핏에 관한 책 한 권을 읽은 게 전부였다. 그리고 정기적으로 경제 뉴스를 시청했다. 조는 자기가 바라는 금액만큼 벌 수 있다고 확신했으며, 경제 일간지도 몇 부씩 구독했으므로 정보도 충분히 수집하고 있다고 생각했다.

한동안은 잘 풀리는 듯 보였다. 2003년부터 2005년까지 투자를 통해 약 12만 달러를 벌었고, 조 부부는 그중 절반을 지출했다. 따라서 2008년 초 그의 계좌 잔고는 약 68만 3,000달러였다. 그러나 조는 장기 약세장의 두 번째 구간에 대비하지 못했다. 2008년 9월 30일에 주식시장은 40% 이상 폭락했고, 조의 계좌 잔고는 29%나 줄어 약 48만 4,000달러가 되었다. 주택담보대출금을 상환한다면 자본금 대부분이 없어질 상황이었다. 의회에서 구제금융관련 법안이 통과되자 주식시장은 매일 100포인트씩 하락했다. 계좌의 잔고가 점점 줄어듦에 따라 조의 시름은 깊어져만 갔다.

CNBC TV의 금융전문가 수즈 오만Suze Orman과 짐 크레이머Jim Cramer는 "돈이 필요한 경우가 아니라면 주식을 매도하지 마십시오"라며 주식이 곧 헐값이 될 거라고 예언했다. '매수 후 보유'라는 관점에서 보더라도 조의 계좌는 2000년 고점 대비 60%나 하락했다. 연수익 10%도 버거운 상황에서 조가 그 해 본전을 회복하기 위해서는 70%의 수익을 올려야 할 형편이었다.

조는 훌륭한 도시공학자가 되기 위해 8년을 공부했다. 그럼에도 불구하고 트레이딩은 아무나 할 수 있는 것처럼 생각했다. 아무런 훈련도 받지 않고 무작정 다리를 건설한 꼴이었다. 실제 생활에서는 이런 일이 일어날 수 없지만 시장에서는 얼마든지 가능하다. 실제로 이런 일이 일어난다면 그 다리는 무너지겠지만, 시장에서 이렇게 무모하게 덤비다가는 결국 깡통 계좌만 남게 된다.

이런 시장상황에서 성공적으로 거래하기까지 시간은 얼마나 소요될까? 장기 약세장은 앞으로 10년은 더 계속될 것이다. 미국은 현재 국가 재정이 파산 상태임에도 미친 듯이 돈을 풀어놓고 있기 때문에 누구도 이 사실을 제대로 체감하지 못하고 있다. 악성부채를 해결하기 위해 구제금융으로 7,000억 달러를 퍼부었지만 밑 빠진 독에 물 붓기나 다름없다. 오히려 상황은 더 나빠질 수도 있다. 은퇴기를 맞은 베이비붐 세대들에게는 현금이 절실해질 것이고, 그러면 곧 주식시장에서 거액의 돈이 빠져나가는 거대한 소리가 들릴 것이다! 당신은 이런 사태에 대비하고 있는가?

다음 질문들을 자신에게 던져보기 바란다.

1. 나는 트레이딩 혹은 투자를 사업으로 취급하고 있는가? 사업을 시작할 때 만반의 준비를 하는 것처럼, 트레이딩을 하기 위해 철저히 준비했는가?

2. 트레이딩의 지침이 될 만한, 문서로 된 사업계획서가 있는가?

3. 걸핏하면 실수를 범하는가?(여기서 실수란 정한 규칙을 어기는 것을 말한다)

4. 실수를 방지하기 위해 정규적인 일과를 따르고 있는가?

5. 검증된 시스템을 보유하고 있는가?

6. 이 시스템이 서로 다른 유형의 시장에서 어떤 실적을 내는지 알고 있는가?

7. 현재 시장이 어떤 상황이며, 이런 시장상황에서 내가 보유한 시스템으로 어느 정도의 수익을 기대할 수 있는지 알고 있는가?

8. 만약 이를 모른다면, 이미 손을 털고 빠져나왔는가?

9. 시장에서 현재 보유하고 있는 모든 포지션의 청산지점을 미리 정했는가?

10. 트레이딩의 구체적인 목표를 설정했는가?

11. 포지션사이징 알고리즘을 통해 목표를 달성해야 한다는 사실을 이해하고 있는가? 목표달성을 위한 구체적인 포지션사이징 알고리즘을 개발했는가?

12. 11번의 중요성을 인식하고 있는가?

13. 나의 생각과 신념이 투자의 결과를 만들어낸다는 사실을 이해하고 있는가?

14. 투자 결과는 전적으로 내 책임이라는 것을 인정하는가?

15. 이 모든 것들을 지키기 위해 정기적으로 자기혁신에 노력을 기울이고 있는가?

자신의 상황과 일치하는 항목에 동그라미를 쳐보자. 그리고 동그라미를 친 개수가 10개 미만이라면 당신은 트레이딩을 너무 가볍게 보고 있는 것이다. 따라서 당신의 재정적 건강 수준은 '위험'하다고 할 수 있다.

스스로 그저 보통 투자자라고 생각하는 것과 아무것도 할 수 없다는 생각을 거부해야 한다. 결과를 만드는 것은 당신 자신이며, 지금의 결과는 아무런 훈련도 없이 게임에 참가한 당신 탓이다.

당신의 돈으로 직접 매매한다면 당신은 반드시 이 책의 가이드라인을 따라야 한다. 만약 직접 매매하지 않고 프로 트레이더에게 자금을 맡긴다면 그들 대부분이 하락장에서도 95%나 투자해야 하며, 굴리는 자본가치의 1~2%를 월급으로 가져간다는 사실을 명심하라. 당신이 손실을 보더라도 그들은 여전히 월급을 받는다.

현재 시장에서 당신의 오픈 포지션은 어떠한가? 청산지점, 즉 손실제한 포인트를 설정해두고 있는가? 초기 위험을 R이라고 할 때 당신에게 있어 1R만큼의 손실이 무엇을 의미하는지 알고 있는가? 손실이 이미 3R(원래 계획보다 3배 많은 손실)이나 발생했는데, 그냥 신경 끄고 있으면 하락이 멈추리라 생각하는가? 이처럼 시장에 무관심한 것은 누구의 책임인가?

　시장이 뚜렷한 하락세를 보일 때는 얼른 빠져나와야 한다. 2007년을 기점으로 주식시장은 반환점을 돌았다. 그림 1은 시장의 추이를 보여주는데, 어느 시점에서 상승이 멈추었는지 알 수 있다. 이 차트에는 2003년 이후부터 S&P500의 주봉이 나와 있다. 10주, 40주 이동평균선은 프로들이 주로 활용하는 50일, 200일 이동평균선과 본질적으로 차이가 없다. 2007년 말, 10주 이동평균선이 40주 이동평균선을 하향 돌파했다. 이것이 바로 시장의 변화를 보여주는 분명한 신호였다. 2009년 3월 3일 S&P500은 1,484포인트를 기록했다. 2009년 3월 현재 S&P500지수는 고점 대비 60%나 하락해 670포인트를 기록하고 있다.

그림 1 　2003년 10월부터 2008년 5월까지 S&P500지수 변화 추이

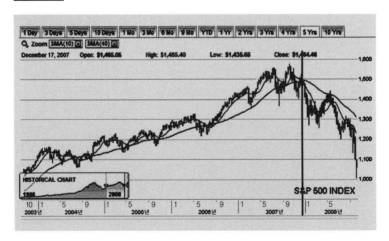

또 다른 신호들도 있다.

- S&P500지수가 1,400포인트를 찍으면서 머리어깨형이 뚜렷하게 형성되었다.
- 2003년부터 장기 추세선을 그려보았다면 1,400 인근에서 빠져나올 수 있었을 것이다.
- 2006년 추세선이 가파르게 상승하다 1,450 인근에서 붕괴된다.
- 내가 분석한 바에 따르면 미 주식시장은 2008년 1월 이후 약세장으로 돌아섰다. 강세장은 끝이 났으며, 2007년 6월 이후 변동성이 심한 횡보장으로 전환되었다.

이처럼 신호는 충분했다. 이런 신호들 중 어느 것 하나라도 나타났을 때 뮤추얼펀드에서 빠져나오기로 계획을 세워두었더라면 좋았을 것이다. 하지만 보통의 투자자들은 대부분 시간을 들여서 시장을 연구하지 않는다. 그러면서도 자신이 알아서 잘 하고 있다고 생각한다는 것이 문제다. 다리나 건물을 세우는데 아무런 조사나 연구도 하지 않고 이렇게 건성으로 한다면 과연 어떻게 될까?

흔히들 '상승주를 사서 하락할 때 매도하면 돈을 벌 수 있다'고 생각한다. 하지만 안타깝게도 대부분은 남의 의견을 따라가기 바빠서 실제로 시장에서 어떤 일이 벌어지고 있는지 스스로 판단하려 하지 않는다. 내가 시장유형을 분석한 바로는 2003년 4월 28일부터 2008년 1월까지 단 한 주도 약세를 보이지 않았다. 시장은 강세 혹은 박스권이었다. 그림 1에서 보는 것처럼 이때는 뮤추얼펀드에 투자해야 한다. 더욱이 2008년 1월 약세장이 고개를 내밀기 시작할 때, 당신은 뮤추얼펀드나 주식시장을 포함한 일종의 장기투자에는 관심을 갖지 않았다. 그림 1을 보면 뚜렷한 강세를 보이는 시기가 전혀 없다. 데이 트레이딩을 했다면 약간의 상승 조정이 있었겠지만 말이다. 차트만 봐도 알 수 있는 내용이다.

좀 더 노련한 투자자라면 상승주를 매수하고 하락주를 공매도할 수 있을 것이다. 그림 2는 MYGN^{Myriad Genetics Inc.}주식 차트다. MYGN 주식은 2008년 약세장에서 대부분의 기간 동안 상승했다. 3~7월 사이 MYGN 주식은 추세를 거스르는 신호가 많았고, 7월과 8월에 특히 강세를 보였다.

하지만 공매도 추천주의 상황은 훨씬 좋았다. 주식시장의 블루

그림 2 MYGN

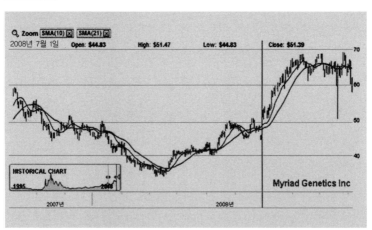

칩 대부분이 2007년 7월 재앙이 시작되기 전에 폭락했다. 석유주, 광산주, 금 관련주와 애플 같은 기술주도 폭락했다. 이들 주식을 이전부터 공매도했다면 좋았을 것이며, 대부분이 '공매도 금지 799개 종목에 이름이 오르지 않은 것들이다. 정부는 한시적으로 공매도 금지 종목을 규정했고, 2008년 9월 19일부터 2008년 10월 8일까지 이 금지 종목은 유효했다.

아무튼 훌륭한 트레이더 또는 투자자가 되는 첫 걸음은 '자기혁신'이다. 오랫동안 이 점을 강조해왔지만, 마음속의 쓰레기(트레이딩에 걸림돌이 되는 쓸데없는 신념과 감정)를 깨끗이 치운 사람만이 시장을 있는 그대로 보고 상승이 멈추었을 때 매도할 수 있었다.

독자 여러분은 어떤가? 그저 그런 보통 투자자의 수준에 머물면서 같은 수준의 사람들과 운명을 함께할 것인가? 아니면 "안 돼. 내가 하기에는 무리가 있어"라고 말하면서 프로들에게 맡길 것인가? 시장이 하락할 때도 내 돈을 굴린다는 이유만으로 돈을 가져가는 프로들에게 말이다. 아니면 트레이딩을 사업으로 운영하는데 필요한 단계들을 하나씩 차근차근 밟아나가겠는가?

진지하게 투자에 임하고 싶다면 바로 지금 교육을 받아야 한다. 5부로 구성된 이 책의 내용은 반 타프 연구소Van Tharp Institute에서 가르치는 슈퍼 트레이더 프로그램과 동일하다. 각 단계에 대하여 프롤로그에서 먼저 대략적으로 설명한 후, 본문에서는 모든 시장유형에서 꾸준하게 수익을 올리는 아이디어와 방법들을 제시하기로 한다.

차례

Part 1 자기혁신

Part 2 | 사업계획서 작성

차례

Super
Trader

Part 5 | 최적의 트레이딩을 위한 아이디어

꾸준한 수익을 올리기 위한 5단계 법칙

이 책의 목표는 트레이딩을 취미나 부업이 아니라 사업으로 영위하면서 다양한 시장환경에서 꾸준한 수익, 평균 이상의 수익을 얻도록 돕는 것이다. 즉, 변동성이 심하거나 적거나 상관없이 상승장, 하락장, 횡보장 등 모든 시장에서 수익을 올린다는 의미다. 이 목표를 달성하도록 하기 위해 나는 5단계 접근법을 고안했다. 내 목표는 독자 여러분이 반드시 다음 5단계를 익혀서 높은 수익을 얻을 수 있도록 도와주는 것이다.

1. **당신 자신의 문제들을 해결하고 자기혁신에 힘써서 트레이딩에 방해가 되는 걸림돌을 제거하라** 가장 먼저 이 단계부터 완수해야 하며, 만약 그렇지 않으면 다른 각 단계에서도 장애 요소로 작용하게 될 것이다.

2. **트레이딩의 지침으로 사용할 사업계획서를 문서로 작성하라** 대개 돈을 벌기 위해 사업계획서를 작성하지만 이건 조금 다르다. 트레이딩을 위한 사업계획은 트레이딩을 하는 동안 계획에 대한 지침서 역할을 하도록 고안된 것이다. 사업계획서는 나머지 모든 단계에 걸쳐 도움을 주며, 시장에 영향을 미

치는 큰 그림에 대한 통찰과 시장에 영향을 미치는 요소들을 파악하여 언제 거래에 문제가 발생할지를 예측하는 방법까지 포함된다. 무료 이메일 소식지인 〈반 타프의 생각들Tharp's Thoughts〉에서는 매월 첫째 주에 거시적 전망에 대한 저자의 견해를 업데이트하고 있다.

3. **큰 그림에 대하여 자신의 견해에 맞는 전략들을 수립하라** 그리고 각각의 전략이 다양한 시장유형에 어떻게 작동하는지 이해하라. 이 단계의 최종 목표는 모든 시장조건에 잘 작동하는 전략을 개발하는 것이다. 특정한 시장조건(변동성이 적은 시장 및 횡보장 포함)에 맞는 전략을 개발하는 건 그다지 어렵지 않다. 그러나 모든 시장조건에서 원활하게 작용하는 한 가지 전략을 개발하는 것은 어렵다. 많은 이들이 이런 전략을 개발하려고 시도하고 있다.

4. **자신의 목표를 철저히 이해하고 그 목표에 맞는 포지션사이징 전략을 개발하라** 포지션사이징position sizing이 거래에 얼마나 중요한 것인지 알고 있는 사람의 비율은 전체 트레이더(혹은 투자자)의 10%도 되지 않는다. 또한 목표를 달성하는 길이 바로 포지션사이징이라는 사실을 알고 있는 트레이더는 더욱 적다. 따라서 네 번째 단계는 각 시스템의 포지션사이징 전략, 즉 목표달성에 도움이 되는 포지션사이징 전략을 개발하는 것이다.

5. **스스로를 끊임없이 되돌아보고 실수를 최소한으로 줄여라** 나

는 규칙을 따르지 않는 것을 '실수'라고 정의한다. 문서 형태의 규칙을 갖고 있지 않은 사람들은 대부분 무얼 하더라도 실수를 많이 하기 마련이다. 그러나 앞선 네 단계를 거쳤다면 트레이딩의 지침이 될 규칙을 갖고 있을 것이며, 이때 규칙을 따르지 않는 것을 실수라고 규정할 수 있다. 같은 실수를 되풀이하는 것은 자기파괴와 다를 바 없다. 실수를 점검하고 꾸준히 자기혁신을 위해 노력한다면 실수로 인한 타격을 줄일 수 있다. 이렇게 하는 사람들은 지속적으로 평균 이상의 실적을 올리게 된다.

1부 자기혁신

내가 하는 모든 행동은 신념에 근거한 것이다. 사실 나 자신이 보는 현실도 신념이 만들어낸 것이다. 신념이란 무엇인가? 내가 쓰는 모든 문장은 나의 믿음을 반영한다. 내 입에서 나오는 모든 말도 내 믿음을 반영하며, 이 믿음이 내 현실을 만든다. 내가 어떤 사람인가도 결국 내 신념에 의해 결정된다.

예를 들어보자. 내 조카는 19세에 우리와 함께 살기 위해 말레이시아에서 이곳으로 왔다(아내와 나는 조카를 미국에 있는 대학에 보냈다). 조카는 우리와 1년을 함께 보낸 후 내게 말했다. "삼촌, 다음 생에는 아름답고 재주 있는 사람으로 태어나고 싶어요." 조카는 그림에 소질이 있었고, 타고난 가수처럼 노래를 잘했다. 이처럼 자유로운 예술적 기질을 갖고 있던 조카는 생물공학으로 학위를 받았으며, 우등으로 졸업했다. 재능이라면 차고 넘칠 지경이었다. 내가 보기에 그렇게 예쁜 아이도 드물었고, 모두들 조카를 보면 예쁘다고 한 마디씩 했다. 너무나 아름답고 재능 있는 여성임에도 자신의 믿음 때문에 자신이 가진 장점을 인식하지 못하는 것이다.

당신의 현실은 바로 당신의 믿음에 의해 결정된다. 아무튼 나는 이러한 조카의 잘못된 믿음을 뜯어고치고 있으며, 거의 성공 지점에 도달했다. 내가 어떤 사람인가는 스스로에 대해 어떤 믿음을 갖고 있느냐에 따라 결정된다. 우리는 '시장을 매매'하는 것이 아니라 '시장에 대한 믿음을 매매'한다. 자기혁신의 열쇠는 자신의 믿음이 과연 유용한지 검증하는 것이다. 만약 쓸모없는 믿음이라면 버리고 유용한 믿음을 찾아라. 이것이 자기혁신의 핵심이다.

평생 자신을 제약하는 믿음이나 자기파괴의 행위로부터 완전히 벗어날 수는 없을 것이다. 하지만 인생을 옭아매는 다섯 가지를 완전히 바꾸고 각각의 것들을 다르게 느낀다면 이 단계가 완성되었다고 생각한다. 다섯 가지 변화에 모두 성공하면 당신은 트레이딩에서 앞으로 다가올 장애물을 극복할 수 있을 것이다.

2부 사업계획서 작성

트레이딩을 위한 사업계획은 제1단계에 포함된다. 사실, 제대로 된 사업계획서에는 트레이딩을 하는 '사람', 즉 트레이더의 신념과 문제, 강점과 약점, 목표 등이 철저히 분석되어 있어야 한다. 당신이 생각하는 당신의 모든 것이 사업계획에 포함되어야 한다.

그러나 그 계획은 또한 다음과 같은 많은 중요한 내용들을 포함하고 있어야 한다.

- **큰 그림에 대한 당신의 평가와 이를 추적하는 방법:** 『재정적 자유를 위한 안전한 전략Safe Strategies for Financial Freedom』을 집필하기 시작할 무렵인 2001년에 나는 장기 약세장의 가능성에 대해 언급하면서 큰 그림에는 다음과 같은 요소들이 포함되어야 한다고 판단했다.

  (1) 미국 및 세계 주식시장에 관한 전반적인 시황 평가

  (2) 세계에서 투자가 가장 유망한 지역과 가장 불리한 지역

  (3) 달러화에 대한 평가(달러화를 쓰지 않는다면 거주하고 있는 자국의 통화)

  (4) 인플레이션 혹은 디플레이션 가능성에 대한 전반적인 평가

  덧붙여 나는 각각의 요소를 측정할 수 있는 기법도 개발했다. 그리고 매월 첫째 수요일마다 내가 발행하는 소식지에 시황을 업데이트하면서 계속하여 이를 지켜보았다.

- **비즈니스 시스템:** 연구, 데이터 점검, (가족이나 고객을 상대로 한) 시장, 자기 점검, 현금흐름 관리, 매매 현황 및 실적을 점검하는 방법을 말한다. 원론적으로 트레이딩 사업을 운영하려면 트레이딩 시스템 외에도 여러 가지 시스템이 필요하다. 트레이딩 사업에 성공하려면 다른 시스템에도 통달해야 한다.

- **시장의 큰 그림에 적합한 전략과 시장환경이 변할 때를 대비한**

전략: 이를테면 2008년처럼 변동성이 심한 약세장에 적합한 전략과 2003년처럼 변동성이 약한 강세장에 통하는 전략은 매우 다르다.

- 당신의 트레이딩 사업이 완전히 망하는 최악의 경우에 대비한 계획: 이런 종류의 계획은 완성하는데 6개월이라는 긴 시간이 소요되기도 한다.

3부 다양한 시장조건에 잘 작동하는 트레이딩 전략 개발

1999년, 미국인은 너나 할 것 없이 주식전문가가 된 듯 보였다. 우리는 노스캐롤라이나주 캐리시에 있는 한 호텔에서 주식시장 관련 워크숍을 개최하고 있었다. 호텔의 한 바텐더가 동료에게 이렇게 말했다. "타프 박사가 워크숍을 한다는데 가보자고." 그러자 옆에 있던 다른 동료가 이렇게 말하는 게 아닌가. "난 필요 없어. 나도 그 정도 강연은 한다고."

비슷한 예를 하나 더 들어보면, 고급 스테이크 레스토랑에서 일하는 한 웨이터는 사실 자신은 트레이더인데 저녁에만 아르바이트로 식당에서 일하고 있다고 말했다. 그는 트레이딩으로 40만 달러를 벌었으며, 스스로를 전문 트레이더라고 생각했다.

하지만 이들 모두 2000~2002년을 무사히 넘기지 못했을 것이다. 2008년은 말할 것도 없다. 왜냐하면 이때는 전혀 다른 시장이었으며, 기술주를 매수하고 보유하는 것은 1999년에나 통하는 전략이었고 이후에는 파멸로 가는 지름길이었기 때문이다.

그러나 2007년에 시장이 뚜렷한 약세장 신호를 보내자 역 지수 펀드inverse index fund 매수전략이 2008년에 빛을 발했다. 즉, 우리가 현재 어떤 시장에 처해 있는지 알아야 한다는 것이다.

나는 여섯 가지 시장유형이 있다고 본다. 변동성이 심한 상승장, 변동성이 약한 상승장, 변동성이 심한 하락장, 변동성이 약한 하락장, 변동성이 심한 횡보장, 변동성이 약한 횡보장이다. 당신이 어떤 관점을 갖고 투자하느냐에 따라 시장유형을 다르게 볼 수도 있다.

나는 13주 회전창rolling windows을 면밀히 검토한다. 이렇게 많은 창을 통해 바라보면서 13주 변화의 절대치를 관찰하면, 평균변화율(1950년까지 거슬러)은 약 5.53%가 된다. 따라서 13주 창의 변화의 양을 살폈을 때 절대치가 5.53%보다 작으면 횡보장이고, 5.53%보다 크고 상승장이면 강세, 5.53%보다 크고 하락장이면 약세라고 본다.

나는 종가의 백분율로서의 ATRaverage true range 지표로 변동성을 측정한다. 같은 기간 ATR이 2.87%이므로 13주 ATR이 2.87보다 크면 변동성이 심한 시장이며, 2.87보다 작으면 변동성이 약한 시장이다. 표 1-1은 시장유형별로 58년간의 데이터를 축약해놓은 것이다.

표 1-1 **58년간의 시장 데이터**

	약세장	횡보장	강세장	
변동성이 심한 시장	10.08%	20.31%	10.96%	41.35%
변동성이 약한 시장	1.83%	37.98%	18.84%	58.65%
	11.91%	58.29%	29.80%	100.00%

많은 투자자들이 모든 시장유형에 맞는 한 가지 전략을 세우려 한다. 이러니 바텐더도, 웨이터도 그 외의 사람들도 하나같이 실패할 수밖에 없다.

하지만 좋은 소식이 있다. 모든 시장유형에 맞는 한 가지 전략을 찾는 건 어렵지만 각각의 시장유형에 맞는 한 가지 전략을 세우는 건 그다지 어렵지 않다. 시장여건을 잘 살피기만 한다면 굳이 모든 조건에 맞는 한 가지 전략을 고안할 필요가 없다.

4부 목표달성에 도움이 되는 포지션사이징 전략 개발

워크숍을 열면 우리는 늘 마블게임을 하는데, 트레이딩 시스템이라는 주머니 속에 마블을 넣어둔다. 트레이딩 시스템의 20%가 10R의 성공 가능성이 있다고 할 때* 그 시스템에는 1R의 실패 가능성이 70% 포함될 수도 있다. 이 마블들 중 하나를 꺼내면 당신은 그 리스크만큼의 손실을 보게 된다. 마지막으로 시스템에 5R의 실패가 10% 포함되어 있다면, 이 마블들을 꺼낼 때 당신은 리스크의 5배에 해당하는 손실을 보게 된다. 마블을 꺼낸 다음에는 다시 주머니에 넣게 되므로 매번 마블을 꺼낼 때마다 확률은 동일하다.

이쯤에서 이런 생각이 들 것이다. '손실이 날 확률이 80%인데 어떻게 돈을 번다는 거지?'

---

*여기서 R은 리스크를 말하며, 10R의 수익은 리스크의 10배에 달하는 수익을 뜻한다.

주머니 속에 마블이 100개 들어 있다고 하자. 이 마블들의 R값을 모두 합하면 +80R이 된다. 다시 말하면 마블을 꺼내는 횟수가 늘어나면 한 번 꺼낼 때마다 평균 0.8R의 수익을 올리게 된다. 따라서 이 시스템의 기대수익은 0.8R이다(100회의 거래 뒤에는 80R의 수익을 올리게 된다). 마블을 한 번 꺼낼 때마다 1%의 리스크를 감수했다면, 마블을 100번 꺼낸 뒤에는 80%의 수익을 얻게 된다. 이만하면 괜찮은 시스템 아닌가?

이 게임을 할 때면 수강생들에게 다양한 인센티브와 벌금을 부과한다. 파산하면 게임에서 퇴출되고 벌금 10달러를 물리며, 게임 후 50%의 손실이 나면 벌금 5달러를 물린다. 또, 게임 후 돈을 잃었다면 2달러의 벌금을 부과한다. 반대로 보상을 주기도 하는데, 수익을 내면 2달러, 50%의 수익을 올리면 5달러를 준다. 그리고 최고 수익을 낸 우승자에게는 남은 돈을 모두 몰아준다.

이런 인센티브가 게임을 위한 얼마간의 목표를 만든다는 것을 주목하기 바란다. 다음과 같은 세 가지 목표가 있을 수 있다.

1. 파산하는 한이 있어도 우승자가 된다. 게임의 우승자는 대개 이런 목표를 가지고 있다.
2. 최소 2달러만 벌더라도 결코 2달러 이상 잃지는 말자. 1번과는 완전히 다른 목표다.
3. 우승하되 파산하지는 않도록 하자. 이 역시 1, 2번과는 완전히 다른 목표다.

게임의 전략을 짜는 방법을 사람들에게 알려줄 때, 나는 다음과 같은 질문을 던진 후에 대답해보도록 권한다.

- 당신은 누구인가?
- 당신의 목표는 무엇인가?
- 당신의 목표를 이루기 위한 포지션사이징 전략(예를 들어, 얼마나 많이)은 무엇인가?
- 어떤 상황이 되었을 때 포지션사이징 전략을 바꿀 것인가?

100명의 트레이더가 모두 최초 자본 10만 달러를 가지고 똑같은 거래를 하게 될 경우(즉, 무작위로 똑같은 마블을 뽑고 다시 주머니에 넣는다), 게임이 끝난 후 잔액은 천차만별이다. 또한, 목표별로 집단을 나누어서 살펴볼 수도 있다. 수익을 내되 손실을 최소한으로 줄이는 것을 목표로 삼은 집단은 잔고의 편차가 약 5~10%로 적은 편이었다. 그러나 우승하겠다는 목표를 가진 집단은 파산부터 100만 달러의 수익을 올린 경우까지 잔고의 편차가 컸다.

이 게임은 성공 거래에서 정말 중요한 것이 무엇인지 보여준다. 즉, 포지션사이징의 '얼마나 많이'라는 변수가 그것이다. 따라서 꾸준한 수익을 올리려면 양의 기대*를 가지고 전략을 개발해야 하며,

---

*positive expectancy; 기댓값 혹은 기대수익이 적어도 0 이상 −옮긴이

목표달성의 가능성을 최대한으로 끌어올리는 포지션사이징 전략을 개발해야 한다. 그런데 이 중요한 과정을 트레이더, 투자자, 심지어 프로들까지도 무시하고 있다.

5부 실수를 최소한으로 줄이는 방법 간구하기

규칙을 따르지 않으면 어떻게 될까? 시스템이 거래 신호를 보내지도 않는데 매매하거나, 청산지점에 이르렀는데 청산하지 않거나, 하나의 거래에 포지션사이징을 너무 크게 설정했거나 이런 것들이 모두 실수에 해당한다. 실수는 엄청난 대가를 요구한다.

우리는 실수의 대가가 어느 정도인지 미리 조사해보았고, 그 결과 투자금을 차입한 트레이더의 경우 단 한 번의 실수로 4R의 손실을 입을 수도 있음을 알게 되었다. 1년에 10번의 실수를 한다면 수익이 40R까지 감소할 수도 있다. 이는 연수익 50%를 내는 트레이더가 실수를 하지 않을 경우 수익을 100% 가까이 얻을 수 있으며, 20%의 손실을 본 트레이더가 실수를 하지 않을 경우 수익을 낼 수 있게 된다는 뜻이다.

스탑*의 범위를 넓게 가져가는 장기 투자자라면 실수의 대가는 1회당 약 0.4R이다. 1년에 10번 실수한다면 약 4R의 손실을 입는 셈이다. 투자자들이 연수익 20%만 올려도 운이 좋은 편이므로 10번만

---

*Stop, **손실제한 포인트**; 가격이 청산지점을 건드리면 시장에서 주문을 내도록 하는 것 −옮긴이

실수하면 20%의 수익이 다 날아가는 것이다.

특히 유의해야 할 마지막 단계는 실수가 미치는 범위를 최소화
하는 것이다. 트레이딩에서 매일 지켜야 할 규칙을 만들고 제1단계
인 자기혁신부터 꾸준히 단계를 밟아나가야 한다.

Part 1

제1부

자기혁신:

Working
on
Yourself

Super
Trader

Make Consistent Profits In
Good and Bad Markets

만족스러운 거래를 하려면?

나는 NLP[*]의 모델러modeler이자 트레이딩 코치다. NLP 모델러는 어떤 분야에 탁월한 재능을 가진 사람들을 만나 그들이 가진 공통점이 무엇인지 밝혀내고, 또 각각의 과제를 수행하려면 어떤 신념과 심리 전략, 심리적 상태가 요구되는지 판단하는 사람이다. 그리고 이러한 정보를 얻으면 다른 사람들에게 과제를 가르치고 비슷한 결과를 얻도록 유도한다. 코치로서 내 임무는 인재를 발굴하여 기본을 배우고 지키도록 이끌어주는 것이다.

1990년 무렵, 최고의 트레이더인 에드 세이코타Ed Seykota, 톰 바소Tom Basso와 함께 워크숍을 개최한 적이 있다. 트레이딩은 개인 심리, 자금 관리(내가 집필한 『돈 되는 투자 시스템 만드는 법Trade Your Way to Financial Freedom』에서 강조했던 포지션사이징) 그리고 시스템 개발, 이렇게 세 가지 요소로 이루어진다는 것이 우리 세 사람의 공통된 의견이었다. 또한 트레이딩의 성공에 작용하는 비중은 거래 심리가 60%, 포지션사이징이 30%이며, 나머지 10%는 시스템 개발이 차지한다는 결론을 얻었다. 대부분의 트레이더들이 거래 심리와 포지션사이징을 무시하

---

[*]neuro-linguistic programming, **신경언어학 프로그램**; 신경체계와 신경체계에 영향을 주는 언어의 상호작용을 통하여 탁월성의 개발 및 목표성취, 그리고 태도 및 행동 변화를 이끄는 이론 또는 기법 —옮긴이

며, 트레이딩 시스템도 갖고 있지 않다. 따라서 트레이더의 90%는 트레이딩에서 실패한다. 하지만 최근 몇 년간 이 세 분야에서 광범위한 모델링을 해오면서 1990년 무렵과는 견해가 조금 달라졌다. 이제는 거래 심리가 성공의 100%를 좌우한다고 감히 주장할 수 있다. 이렇게 말하는 이유는 두 가지로 요약된다.

첫째, 인간은 모든 일을 잘못된 방법으로 해나가도록 프로그램화되어 있다. 즉, 인간의 내면에는 성공에 필요한 것과 정반대의 것을 하도록 유도하는 성향이 존재한다. 예를 들어, 트레이딩에서 가장 중요한 요소가 바로 '나'라면 자신에게 가장 많은 시간을 투자하는 것이 당연하다. 그러나 대다수는 성공에서 '나'라는 요소를 완전히 무시한다. 1부에서는 성공적인 트레이딩을 위해 점검해야 할 요소들을 다루고 있는데, 이 분야들을 철저히 연구하고 실행한다면 당신은 성공한 1% 안에 속할 수 있을 것이다.

둘째로, 내가 모델링한 모든 과제에는 거기에 맞는 신념과 심리

거래를 구성하는 요소들

상태, 그리고 심리 전략이 필요하다. 세 가지 요소는 모두 심리적인 것들이므로 결국 심리가 전부라고 주장해도 과언이 아니다.

제대로 된 트레이딩을 하기 위해서는 다음의 다섯 가지 요소를 모두 갖추어야 한다.

1. **거래 과정**trading process: 훌륭한 트레이더가 되기 위해 매일 해야 할 기본적인 일들을 말한다.

2. **부를 창출하는 과정**wealth process: 돈과 어떤 관계를 맺고 있는 지, 거래 자금이 충분하거나 혹은 그렇지 못하다면 왜 그러한 지 점검하라. 예를 들어, 대부분의 사람들은 만약 매월 지출 이 적다면 가장 큰 인형을 놓고 하는 돈 내기에서 승리할 수 있으며, 지금 당장 그 모든 것들을 가질 수 있다고 믿는다. 하 지만 이런 경우 단 1달러도 벌 수 없을 뿐만 아니라 빚더미 위 에 앉게 된다. 만약 당신이 이런 사람에 속한다면, 당신 또한 매매 자금이 넉넉하지 않을 것이다.

3. **거래의 지침이 될 만한 사업계획을 세우고 유지하기**: 트레이딩 도 비즈니스다. 그것도 창업이 아주 쉬운 비즈니스라고 할 수 있다. 계좌에 돈을 넣고 몇 가지 양식에 서명만 하면 된다. 그 러나 성공하려면 여기 나열한 모든 분야에 통달해야 한다. 그 러려면 엄청난 몰입과 노력이 필요한데 해낼 수 있는 사람은 많지 않다. 대부분은 쉽게, 빨리 일확천금을 벌려고 한다.

4. **적절한 시스템 개발하기**: 누구나 시스템이 종목이나 상품을

고르는 요술 지팡이라고 생각한다. 사실 시장에 진입하는 것은 효과적인 트레이딩에서 가장 하찮은 요소다. 수익을 내는 시스템이 갖추어야 할 핵심 요소는 목표를 정하고 포지션을 청산하는 방법이다.

5. **목표를 충족시키는 포지션사이징:** 시뮬레이션 게임을 통해서 100명이 50회의 거래를 할 경우 100개의 다른 에쿼티*가 나옴을 발견했다(그들은 모두 같은 100개의 거래 결과를 얻었다). 이처럼 수행 결과가 천차만별인 까닭은 두 가지인데, 거래 1회당 리스크를 얼마로 설정하느냐(즉, 포지션사이징)와 포지션사이징을 결정하는 개인 심리가 바로 그 원인이었다.

다음 질문들은 효과적인 거래의 다섯 가지 요소를 기초로 작성한 것이다. 각 질문에 답하면서 스스로를 평가해보기 바란다.

- **효과적인 거래를 위한 일일 규칙을 어느 정도 숙지하고 있는가?** 매일 하루를 시작하기 전에 스스로를 분석하거나 심리적 시연$^{mental rehearsal}$을 하는가? 하지 않는다면 그 이유는 무엇인가? 이 책에 이 문제를 개선할 수 있는 여러 가지 방법을 제시하겠다.

---

*equity; 한 계정의 모든 미청산계약, 즉 오픈 포지션을 시가대로 결제한다고 했을 때 남은 금액을 말하며, 숏포지션과 롱포지션을 시장가격으로 청산한다고 가정했을 때 남는 순자산가액이다. —옮긴이

- **거래가 제대로 돌아갈 만큼 돈이 충분한가?** 아니라면 자기혁신을 하고 '부를 창출하는 과정'을 실행해야 한다.

- **거래의 지침이 될 사업계획을 갖고 있는가?** 사업계획이 없는 사람이 많다. 문서 형태의 사업계획을 가지고 있는 트레이더는 5%에 지나지 않을 것으로 추정된다. 성공하는 트레이더는 5~10%에 불과하다는 이야기가 있다. 앞으로 이 책에서 사업계획 작성법을 설명하겠다.

- **거래의 지침이 될 목표를 모두 적어두었는가?** 대부분 목표를 적어두지 않는다. 목표가 없다면 어떻게 목표에 맞는 시스템을 개발하겠는가?

- **'얼마나 많이**how much**' 라는 요소, 즉 포지션사이징에 얼마나 유의하고 있는가?** 목표달성을 위한 시스템의 포지션사이징 계획을 갖고 있는가? 목표를 달성하느냐, 못 하느냐는 포지션사이징에 의해 결정된다.

- **자기혁신에 얼마나 많은 시간을 할애하는가?** 성공하려면 위에서 설명한 과정을 수행하는데 필요한 규칙을 만들고 심리적 문제를 극복해야 한다.

여기 설명한 항목들이 이 책 전체의 주제다. 나는 성공 거래에 필요한 요소들의 개요를 독자들에게 전달하고자 하며, 코치로서 내 임무는 재능 있는 인재를 발굴하고 그들이 이러한 기본을 따르도록 이끌어주는 것이다.

냉정하게 자신을 평가하라

최고의 실적을 올리는 트레이더는 최고가 되기 위해 필요한 일이라면 무엇이든 한다. 그리고 어떤 일이 벌어지든 자신이 전적으로 책임을 느끼기 때문에 실수를 통해 배우게 된다. 이들은 트레이딩을 비즈니스로 생각하므로 트레이딩을 위한 사업계획을 갖고 있다. 사업계획을 세우면 시장에서 큰 수익을 얻기 위해 무엇을 해야 할지 확실하게 알 수 있으며, 또한 실수에서 교훈을 얻게 된다.

1부에서는 '요즘 한창 뜨는 투자기법'이 아닌, '최상의 트레이딩을 위해 최고의 심리 상태를 유지하는 방법'을 설명하고자 한다. 더불어 트레이딩 호랑이, 카툰 캐릭터 샘SAM이 이 책 전반에 등장하여 성공적인 트레이딩의 길로 안내해줄 것이다.

자신의 내면을 살펴보라

출발선에서: 트레이더가 숙지해야 할 개념들

첫째, 자신을 제대로 평가하는 것이 우선이다. 그리고 실적을 높이기 위해 필요한 것이 무엇인지 판단해야 한다. 이렇게 한번 생각해보자. 만약 당신이 사막 한가운데 서 있는데, 길이라곤 없고 가야 할 길을 표시한 지도만 있다. 하지만 현재 위치가 어딘지 알 수 없다. 이런 상태에서 과연 목적지를 어떻게 찾아가야 할까? 이와 마찬가지로 자신에 대하여 충분히 알지 못하면서 트레이더로서의 역할을 어떻게 감당한다는 말인가? 대다수의 사람들이 이런 상태에 놓여 있다. 그들은 자신을 잘 안다고 생각하지만 사실은 전혀 모르고 있다. 스스로에 대해 어떤 믿음을 갖고 있는지 생각해보았는가? 그리고 당신은 이런 믿음에 부합하는 사람인가?

둘째는 무언가를 원한다면 원하는 상태가 '되는being' 연습을 해야 한다. 즉, 무엇을 하거나doing 소유하기having 전에 먼저 그런 상태가 '되어야' 한다. 누구나 트레이딩을 잘하고 싶어 한다. 그러기 위해서는 어떻게 할지, 어떻게 성공을 거둘지부터 우선적으로 생각해야 한다. 이에 앞서 성공하는 트레이더가 되는 연습을 해야 한다. 이렇게 심리적인 준비를 갖추고 나면, 무엇을 해야 할지 알 수 있고 따라서 원하는 것을 만들어낼 수 있다. 또한 많은 사람들이 남보다 앞서 나가려면 열심히 노력해야 한다고 믿는데, 이는 성공을 이루는 것과는 정반대의 길을 걷는 셈이다. 성공하기 위해서 몸부림을 쳐야 한다고 믿는다면, 당신의 앞날은 그야말로 가시밭길이 될 것이다.

셋째로 최고의 트레이더들은 항상 단순함을 추구한다. 일종의 완벽주의 콤플렉스에 걸린 트레이더들은 대부분 웬만해서는 만족해하지 않는다. 이렇게 하면 더 좋을 텐데…… 저렇게 하면 좋을 텐데…… 좀 더 나은 청산 또는 진입 방식이 있을 거라고 고민한다. 이런 사람들은 새로운 아이디어를 얻기 위해서 언제나 고군분투한다. 결국 트레이딩의 실제적인 문제들에 도달할 수 없으며, 트레이더가 되는 것도, 트레이딩을 하는 것도 불가능하게 된다. 검증할 것과 해야 할 일이 항상 존재하므로 결국 트레이딩을 하거나 휴식을 취할 시간이 없게 된다. 복잡함은 과감히 던져버리고 단순함을 지향하라.

최근 세미나에서 어떤 트레이더가 이렇게 말했다. "저는 상승하는 종목을 삽니다. 만약 하락하면 재빨리 빠져나오고, 상승하면 그냥 놔둡니다. 이런 방식으로 많은 돈을 벌었지요." 이것이 바로 단순함이다. 하지만 마음과 정신이 투명해야 시장이 어떻게 움직이는지 볼 수 있고, 시장의 움직임을 볼 수 있어야 단순함을 추구할 수 있다. 차이를 만드는 것은 바로 맑은 정신이다. 이 특별한 트레이더는 늘 거래를 시작하기 전에 내면의 인도internal guidance를 구했다. 나는 이것이 큰 차이를 만든다고 믿는다.

네 번째는 바로 자존감이다. 일반적인 사람들도 그러하지만 낮은 자존감을 갖고 있는 트레이더가 많다. 자신이 가치 있는 소중한 존재임을 믿지 못하면, 이러한 믿음이 다른 모든 것들을 지배해버린다. '트레이딩으로 돈을 벌 수만 있다면 내가 좀 괜찮은 사람이라는 생각이 들텐데'라고 믿을지도 모른다. 하지만 이런 생각의 바탕에는 두 가지 믿음이 존재한다. 하나는 낮은 자존감 그 자체이고, 다른 하나는 트레이딩의 성공이 낮은 자존감을 고쳐줄 거라는 믿음이다. 안타깝게도 그런 경우는 드물다. 낮은 자존감은 그것을 합리화시키는 행동들을 생산하고 지배하게 만든다. 따라서 이러한 사실을 인지하고 자존감을 높일 방안을 강구해야 한다. 만약 당신이 인생을 고군분투하는 과정이라고 생각한다면, 아마도 그것은 당신의 낮은 자존감 때문일 것이다.

이 모든 문제를 해결할 열쇠는 자신을 이해하는 것과 트레이딩 결과의 근본적인 원인은 자기 자신에게 있다는 사실을 깨닫는 것이다. 그 다음에야 성공을 향한 여정을 떠날 수 있다.

가장 최근에 트레이딩에서 입은 손실을 떠올려보자. 그 원인은 무엇이며, 누구의 책임인가? 나 자신이 아닌 다른 것(시장상황, 브로커, 잘못된 조언 등)에 책임을 돌린다면 당신이 트레이딩 결과를 책임지지 않겠다는 것을 의미한다. 그리고 이 사실을 이해할 때까지 계속 실수를 반복하게 될 것이다. 반면 투자 결과를 전적으로 자신의 책임으로 인정하게 되면, 자신이 어떤 실수를 저질렀는지 깨닫고 바로잡을 수 있다. 시장은 당신에게 금융 과목을 가르쳐주는 대학교가 되는 것이다. 게다가 성공 트레이딩과 성공 투자에서 가장 중요한 요소가 바로 '자신'이라는 사실을 깨닫게 될 것이다. 이것을 이해하는 사람이야말로 군중의 우두머리가 될 수 있다.

영국에 사는 한 신사가 내게 전화를 걸어왔다. 내가 만든 '최고의 실적을 위한 자습서'로 공부하던 사람이었다. "당신이 만든 교육 과정을 6개월째 공부하고 있는데, 나 자신에 대해서는 많이 알게 되었지만 한 가지가 부족해요. 양의 기대 시스템이 없거든요." 아이러 니한 사실은 내가 그 과정에서 방법론을 제공하고자 하지 않았다는 것이다. 그것은 어떻게 하면 최고의 실적을 올리는 트레이더와 투자 자가 되는가에 관한 내용이다.

첫 번째로, 어떤 일을 잘하기 위해서는 먼저 자신에게 맞는 방법 을 설계해야 한다. 그러려면 자신이 가진 신념에 맞고, 목표를 충족 시키며, 그리고 자기 존재에 부합하는 방법론을 개발해야 한다.

방법론보다 훨씬 중요한 것이 바로 심리다. 사실 심리는 방법론 의 일부다. 예를 들어, 우리가 합리적인 방법을 개발하는 사람들을 도우려고 하면, 그들은 매우 강하게 반발한다. 왜냐하면 그들은 온 갖 편견에 사로잡혀 성공과는 상관없는 트레이딩의 잘못된 측면에 만 집중하기 때문이다. 이런 사람들에게 바른 방향을 제시하는 건 사실상 무척이나 힘들다.

시장에서 수익을 올리는 지름길은 자신을 어떻게 통제할지를 결 정하는 것에 달려 있다. 이것은 두 가지 차원에서 이루어져야 한다. 먼저 트레이딩에 대한 사업계획을 세울 때마다 상당 부분을 '자기성 찰'에 할애해야 한다. 자신이 갖고 있는 신념을 꼼꼼이 점검해보라. 유용한 신념인가, 혹시 방해가 되고 있지는 않는가? 내 장점과 약점 은 무엇인가? 내가 분명히 보지 못하는 나의 일면은 무엇인가? 분기 별로 최소한 한 번 정도는 반드시 이런 평가의 시간을 가져야 한다.

두 번째로, 자기평가는 하루의 시작과 함께 이루어져야 하며, 어 쩌면 하루 24시간 동안 매 시간마다 필요할지도 모른다. 내 삶에서 어떤 일이 벌어지고 있는가? 시장에 맞설 준비는 되어 있는가? 기분은 어떠하며, 자기파괴^{self-sabotage}같은 것이 슬며시 고개를 들지는 않는가? 자신감이 지나친 상태는 아닌가, 또 너무 과욕을 부리는 건 아닌가? 나의 시스템을 무시해버리고 싶지는 않은가? 최고의 트레이더와 투자자는 이런 식으로 끊임없이 자가진단^{self-assessment}의 시간을 갖는다. 만약 시장에서 더 많은 수익을 거두고 싶다면 당장 자가진단을 시작하는 것이 좋다.

자가진단을 돕기 위해 17개 항목으로 된 문항을 개발하였다. 다음 문항에 답한 후 친구들에게도 권해보기 바란다. 자신의 실적을 꿰뚫어볼 수 있는 통찰력을 얻게 될 것이다. 각 문항에 'O' 또는 'X'라고 솔직하게 답하면 된다.

1. 나는 트레이딩(투자)의 지침이 되는, 문서로 작성된 사업계획을 갖고 있다. (   )

2. 나는 시장이 어떻게 움직이며, 시장을 움직이는 게 무엇인지에 대한 큰 그림을 이해하고 있다. (   )

3. 트레이딩 결과는 전적으로 내 책임이며, 따라서 나는 실수를 계속 고쳐나갈 수 있다.(만약 조금이라도 아니라고 생각한다면 'X'라고 표시할 것) (   )

4. 나는 수익은 계속 유지시키고, 손실이 날 때는 재빨리 청산한다. (   )

5. 나는 추세에 따라 사용할 수 있는 세 가지 매매 전략을 갖고 있

다. (   )

6. 저자의 경우, 제1 매매 전략을 위해 적어도 50회 거래(과거 데이터 혹은 지금 시행하고 있는 거래)에 대한 R-배수 분산R-multiple distribution을 수집해오고 있다. 이 책에서 이후에 배우게 될 R-배수 분산이 무엇인지 모른다면 전략이 전무한 상태이므로 'X'라고 답하라.

   (   )

7. 나는 제2 매매 전략을 위해 최소 50회 거래(과거 데이터 혹은 지금 시행하고 있는 거래)에 대한 R-배수 분산을 수집해오고 있다. (   )

8. 나는 제3 매매 전략을 위해 최소 50회 거래(과거 데이터 혹은 지금 시행하고 있는 거래)에 대한 R-배수 분산을 수집해오고 있다. (   )

9. 나는 각 전략마다 기댓값과 분산의 표준편차를 알고 있다.

   (   )

10. 나는 각 전략이 작용하는 시장유형과 그렇지 않은 시장유형을 알고 있다. (   )

11. 나는 현재 시장이 전략이 작용하는 유형일 때만 그것을 활용해 거래한다. (   )

12. 내 거래에는 분명한 목표가 있다. 내가 하락세를 견딜 수 있다는 것과 이번 해에 성취하고자 하는 바가 무엇인지 알고 있다.

   (   )

13. 내 목표 달성을 위한 분명한 포지션사이징 전략을 갖고 있다.

   (   )

14. 나 자신이 거래에서 가장 중요한 요소임을 알고 있고, 트레이딩

(투자)에서 무엇보다 자기혁신에 더욱 힘쓰고 있다. (   )

15. 나의 심리적 문제들을 잘 알고 있고, 또 정기적으로 개선하고 있다. (   )

16. 나는 정기적으로 거래의 최우선 과제들을 해결한다. (   )

17. 나는 트레이더(투자자)로서 훈련이 잘 되어 있다. (   )

O 항목에만 각 1점씩 부여하고 점수를 합해 총점을 계산해보라. 자, 이제 본인이 어디에 해당되는지 점검해보자.

● **14점 이상** 당신은 훌륭한 트레이더(투자자)의 자질을 갖추었다. 아마도 시장에서 좋은 성적을 내고 있을 것이다.

● **10~13점** 당신은 큰 잠재력을 갖고 있다. 하지만 이따금 큰 실수를 저지르는데, 대부분 심리적 문제일 것이다.

● **7~9점** 당신은 평균치를 조금 웃도는 수준이지만 아직 빅 리그에는 합류하지 못했다. 프로 무대로 진출하기 위해 노력중인 고등학교 풋볼 대표 선수에 불과하다.

● **4~6점** 평균적인 투자자보다는 낮지만 아직 기술을 많이 연마해야 한다. 자기혁신과 훈련에 더 매진하고 당신만의 거래 전략을 개발하라.

● **3점 이하** 당신은 평균적인 트레이더(투자자)이다. 누군가 당신에게 어떻게 하라고 정확하게 알려주기를 원하며, 당장 큰돈을 벌 수 있다고 기대하고 있다. 그런 사람이 없을 때는 투자 자

문이나 권위자를 찾아 나서지만 결과는 당신 뜻대로 되지 않는다. 만약 3~12번 질문에 'O'라고 대답했다면 약간의 가능성이나마 기대해도 좋다. 당신이 탁월함을 향해 매진한다면 몇 년 안에 최고가 될 수 있을 것이다.

이 책을 읽으면서 점차 의욕이 샘솟겠지만 단지 의욕만 넘친다고 되는 일이 아니다. 일단 필요한 일을 해야만 한다.

나는 어떤 유형의 트레이더인가

누구나 훌륭한 트레이더가 될 수 있을까? 내 생각엔 그렇지 않다. 터틀Turtles 실험을 예로 들어보자.

　리처드 데니스Richard Dennis와 빌 에크하르트Bill Eckhardt는《월스트리트저널》과《뉴욕타임스》《시카고 트리뷴》에 터틀 시스템을 통해 훈련해주겠다는 광고를 냈고, 약 1,000명의 사람들이 응모했다. 그들은 52문항의 설문에 응답해야 했고 상위 40명이 뽑혀 시카고에서 면접을 보았다. 이 중 절반도 안 되는 인원이 최종 선발되어 터틀의 일원이 되기 위한 훈련을 받았다. 결국 리처드 데니스가 내기에서 이겼지만, 커티스 페이스Curtis Faith는 이 실험이 무승부라고 생각한다고 말했다. 몇몇 트레이더들은 훌륭했지만, 여러 차례의 선별 작업과 훈

당신은 어떤 유형의 트레이더인가

46

련과정까지 거쳤음에도 불구하고 대부분은 성적이 썩 좋지 못했다.

나는 NLP 신봉자로서, 누군가가 잘 해내는 일이라면 그 기술을 다른 사람에게도 전수할 수 있다고 믿는다. 그래서 트레이딩 과정에서 발생하는 모든 양상들을 전부 모델링한 후, 최고의 트레이더로 훈련하기 위한 워크숍을 개발했다. 그러나 훈련과정을 끝까지 따라가려면 정신력과 집중력이 필요한데, 누구나 이런 능력을 갖고 있지는 못하다. 여러 해 동안 지켜본 결과, 나는 몇 가지 트레이딩 유형이 존재한다는 사실을 발견했다. 타고난 트레이더가 있는 반면, 트레이딩에 중요한 요소들을 터득하기 위해 처절하게 노력해야 하는 사람들도 있었다.

우리는 15개의 트레이더 유형으로 모집단을 구분 짓는 '타프 트레이더 테스트^{Tharp Trader Test}'라는 프로그램을 개발했다. 그리고 유형별로 원형^{prototype}을 찾아내어 각각의 강점과 약점이 무엇인지 연구했다. www.tharptradertest.com에서 당신이 어떤 유형인지 알아보기 바란다. 단 5분밖에 걸리지 않으며, 설문에 대답하면 당신의 유형과 함께 성공하기 위해 필요한 것이 무엇인지 알려준다. 그리고 여기에 당신이 어떤 유형인지 적어보자:_____.

트레이더 유형 중 절반 정도가 높은 성공 가능성을 갖고 있다. 전략적 트레이더는 타고난 트레이더에 가장 가까우며, 트레이딩을 흥미거리로 여기는 트레이더는 타고난 트레이더에서 가장 먼 부류다. 이 유형들을 저울질해보는 건 흥미진진했다. 왜냐하면 각 범주에 맞는 전형적 트레이더를 찾는 게 바로 내 업무 중 하나였기 때문이다. 성공할 수 있는 자질을 타고난 트레이더 유형의 모델을 찾는 건 매우 쉬웠다. 선물·통화시장의 마법사인 폴 튜더 존스^{Paul Tudor}^{Jones}가 바로 그러한 전략적 트레이더의 좋은 모범이다.

반면, 타고난 트레이더가 아닌 유형은 그 사례를 찾기가 쉽지 않았는데, 이런 유형의 사람들은 절대로 좋은 트레이더가 되지 못하기 때문이다. 결국 트레이딩을 재미로 즐기는 트레이더로 스타벅스 CEO를 골랐다. 그는 틀림없이 오락을 즐기는 유형이며, 자기 회사에 투자하고 있기 때문에 그를 성공한 투자자 혹은 트레이더라고 말할 수 있다. 하지만 그는 확실히 폴 튜더 존스는 아니며, 결코 존스가 될 수도 없다.

이제 자신이 어떤 유형에 속하는지 알았을 것이다. 여기 15가지 유형을 살펴보면서, 각 유형의 약점이 무엇인지 알아보자.

1. **전략적 트레이더**strategic trader: 이 유형은 성공할 확률이 아주 높다. 그러나 (1) 감정에 따른 실수를 인식하지 못하는 경향이 있고, (2) 완벽주의에 가까우며, (3) 자신이 옳다는 것을 확인하려는 강한 욕망을 갖고 있다.

2. **계획적 트레이더**planning trader: 이 유형 역시 높은 성공 가능성을 갖고 있다. 주된 관심사는 짜릿함에 대한 갈망과 자신의 판단이 옳다는 것을 확인하는 데 있다. 이 유형의 사람들은 쉽게 거래에 싫증을 내기 때문에 따분함을 해소하려고 하다가 수익을 올리지 못하는 경우가 생긴다.

3. **세심한 트레이더**detailed trader: 세심한 트레이더는 성공할 만한 좋은 기회를 가진 유형이다. 하지만 너무 세세한 부분들에 집착하다가 큰 그림을 놓치기 십상이다.

4. **관리형 트레이더**administrative trader: 자신에게 지나치게 엄격하지만 바로 눈앞에 있는 실수를 잘 보지 못한다. 게다가 압박감에 시달리면 거래에서 만족감을 얻지 못하기 때문에 거래에 몰입할 필요성에 대하여 회의를 갖게 된다. 이 유형 역시 성공 가능성은 높은 편이다.

5. **유연한 트레이더**facilitative trader: 평균 이상의 성공 가능성을 갖는다. 다만 언제나 새로운 것을 추구하기 때문에 논리와 생각에 문제가 생길 수 있다. 게다가 자신의 아이디어, 신념, 시스템을 외부에서 확인받을 필요가 생길지도 모른다.

6. **혁신적 트레이더**innovative trader: 성공 확률은 평균 이상이다. 사사건건 다른 사람의 확인을 받으려 하고 멘토를 늘 필요로 한다. 게다가 감정적으로 대응하는 탓에 시스템이 자기 생각과 어긋날 경우, 좋은 시스템임에도 성급하게 폐기해버리는 경향이 있다.

7. **가치지향 트레이더**values-driven trader: 거래에서의 성공 확률은 평균보다 높으나 자기 고집대로 하려는 성향이 강하다. 게다가 거래에서의 규율과 마무리, 세밀한 것에 집착하는 성향 등이 항상 걸림돌이 되기 쉽다. 이 부류의 사람들 또한 거래에서 지루함을 느낄 수 있으며, 짜릿함을 충족하기 위한 일을 한다.

8. **독립적 트레이더**independent trader: 이 부류의 사람들은 논리지향
   적이며, 논리적으로 이해가 안 되면 제대로 작동하는 시스템
   이라도 쉽사리 거부한다. 게다가 트레이딩에 할애하는 시간
   이 너무 많아 사회적으로 고립되기 쉽다. 트레이딩에 열심히
   매진한다면 성공할 확률이 높다.

이 밖에 나머지 유형은 트레이딩으로 성공하기 쉽지 않다.

9. **사회적 책임의식이 강한 트레이더**socially responsible trader
10. **충동적 트레이더**spontaneous trader
11. **조연 트레이더**supporting trader
12. **빈틈없는 트레이더**accurate trader
13. **예술가 트레이더**artistic trader
14. **재미를 추구하는 트레이더**fun-loving trader
15. **모험적인 트레이더**adventurous trader

당신이 나머지 일곱 가지 유형에 속한다면 트레이딩에서 성공하
는 것이 불가능하지는 않지만, 남들보다 더 많이 노력하고 몰입해야
만 한다.

몰입

인재를 발굴하여 기초를 익히고 따르도록 하는 게 코치로서 내가 하는 일이다. 그런데 재능 있는 트레이더란 어떤 사람일까? 그들을 지도하기에 앞서 어떤 자질을 살펴야 하는가?

내가 가장 먼저 보는 건 '몰입^{commitnent}'이다. 트레이딩에 발을 디디는 사람들은 대개 다른 분야에서 큰돈을 모은 사람들이다. 의사, 변호사, 엔지니어, IT 전문가 등이 트레이딩에 뛰어든다. 모두 전문 지식과 기술에 통달하려면 상당한 훈련이 필요한 직업이다. 아무런 훈련도 받지 않고 병원에 들어와서는 "오늘 뇌수술을 좀 해볼까 합니다"라고 말할 순 없다. 뇌수술을 하려면 16년 동안의 기본 교육에 4년 동안 의대를 다닌 후에, 인턴을 거쳐 레지던트까지 마쳐야 한다. 의사로 활동하려면 엄청난 헌신과 몰입이 필요하다.

트레이딩을 보자. 트레이딩에 발을 들여 놓으려면 비용이 얼마나 들까? TV에서 전문가라는 사람들이 나와서 선호하는 종목에 대해 얘기하는 걸 본다. 그런 다음 몇 가지 서류를 작성하고 증권계좌를 개설해 입금한다. 트레이딩에 진입하기가 이렇게 쉽다. 이런 식으로 진입을 쉽게 만들어놓은 것은 제3자가 '수수료'라는 명목으로 우리 주머니를 털려는 속셈이다. 이런 식으로 트레이딩하는 사람은 아무런 준비도 없이 뇌수술을 하는 것과 동일한 결과를 얻는다. 환자가 죽는 것이며, 트레이딩의 경우 계좌가 사망선고를 받는다.

앞서 성공 트레이딩의 요소들에 대해 설명했다.

1. 매일 해야 할 기본적인 일들을 수행하고 트레이딩 과정을 통하여 트레이딩하기
2. 트레이딩에 필요한 넉넉한 자금을 보유하기 위한 튼튼한 마음가짐
3. 트레이딩의 지침이 되는 사업계획 갖기
4. 훌륭한 시스템을 1개 혹은 2~3개 보유하기
5. 적합한 위치에서의 적절한 포지션사이징 전략 수립

이 모든 요소들 뒤에는 핵심이 숨겨져 있는데, 바로 개인 심리다.

이 다섯 분야를 광범위하게 익히려면 뇌수술 전문가가 되는 것만큼이나 엄청난 몰입이 필요하다. 그럴 만도 한 것이 위대한 트레이더는 큰돈을 벌기 때문이다. 하지만 성공하려면 성공하기 위해 필요한 것을 기꺼이 해야만 한다.

이렇게 하려면 마음속에 분명한 목표가 있어야 한다. 또한 목표를 이루기 위해선 무엇이든 하겠다고 각오할 만큼 목표에 대한 열망이 강해야 한다. 그러나 대부분은 트레이딩에 성공하는데 필요한 게 무엇인지 모르고 있다. 왜냐하면 그런 것을 모르더라도 트레이딩에 참여할 수 있기 때문이다. 사람들에게 중요한 것이 무엇인지 가르칠 수는 있지만, 그 일에 몰입하도록 만드는 것은 불가능하다. 그리고 잠재력을 가진 트레이더는 성공 트레이딩에 필요한 요소들을 통해

목표에 도달하기 위해 보다 강하게 몰입해야 한다.

　이리저리 차를 몰고 있으나 딱히 갈 곳이 없는 사람이 있다고 하자. 그 사람을 헨리라고 부르자. 헨리는 패스트푸드점 앞에 멈춰선 후 샌드위치를 주문한다. 먹어보니 최악의 샌드위치다. 너무 탄 데다 소스마저도 상했다. 헨리는 불만을 터뜨리고, 다른 손님에게도 음식이 이상하다고 말한다. 언짢아진 식당 지배인이 헨리를 밖으로 내쫓았다. 화가 치민 헨리는 지역 신문을 통해 이 식당의 폐업을 요구하는 운동을 시작한다. 이런 상태가 몇 주 동안 계속 되고 있지만, 달리 할 일이 없어서 이에 기꺼이 시간을 투자할 참이다.

　특별히 열중할 일이 없으면 이처럼 샛길로 새기 마련이다. 헨리는 딱히 갈 곳도, 목표도 없었기 때문에 맛없는 샌드위치에 집착해

열중하지 않으면 주의를 산만하게 만드는 것에
이끌려 시간을 낭비하게 된다

식당 문을 닫게 하는데 시간을 들이고 있다. A 지점에서 B 지점으로 가는데 B 지점에 도달하겠다는 목표가 없다면? 가는 도중에 조그만 장애물 하나를 만나도 허송세월하게 된다. 그저 장애물 주위를 돌아가는 정도가 아니라는 말이다.

이제 다른 경우를 상상해보자. 여기 3시간 안에 중요한 약속 장소로 가야 하는 한 여성이 있다고 하자. 약속 장소까지 가려면 2시간 30분 동안 운전해야 하는데, 이 사람도 같은 식당에 들러 똑같이 맛없는 샌드위치를 받았다. 이 사람 역시 툴툴대며 샌드위치를 버리겠지만 가던 길을 계속 갈 것이다. 할 일이 따로 있기 때문이다. 아마 다른 식당에 들르거나 점심을 거를지도 모른다. 목표에 매진하는 사람에게 가장 중요한 것은 바로 종착지다.

훌륭한 트레이더가 되는 데 매진한다면 필요한 일은 무엇이든 할 것이고, 사소한 일로 일탈하지 않을 것이다. 주의를 분산시키는 일이 생기면 비껴가고 목표에 집중하라. 이것이 몰입의 위력이며, 몰입은 성공 트레이딩의 필수 요소다.

내 경험으로 보아 몰입하지 않는 사람은 주의를 산만하게 만드는 것들에 끌려 세월을 허비한다. 이들은 너무 바빠 트레이더로 성공하는데 필요한 일을 할 수 없다고 투덜댄다. 하지만 이들은 엉뚱한 일에 몰두해 시간을 낭비하고 있다.

축구 코치는 기본기를 잘 익히고 최고가 되기 위해 노력하는 인재를 찾는다. 제아무리 재능 있는 선수라도 최고가 되기 위해 몰입하지 않는다면 코치는 그 선수를 제외시킬지도 모른다. 나는 몰입하는 인재를 찾는다. 왜냐하면 그들이 바로 성공할 수 있는 사람들이기 때문이다.

탁월한 트레이딩을 위해 여러분은 무엇에 몰입하고 있는가? 성공 트레이딩의 요소들을 쭉 훑어보라. 이 요소들을 달성하기 위해 얼마나 몰입하고 있는가? 이것이 바로 성공 트레이딩에 진입하기 위한 요건이다.

내가 받은 두 통의 편지와 그에 대한 답장을 들어 이를 설명해 보겠다.

반 타프 박사님께

트레이더로서 제게 합당한 목표는 무엇일까요? 트레이딩으로 과연 생계를 꾸릴 수 있을까요? 그리고 100만 달러를 벌 수 있을까요? 트레이딩을 하면서도 이전에 하던 일을 해야 할까요?

제 나이는 마흔여섯이고, 전업 트레이더가 되고 싶습니다. 모아 놓은 돈은 20만 달러 정도 됩니다. 제 나이를 감안할 때 전업 트레이더가 되려는 목표를 어느 정도나 성취할 수 있을까요?

─E. R. 올림

E. R.님께

트레이딩 목표는 자신이 정하는 겁니다. 물론 전업 트레이더가 될 수 있습니다. 1년에서 1년 6개월 정도면 가능할 겁니다. 시장에서 100만 달러를 벌 수 있고, 해마다 100만 달러를 버는 경지에도 오를 수 있습니다. 당신이 하고자 하는 것이 무엇이냐에 달린 겁니다.

하지만 먼저 당신이 답해야 할 몇 가지 질문들이 있는데, 각 시나리오별로 다른 대답을 갖고 있습니다.

트레이딩을 얼마나 좋아하는가? 100만 달러를 버는 전업 트레이더가 되기 위해 얼마나 몰입하고 있는가? 앞으로 5년 동안 하루 12~16시간, 일주일에 6일씩 일할 수 있는가? 적어도 하루 4~6시간을 트레이딩 사업을 시작하는데 기꺼이 쓸 수 있겠는가? 하루 1~2시간을 가장 귀중한 기술인 자신을 이해하는데 사용할 수 있겠는가?

트레이딩 사업을 시작하여 궤도에 올려놓을 때까지 가족들과 함께 즐기던 것들을 포기할 수 있는가? 가족들은 여전히 함께 모여 놀고 있는데 당신은 최고가 되는데 필요한 노력을 하겠는가? 규율을 지키고 결과에 전적으로 책임지는 태도로 임하겠는가?

적어도 처음 6개월 동안은 자기혁신에 매진해야 합니다. 자신의 심리 패턴을 살피고 내면의 장애물을 극복할 방법을 찾아야 하죠.

또 있습니다. 트레이딩 사업의 토대가 될 사업계획을 짜는데 4~6개월이 필요합니다. 대개는 트레이딩을 사업으로 취급하지 않죠. 그리고 계획이 없기 때문에 사업에 실패합니다.

시장을 보는 새로운 사고방식을 배울 수 있는가? 시장을 보는 새로운 사고방식이란 위험보상비율reward-to-risk ratio의 관점에서 본다는 것을 의미합니다. 즉 위험이란 거래에 실패했을 때 잃게 되는 것이며, 또한 수익 목표를 달성하려면 포지션사이징이 핵심이라는 사실을 이해해야 합니다. 시장에 대해 그동안 가지고 있던 관념을 철저히 검토해 폐기처분해야 합니다. 이걸 감당할 수 있습니까?

큰 그림에 맞는 시스템을 적어도 3개 정도 개발할 수 있는지, 탁월한 시스템이 될 때까지 계속 시스템을 개선할 수 있는지도 진지하게 고민해봐야 합니다.

이 분야에서 큰돈을 버는 최고 트레이더가 되는 것을 진지하게 생각한다면 모두 필요한 일이기에 장황하게 보일 수도 있겠지만 전부 열거했다. 최고 트레이더를 연구하는 것이 나의 일이며, 여러 해 동안 나는 이것을 주제로 책을 집필해오고 있다.

모두 자기 자신에게 달려 있다. 당신은 필요한 일을 기꺼이 해낼 수 있는가? 혹은 목표가 너무 높지는 않은가?

반 타프 박사님께

저는 일반 투자자인데요. 어떻게 하면 큰돈을 벌 수 있는지 가르쳐주세요. 복잡하지 않게 간단하게요. 시간이 없거든요. 그저 그런 투자자라고 미리 말씀드렸죠?

—감사를 전하며, R. M. 올림

R. M.님께

트레이딩이 하나의 직업이라는 것을 모르고 계시는군요. 제대로 된 의사가 되려면 몇 년을 공부해야 합니다. 어느 날 갑자기 튀어나와서 뇌수술을 할 순 없죠. 뇌수술에 관한 교재를 읽었다고 해도 말이죠.

엔지니어도 마찬가집니다. 엔지니어가 되려면 몇 년을 공부해야 합니다. 제대로 훈련도 받지 않고 다리를 만들 순 없죠. 다리가 무너질 테니까요. 그저 그런 일반 투자자라고 하셨는데요, 그렇다면 아무런 훈련도 받지 않으셨고 훈련에 시간을 들일 계획도 없으시겠군요. 그렇다면 역시 그저 그런 결과밖에 나올 게 없습니다. 제가 말하는 그저 그런 결과란 돈을 잃는 겁니다.

좋아하는 일을 하라

나는 미술 감상에 꽤나 심미안이 있다고 자부한다. 미술관에 가서 가장 마음에 드는 그림을 고르면 십중팔구 그 미술관에서 가장 비싼 그림이다. 그런데 추상화만큼은 예외다. 추상화는 도무지 이해할 수가 없다.

그림 이야기로 운을 뗀 것은 아내 얘기를 하고 싶어서다. 나는 아내가 그림 공부를 시작해 5~10년 사이에 초보 화가에서 멋진 화가로 성장하는 과정을 지켜보았다. 미술관에서 아내의 그림을 본다면 분명 끌릴 것이다. 아내가 얼마나 대단한지 얘기하려는 게 아니다. 그 정도가 되기까지 무엇을 했는지 얘기하려는 것이다. 아내가 아마추어에서 대가가 된 것은 두 가지 일을 했기 때문이다.

첫째, 아일랜드에 있는 아바타 워크숍에 갔다. 그 워크숍에 큰 기대를 하지 않았는데 그림이 일취월장했다. 아내 말로는 워크숍을 통해 내면에 있는 '창조적 재능'이 깨어났다고 한다. 아내는 결과에 대해선 걱정하지 않았다. 대신 자신을 표현하기 시작했다.

아내가 실행한 두 번째 일은 줄리아 카메론$^{Julia Cameron}$이 쓴 책 『아티스트 웨이$^{The Artist's Way}$』를 통해 자기혁신을 시작한 것이다. 이 자기혁신 프로그램을 실행해 나가면서 아내의 그림은 점점 나아졌다. 지금 생각해보니 아내는 그림 그리는 일을 정말 좋아했다.

이 얘기가 성공 트레이딩과 무슨 상관이란 말인가? 어느 분야든 성공하는 사람은 일종의 자기혁신 프로그램을 시작한다. 자신이 좋아하는 일에 몰입한다(좋아하므로). 그러면 모든 일이 제대로 돌아간다.

어느 날 자기혁신 프로그램을 진행하던 아내가 이렇게 선언했다. "나보다 더 자기파괴 성향을 가진 사람은 없을 거야." 나는 기뻤다. 이렇게 생각한다는 건 벌써 자기혁신이 상당히 진척되었다는 뜻이기 때문이다. 사실 아내는 앞서가고 있었다. 자기파괴에 무감각해서 스스로에게 자기파괴 성향이 있다는 것조차 깨닫지 못하는 사람들보다 훨씬.

내가 아는 탑 트레이더들 대부분은 심리 문제를 처리하는 데만 적게는 6개월, 심지어 1년을 보낸다. 자기파괴가 얼마나 심각한지 깨닫고 빠져나오려고 결심할 때 비로소 자기파괴에서 벗어날 수 있다. 자기파괴와 관련된 모든 문제를 깔끔히 털어버릴 수는 없겠지만 최소 5개 문제에서 변신에 성공한다면(그리고 자신이 다른 사람이 되었다는 걸 알면) 앞길에 놓인 장애물을 피할 수 있다.

책임지는 태도

이제 트레이더에게 가장 중요한 자질에 대해 얘기해보자. 포지션사이징이 왜 그렇게 중요한 것일까? '나 자신'이 트레이딩에서 가장 중요한 요소라는 게 내 신념이다. 시스템이 가장 중요할 수는 없다. 왜냐하면 시스템을 만들고 실행하는 것은 '나'이기 때문이다. 포지션사이징도 아니다. 목표에 맞는 결과를 내도록 적절한 포지션사이징을 실행하는 것은 '나'이기 때문이다. 시장도 아니다. 왜냐하면 시장을 거래하는 게 아니라 시장에 대한 나의 신념을 거래하는 것이기 때문이다. 트레이더로서 결과를 만드는 것은 나 자신이다. 이 사실을 이해한다면 더 생산적인 결과를 위해서는 변해야 한다는 것을 깨닫게 된다. 바로 나 자신이 변해야 한다.

프롤로그에서 설명한 것처럼 우리는 워크숍에서 마블을 이용해 모의 트레이딩 게임을 하곤 한다. 모의 게임에서는 누구나 동일한 조건에서 얼마를 베팅하느냐만 결정할 수 있다. 따라서 실상 포지션사이징 게임이라고 해도 무방하다. 사실 모두 똑같은 트레이딩을 하므로 게임에서 포지션사이징(베팅 액수 결정)과 게임 심리, 이 두 가지 요소만이 변수로 작용하는 셈이다. 그러나 양의 기대 게임에서 100인이 우승을 목표로 게임에 참여한다면 대체로 3분의 1이 파산하고 3분의 1이 돈을 잃고 나머지 3분의 1이 고수익을 올린다.

마블 주머니에는 승勝과 패敗가 적힌 마블들이 들어 있다. 워크숍 참가자들에게 '승勝'이 적힌 마블을 뽑을 때까지 계속 뽑게 하면, 연패를 거듭하는 경우가 많다. 계속 실패하다보면 주머니에서 마블을 뽑는 사람 탓이 아닌가 하는 생각이 들 수도 있다. '패敗'가 적힌 마블을 뽑은 사람을 가리키며 이렇게 묻는다. "여러분 중에 빌 때문에 파산했다고 생각하는 사람?" 의외로 파산한 사람들 중 상당수가 손을 든다. 거의 모든 시뮬레이션 매매 게임에는 연패가 있는데(원래 오랫동안 연패를 당하도록 설계되어 있다) 늘 마블을 뽑은 사람 탓으로 돌린다. 만약 당신도 그 사람 탓이라고 생각한다면 실수를 벗어나지 못한다. 몇 게임을 해도 파산할 것이며 파산할 때마다 빌의 탓으로 돌릴 것이다. 더욱이 "게임에서 왜 돈을 잃었습니까?"라고 물으면 대답이 각양각색이다.

- '패'가 적힌 마블을 뽑은 사람 책임이죠.
- 이건 말도 안 되는 게임이야. 실제 매매는 이렇지 않아.
- 어차피 무작위 추출이니 나와 상관이 없어.
- 좋은 시스템이 없었으니까.
- 나는 원래 멍청하니까.

이런 말은 전부 변명이며 사태를 호전시키는 데 도움이 되지 않는다. 사태를 개선하는데 도움이 되는 반응은 하나뿐이다. "몇 가지 트레이딩에 리스크를 너무 많이 걸었다. 포지션사이징 전략이 부적절했다. 그래서 돈을 잃었고 파산했다."

이 점을 이해한다면 문제를 바로잡을 수 있다. 그렇지 않고 다른 변명을 늘어놓는다면 문제는 더욱 꼬이고 실수는 계속 반복하게 된다. 트레이딩에서 책임지는 태도는 이처럼 중요한 것이다.

매매 결과가 마음에 들지 않으면 어떤 실수를 했는지 찾아보라. 그런 결과가 나오는데 결정적 역할을 한 실수를 찾는다면 변화를 끌어내고 더 나은 결과를 얻을 수 있다. 책임지는 태도가 중요한 것은 바로 이 때문이다. 지난 1년 동안 트레이더로 이루어낸 결과가 마음에 드는가? 마음에 들지 않는다면 스스로에게 이렇게 물어보라.

- 거래의 길잡이가 될 사업계획이 있는가?
- 최악의 경우에 대비한 계획이 있는가?
- 시장환경에 맞추어 검증된 양의 기대 시스템을 몇 가지나 보유하고 있는가?
- 시장유형이 변하면 활용할 수 있는 대체 시스템을 보유하고 있는가?
- 자신이 어떤 시장유형 속에 있는지 알고 있는가?
- 거래 결과를 낳은 핵심 요인인 자기 자신에 대해 정기적으로 점검하고 있는가?

이 질문에 하나라도 '아니오'라고 답한다면 과거에 왜 못마땅한 결과를 얻었는지 실마리를 얻은 것이다. 하지만 이것 말고도 수많은 질문을 스스로에게 해야 한다.

어떤 변명을 늘어놓고 있는가

지금쯤이면 트레이딩을 개선할 수 있는 여러 가지 아이디어가 떠올랐을 것이다. 한 달, 혹은 6개월 동안 자기혁신 계획을 짜야 한다. 머뭇거리는 이유는 무엇인가? 시간을 갖고 변명거리를 적어보라. 적어둔 변명과 구실 중에 이런 것들이 있지 않은가?

- 시간이 없어서……

- 그거 하느라 다른 걸 놓치면 더 돈을 많이 잃을 텐데……

- 이건 나에게 맞지 않아…… 좀 더 단순한 걸 사려고 했는데……
  할 일이 이렇게 많을 줄이야……

자기혁신의 두려움

- 타프 박사는 날 이해하지 못한다. 날 이해한다면 좀 더 쉽게 만들었을 텐데……
- 내 인생은 잘 굴러가고 있어. 아무 문제도 없는데 이런 걸 할 이유가 없지……
- 자기혁신이라니, 겁나는 걸……
- 이것저것 정신이 산만해서 집중할 수가 없어……
- 내가 옳아. 타프 박사는 그걸 인정할 수 없는 게지……
- 공부를 하긴 해야겠는데 아무래도 시간이 없군……
- 아내(남편)가 이걸 이해하고 이게 얼마나 중요한지 안다면 훨씬 쉬울 텐데……

이런 식으로 변명을 늘어놓는 까닭은 자신의 판단이 옳다는 것을 확인하고 싶기 때문이다. 그것이 옳다고 믿기 때문에 그 신념들을 좋아한다고 말하는 것이다. 여기, 어떤 신념을 평가하는 훌륭한 전략이 있다. 스스로에게 이렇게 물어보라. "유용한가? 내가 원하는 것을 줄 수 있는가? 효과가 있는가?"

NLP의 근본 가설 중 하나는 어떤 것이 쓸모없으면 다른 걸 하라는 것이다. 다른 것은 거의 언제나 다른 결과를 낳는다. 거래가 잘 풀리지 않는다면 행동에 변화를 주어보라. 트레이딩 시스템이 지지부진하다면 시스템에 대한 접근 방식을 바꾸어라(청산과 포지션사이징). 인생이 꼬이면 인생에 대한 접근 방식을 바꾸어라. 어떤 문제에 봉착하든 이렇게 자문하라. "효과가 있는가? 효과가 없는가?"

지금 해결할 일이
너무 많아

너무 피곤해

날 좀 이해한다면
더 쉬울 텐데

내 인생은
잘 굴러가고 있어

자기혁신은
어려워

시간이 부족해!

왜 자기혁신을 해야
돈을 벌 수 있지?

어떤 변명을 늘어놓고 있는가

인생은 과정이다. 성공도, 실패도 없고 오로지 피드백이 있을 뿐이다. 지금 받고 있는 건 오랫동안 해온 것에 대한 피드백이다. 이제 기꺼이 변할 준비가 되었는가? 세상에 늦어서 못하는 일은 없다. 오늘은 언제나 남은 내 인생을 시작하는 첫날이다. 그러니 지금 시작하라.

지금까지 인생에서 일어난 모든 일은 내 책임, 내 탓이라고 생각해보라. 좀 전에 이 문제로 얘기하지 않았던가? 과거에 일어난 일들에 대한 책임이 나에게 있다고 인정하고 나면 자유가 파도처럼 밀려올 것이다. 이제부터는 원하는 것을 결정하는 사람도 나 자신이며 그 꿈이 실현되도록 책임을 지는 것도 나 자신이다.

자신에게 권한을 부여하라

트레이더가 시장에 접근하는 태도는 대개 세 가지다.

첫 번째는 비관주의요, 두 번째 태도는 중립, 세 번째는 자신에게 권한을 부여하는 것이다. 첫 번째 태도로는 결코 성공할 수 없으며 두 번째 태도로도 크게 성공할 수 없다. 그러나 세 번째 태도는 적절하게 활용하면 성공이 보장된다. 나 자신의 트레이딩 행위로 내가 원하는 결과를 창출할 수 있는 엄청난 힘을 갖고 있다고 생각해보라. 이렇게 상상해보라고 하는 까닭은 바로 나에게 그런 힘이 있기 때문이다. 지금까지 했던 얘기도 바로 이것이었다.

자신에게 권한 부여하기

만약 당신에게 그런 힘이 있는데도 비관주의의 시각으로 트레이딩에 임한다면 무슨 일이 벌어질까? 아마 돈을 잃을 것이다. 시스템이 아무리 탁월해도 돈을 잃을 방법을 찾아낼 것이기 때문이다.

중립적인 태도로 시장을 대한다면, 그리고 인생을 만들어나갈 힘을 갖고 있다면 아무리 잘해도 평균밖에 안 된다. 시장을 대할 때 자신의 에너지를 투입할 수 없기 때문에 아마 평균 이하가 되기 십상일 것이다.

세 번째 태도를 보자. 세 번째는 자신에게 권한을 부여하면서 트레이딩에 임하는 것이다. 트레이더를 유형별로 나누는 작업을 하면서 이런 사실을 발견했다. 훌륭한 트레이더들은 연말이면 수익을 거머쥔다는 것을 믿고 있다. 위대한 트레이더는 월말(혹은 주말)이면 수익을 거머쥘 거라는 사실을 알고 있다. 도대체 무슨 말인가? 바로 믿음이 크다는 것을 의미한다. 나 자신과 나의 트레이딩을 믿어야 한다. 승리한다는 것을 마음 속 깊이 믿어야 하며 승리에 감사해야 한다.

믿음은 탁월함으로 이끌어주는 마법의 힘과 같다. 성경의 몇 구절을 살펴보자.

- 너희 믿음대로 되라 하시니 [마태복음 9:29]
- 만일 너희에게 믿음이 겨자씨 한 알 만큼만 있어도 이 산을 명하여 여기서 저기로 옮겨지라 하면 옮겨질 것이요 또 너희가 못할 것이 없으리라. [마태복음 17:20]

- 믿는 자에게는 능히 하지 못할 일이 없느니라. [마가복음 9:23]

- 누구든지 이 산더러 들리어 바다에 던져지라 하며 그 말하는 것이 이루어질 줄 믿고 마음에 의심하지 아니하면 그대로 되리라. [마가복음 11:23]

- 그러므로 내가 너희에게 말하노니 무엇이든지 기도하고 구하는 것은 받은 줄로 믿으라. 그리하면 너희에게 그대로 되리라. [마가복음 11:24]

신앙인들을 보면 믿음이 강하기도 하지만 편협한 것도 사실이다(자칫 선을 넘으면 위태로운 지경에 빠진다). 하지만 나는 사람들을 변화시켜야 하는 트레이딩 코치이고 가장 강력한 변화는 영적인 수준의 변화다. 트레이딩의 영적 토대를 이제 활짝 열어젖힐 때다. 믿음이 있다면 책임감을 한 수준 더 끌어올릴 수 있다.

믿음을 기록하라

앞서 정직하고 냉정한 자기평가에 대해 논했다. 정직한 자기평가란 무엇인가? 자신의 내면으로 깊숙이 들어가서 어떤 길을 거쳐 이런저런 매매 결과를 얻었는지 살펴보는 것이다.

최고의 트레이딩과 연관된 두어 가지 단순한 단계를 살펴보자. 나는 트레이더들이 최고의 실적에 도달하도록 도와주는 과정을 개발했는데 이를 '트레이더 개조 패러다임Trader Reinvention Paradigm'이라 부른다. 이 프로그램의 목적은 자아를 '확장'하고 안락함을 느끼는 영역 밖으로 스스로를 내치는 것이다. 목표를 향해 집중하면서 우리는 스스로에게 항상 이렇게 물어야 한다. "어떻게 하면 그런 결과를 얻을 수 있을까?" "내가 매진하고 있는 목표에 가까이 가려면 무엇을 바꿔야 할까?"

이렇게 하다보면 자아를 확장하게 되고, 어떻게 그런 결과를 창출할지 끊임없이 생각하게 된다. 이 책은 당신이 이 질문에 대한 답을 얻도록 도와줄 것이다.

우리는 시장을 거래하는 게 아니다. 시장을 거래하는 사람은 없다. 어쨌든 우리가 실제로 거래하는 건 시장에 대한 믿음이다. 게다가 시장에 대한 믿음을 거래하는 능력은 자신에 대한 믿음으로 담금질된다.

다음을 연습해보기 바란다. 자신에 대한 믿음을 적어내려 가라.

대개 자신에 대한 믿음은 이런 식으로 표현된다.

- 나는 …… 다.
- 나는 …… 라고 느낀다.
- 나는 나 자신이 …… 라는 것을 경험한다.

이런 연습이 낯설다면 먼저 자신의 긍정적인 자질부터 적어보라. 20~30개 적기도 힘들 것이다. 하지만 수백 가지가 있다.

5분 정도 생각했더니 이런 항목들이 떠올랐다고 하자.

- 나는 꽤 괜찮은 트레이더다.
- 나는 내 잠재력을 믿는다.
- 나는 내가 마음에 든다.
- 시장에 대해 빈틈없이 생각하고 있다.
- 나는 영리하다.
- 나는 창의력이 뛰어나다.

이제 시작이다. 포지션에 진입하거나 청산하거나 매매할 때마다 이 연습을 계속하라.

월요일 아침 시장에서 2개의 포지션에 진입했다고 하자. 그런 다음 계속 자신을 평가하고 무슨 생각을 하고 있는지 살펴보라.

- 정말 신나는걸.
- 빨리 움직이는 주식이 좋아.

이제 자신에 대해 어느 정도 통찰할 수 있게 되었다. 오후 서너 시쯤 시장이 급락하고 보유주 중 3종목이 그날 하루 500달러 하락했다. 어떤 생각이 드는가?

- 그 포지션에 화가 치밀어 오른다. 진입하자마자 거꾸로 가고 있다.
- 이번에는 내 등골을 빼먹지 못하게 해야지. 상승할 때까지 버틸 거야.

당신 자신이 어떤 사람인지 더 잘 알게 되었을 것이다. 이런 식으로 계속 자신과 자신의 감정을 표현하는 진술을 100개 이상 적는다. 이렇게 하면 당신이 어떤 식으로 거래 결과를 창출하는지 알게 되고, 이제 당신은 최고의 트레이더로 가는 길목에 들어선 것이다.

100가지 믿음을 적었다면 각각에 대하여 다음 여섯 가지 질문을 하라. 이것을 '신념 검증 패러다임Belief Examination Paradigm'이라고 부른다.

1. 이런 믿음을 심어준 사람은 누구인가? 부모님? 동료? 언론? 학교? 아니면 나 스스로 택한 것인가?

2. 이런 믿음으로 내가 어떤 행동을 하게 되었는가? (최소 5개 항목을 적는다)

3. 이런 믿음으로 내가 어떤 행동을 하지 않게 되었는가? (최소 5개 항목을 적는다)

4. 이런 믿음 때문에 어떤 제약을 받고 있는가?

5. 유용하므로 그대로 간직하고 싶은 믿음인가, 아니면 나를 옥죄므로 없애버리고 싶은 믿음인가? (깊이 들여다보면 모든 믿음은 어떤 식으로든 제약이 된다. 그러나 일부 믿음은 자신을 발견하는 이런 수준까지는 유용하므로 간직할 가치가 있다)

6. 유용하지 않은 믿음이라면 버리고 더 유용한 믿음으로 대체할 것인가, 아니면 그대로 두고 싶을 정도로 어떤 짜릿한 중독성이 있는가?

그대로 두고 싶을 정도로 짜릿함이 있다면 믿음을 버려서 짜릿함을 떨쳐버려야 한다. 방법은 차후에 논의하기로 한다.

한 가지 믿음을 예로 들어보자. "종목을 제대로 골라야 좋은 실적이 나온다." 이 믿음을 '신념 검증 패러다임'을 통해 검증해보자.

누가 이런 믿음을 심어주었는가

- 종목을 잘 골라야 실적이 좋다는 소리를 귀가 따갑도록 듣는다.
- 종목을 선택하는 방법에 관한 책도 무수히 많다.
- 증권 방송에서 전문가들이 종목을 골라준다.

- 모두들 종목 선택이 중요하다고 하니 정말 그런가 보다.

이런 믿음 때문에 어떤 행동을 하게 되는가

- 좋은 종목을 고르느라 많은 시간을 보낸다.
- 종목 선정 족집게라는 사람들의 말에 귀를 기울인다.
- 종목 선정에 관한 책을 읽는다.
- 좋은 종목을 고르면 할 일을 다 한 거다. 그 종목을 사서 보유하면 된다.
- 나의 종목 선정 기준을 검토하면서 종목 선정 기술을 향상시킬 수 있을지 검토한다.

이런 믿음 때문에 어떤 행동을 하지 않게 되는가

- 나 자신을 분석하는데 시간을 쓰지 않는다. 따라서 결과에 대해 책임을 지지 않는다.
- 투자에 실패해도 내가 저지른 실수를 돌아보지 않는다.
- 대신 종목 선정을 잘못했다고 치부해버린다.
- 청산, 포지션사이징 같은 거래의 중요한 측면을 도외시한다.
- 종목 선정과 무관하므로 계획 따위를 짜느라 고심하지 않는다.
- 괜찮은 종목이라면 언제든 괜찮을 것이므로 시장의 전반적인 동향에 주목하지 않는다.

이런 믿음의 어떤 측면이 쓸모없는지 이제 알아챘기를 바란다.

다음 질문으로 넘어가자.

이 믿음은 어떻게 나를 옥죄는가

명백하다. 이 믿음은 돈을 벌려면 진입과 종목 선정이 가장 중요하다고 생각하게 만든다. 일이 잘 풀리지 않으면 선정 기준에 문제가 있다고 생각할 것이다. 그렇게 생각할 게 아니라 나 자신에 집중해야 한다. 또한 시스템의 다른 부분에 집중해 시스템이 제대로 작동하는지 살펴야 한다. 또한 어떻게 하면 다양한 시장유형에서 시스템이 잘 통하는지, 목표를 달성하려면 포지션사이징을 어떻게 설정할지 알아야 한다.

이 믿음을 갖고 있으면 위와 같은 요소들을 무시하게 된다. 물론 대부분은 이런 해답조차 얻을 수 없다. 왜냐하면 이 믿음이 다른 요소에 대한 지식을 제한하기 때문이다.

유용한 믿음인가

트레이딩에서 종목 선정은 중요도가 가장 떨어지는 부분이라고 할 수 있다. 따라서 이 믿음은 그다지 쓸모가 없다.

바꿀 수 있는가, 아니면 중독되어 벗어날 수 없는 무언가가 있는가

바꿀 수 있어야 한다. 그러나 이 믿음을 내려놓기가 두렵다. 다른 것들에 대한 확신이 없기 때문이다.

이런 사람은 두려움을 떨쳐버려야 한다. 100가지 믿음에 대한 검증을 마친 뒤 스스로 자기 인생을 장악하는 모습을 상상해보라. 100가지 믿음에 '신념 검증 패러다임'을 적용하고 나면 어떨까? 실행에 옮길지 못 옮길지는 이 연습에 어느 정도 중요한 의미를 부여하느냐에 따라 달라질 것이다. 또한 거래 계좌와 자기 인생에 대한 통제력에 얼마나 몰입하느냐에 따라 달라질 것이다. 이 모든 것이 믿음이 가진 위력을 증명해주고 있다.

장애물을 즐겨라

이제 자기혁신에 활용할 수 있는 과정들을 살펴보기로 하자. 앞으로도 이 책에서 많이 논의할 것이므로 당신에게 유용한 것을 찾아서 시작하기 바란다.

분명한 목표를 갖고 매진하는 사람은 장애물을 만나면 목표에 다시 한번 집중하고 목표를 향해 전진한다. 반면 뚜렷한 목표가 없는 사람은 세월아 네월아 하면서 장애물을 붙잡고 허우적댄다. 사실 많은 사람들이 길을 가로막는 장애물을 붙잡고 씨름하느라 평생을 보낸다.

손실을 기꺼이 즐겨라

어떤 일이든 오르막과 내리막이 있다. 시장과 씨름하다 보면 오르막과 내리막을 수없이 만난다. 오르막에서 수익을 얻으려면 내리막길을 견뎌야 하고 즐길 수 있어야 한다. 수익을 누리려면 손실을 거쳐야 한다. 손실을 즐기는 편이 도움이 될 것이다.

나는 NLP 모델러다. 앞서 밝혔듯 NLP 모델러가 하는 일은 어느 분야에 뛰어난 사람을 발견해서 그의 사고방식을 이해하고 행동의 본질을 이해하는 것이다. 따라서 그 사람이 A 지점에서 B 지점까지 수월하게 넘어가는 것을 보면 어떻게 해낼 수 있었는지 분석해서 다른 사람들에게 그 기술을 가르친다. 트레이딩으로 수월하게 돈을 버는 사람들이 있는데 나는 이런 사람들을 25년째 연구하고 있다.

현재의 위치에서 원하는 목표 지점까지 이동하면서 겪는 어려움들 가운데 하나는 매일 부딪치는 벽과 장애물이다. 이런 장애물을 처리하는 방법이 있다. 아무렇지도 않게 대해보라. 벽에 부딪치는 것을 즐기다 보면 다시 목표에 집중하기가 쉬워진다.

시장에서 부딪치는 최대의 장애물은 바로 '손실'이다. 기꺼이 손실을 볼 각오가 되어 있지 않으면 시장을 다루는데 어려움을 겪기 마련이다. 아니 사실상 손실을 보지 않는다는 건 불가능에 가깝다. 이는 오른발을 쓰지 않고 왼발로만 걸으려는 것과 마찬가지다. 한쪽 발로 걸을 수 없듯이 손실을 보지 않고 트레이딩할 수는 없다.

자신의 판단이 항상 옳다고 고집하는 태도로는 장애물을 처리할 수 없다. 이런 태도는 억지로 밀어붙이는 것이다. 큰 손실을 보는 거래에서 수익을 얻으려고 하면 오늘 나에게 닥친 장애물을 처리할 수 없다. 장애물을 즐기고 환영하고 기꺼이 수용하라. 시장이 손실을 보고 물러날 때라고 말하면 그대로 하라.

훌륭한 트레이더는 자본을 지키기 위해서라면 언제 어느 시점에서 포지션을 정리해야 하는지 알고 있다. 손실을 수용하는 것은 필수불가결한 과정이다. 이것이 자본을 지키는 길이다. 따라서 기꺼운 마음으로 손실을 수용해야 한다.

손실은 옳고 그름과 아무런 관련이 없으며 그저 거쳐가는 과정의 일부라는 것을 이해해야 한다. 이 사실을 이해하지 못하면 손실은 괴물로 변한다. 그러면 매번 손실과 다투게 되고 싸우다보면 대개 손실은 더 커진다. 예를 들어 500달러 손실이 두려워서 감내하지 않으면 손실은 금세 1,000달러로 불어난다. 이러다보면 손에 남는 것이라곤 손실만 내는 트레이딩 시스템뿐이다.

손실을 감내하지 않으면 탁월한 트레이딩 시스템도 엉터리 시스템으로 변한다. 손실을 처리하지 못하는 자신에게 문제가 있다는 것을 깨닫지 못하면 트레이딩 시스템의 문제로 인식하게 된다. 누군가의 자문을 따르고 있다면 그 사람의 문제로 돌리거나 펀드매니저 탓으로 돌리게 된다. 이런 경우는 아주 흔하다. 트레이더들은 다른 시스템을 개발하거나 펀드매니저를 통해 트레이딩하는 방법으로 시장과 맺고 있는 관계를 바꾸려고 한다. 시장이 주는 것을 수용하지 못해서 생긴 문제인데 시스템이나 새로운 펀드매니저와 다투게 된다. 연속해서 손실을 본 다음 제때 시장을 포기하고 나와야 막대한 손실을 피할 수 있건만 시스템이 제대로 할 때까지 시스템을 갈아치운다. 시스템이 막대한 수익을 내면 마구 덤벼들다가 시장에 의해 수익을 몽땅 날려버린다. 펀드매니저를 통해 투자할 때도 마찬가지다. 옳아야 한다는 욕구 때문에 한창 뜨는 펀드매니저에게 맡겼다가 연타를 맞고 쓰러질 뿐이다.

장애물에 정면 대처하면서 수용하지 않으면 장애물을 반복해서 만나게 될 뿐이다. 벽은 와서 부딪치라고 있는 것이다. 이 사실을 인정하고 수용할 때 벽에 부딪치는 일을 받아들이게 된다. 이상하게 들리겠지만 그럴 때 비로소 벽이 있다는 것조차 느끼지 못하게 된다. 그러면 시장에서 새로운 수준의 성공을 거머쥘 수 있다.

훌륭한 트레이더는 자신이 10연패, 20연패도 할 수 있다는 사실을 알고 있다. 그런 일은 일어나기 마련이므로 받아들이고 다시 전진한다. 이것을 받아들이지 못하면 자신에게 문제가 있으므로 자신을 뜯어고쳐야 한다는 것을 깨달아야 한다.

마음챙김을 통해 매매하라

시장이 지금 어떻게 움직이고 있는지에 집중할 수만 있다면 어떻게 될까? 선입견이나 편견에 흔들리지 않고 오로지 현재 상황에 집중할 수 있게 될 것이다. 이렇게 되면 트레이딩은 빠른 속도로 새로운 수준에 도달할 것이다. '마음챙김mindfulness'을 연습하면 이런 방식으로 매매할 수 있다.

예를 들어보자. 2008년 10월 내 친구가 시장에서 큰돈을 잃었다. 친구에게 지금은 대세 하락기이므로 손을 털고 빠져나와야 한다고 말했다. 친구는 내 충고를 따랐다.

그 다음 주 연방준비제도위원회가 할인율*을 인하했다. 이 소식에 시장은 상승 반전했고 친구가 전화를 걸어 다시 시장에 진입하고 싶다고 말했다. 나는 시장이 다시 상승하기 시작하면 상황이 분명해질 거라고 말했다. 약세장에서는 호재가 생기면 단기 급등하기도 한다. 하지만 무슨 일이 벌어지고 있는지 잘 살펴보면 분명히 보인다. 대부분은 이렇게 하지 못한다. 머릿속에 온갖 생각이 떠오르기 때문에 상황이 어떻게 돌아가는지 지켜보지 못한다. 해결책은 마음챙김을 통해 거래하는 것이다.

---

*discount rate; 각국 중앙은행이 상업은행에 대해 적용하는 공정할인율 −옮긴이

마음챙김은 처음에 명상의 형태로 주목하게 되었다. 명상은 그저 마음을 고요하게 가라앉히고 생각이 떠오르면 '생각을 응시'하는 것이다. 마음속에 생각이 떠오르면 그 생각을 주목한 다음 다시 놓는다. 이것이 명상의 전부다. 하지만 정기적으로 명상을 하면 인생에 심오한 영향을 미칠 수 있다.

마음챙김은 '존재being'의 상태이기도 하다. 하버드대학교 심리학자인 엘렌 랭거Ellen Langer는 저서 『마음챙김Mindfulness』과 『마음챙김 학습의 위력 The Power of Mindful Learning』에서 '마음챙김'이라는 용어를 유행시켰다. 랭거는 마음챙김을 존재의 상태로 규정했다. 마음챙김이라는 존재의 상태는 (1) 새로운 범주를 창조하고 (2) 새로운 정보를 수용하고 (3) 다양한 관점으로 사물을 보며 (4) 상황을 통제하고 (5) 결과보다 과정을 중시하게 된다.

새로운 범주를 창조하라

마음챙김은 '마음놓음mindlessness'의 반대다. 마음놓음은 조건형성*에 따라 끌려다니는 삶을 말한다. 마음놓음은 모든 신념이 고정되어 있으며 진리이므로 내가 할 수 있는 일이란 진리를 뒷받침하는 증거를 발견하는 것뿐이라고 믿는 것이다. 반대로 마음챙김은 진리

---

*條件形成, conditioning; 안정된 환경에서 자극이나 보상을 주면 반응이 규칙적으로 일어나는 학습형태를 뜻하는 심리학 용어로, 개에게 종소리를 들려주고 음식을 주면 나중에 종소리만 들려주어도 개가 침을 흘리는 파블로브의 조건반응이 대표적인 예다. -옮긴이

에 집착하지 않고 새로운 개념과 범주들을 계속 창조해낸다.

예를 들어보자. 마지막으로 거래한 날을 떠올려보라. 어땠는가? 이렇게 대답할 수도 있으리라. "롱포지션 몇 개, 숏포지션 몇 개에 진입했다. 포지션 몇 개를 청산하기도 했다. 몇 개는 수익을 보았고 몇 개는 손실을 보았다. 지금은 시장을 지켜보고 있다."

내가 위에 열거한 것 이상을 떠올리지 못할 것이다. 하지만 훨씬 많은 일을 했을 것이다. 아마 수많은 감정 변화를 겪었을 것이다. 다만 잊어버렸을 뿐이다. 어쩌면 뉴스 기사 100건을 읽었을지도 모른다. 몇 사람과 전화 통화를 했을 수도 있다. 그러나 내가 이렇게 자세히 언급하지 않으면 생각해내지 못한다.

강력한 의견은 대부분 다음과 같은 포괄적인 범주에 따른 것이다.

- 어제 시장이 상승했다.
- ABC 조정 중 현재 C파동에 있다.
- 어제 손실이 났지만 시스템을 따랐다.
- 장기 약세장에서 상승 움직임 속에 있다.
- 시장의 현재 동향에 주목해야 한다.

이런 진술들은 모두 의견을 형성하는데 이용한 보편적인 범주들이 반영되어 있다. 시장에 대한 고찰에 새로운 범주를 창조하면 어떨까? 아주 세밀하게 시장을 고찰해보라. 시장에서 활약하는 선수들은 누구인가? 이들 한 사람 한 사람이 시장에서 어떤 일을 하고 있으리라 생각하는가? 지인들에게 전화해서 그들의 반응과 시각을 알아보라. 새로운 범주를 창조해 낡은 사고의 틀을 깨뜨려라. 그러면 트레이딩을 한 차원 끌어올릴 수 있을 것이다.

새로운 정보를 수용하라

살아 있는 모든 생명체는 끊임없이 새로운 정보를 접한다. 그리고 생명체의 생존력은 정보를 얼마나 받아들이느냐에 따라 좌우된다. 연구 결과에 따르면 인간은 기간에 상관없이 새로운 정보를 접할 수 없으면 심리적으로 타격을 입는다고 한다. 어린 생물들은 감각 정보를 접하지 못하면 성장한 뒤 심각한 장애를 입는다. 그러므로 감각을 자극하는 정보가 필요하다.

우리는 지속적으로 새로운 정보에 노출된다. 문제는 새로운 정보가 부족해서 생기는 게 아니라, 대부분의 정보를 걸러내고 일반화

새로운 정보를 환영하라

시키거나 왜곡하고 삭제하기 때문에 생겨난다. 당신에게 다가오는 정보에 더욱 민감하게 반응하면 실적을 크게 향상시킬 수 있다.

다양한 관점으로 바라보라

정보를 바라보는 입장, 혹은 시각은 크게 세 가지로 나눌 수 있다. 첫 번째 입장 1은 '나'의 입장, 즉 '이 정보가 나에게 어떤 영향을 미치는가?'이며, 두 번째 시각, 입장 2는 타인에게 직접적으로 어떤 영향을 미치는지 보는 것이다. '그 사람의 시각은 무엇인가'라는 이 두 번째 입장은 반대 포지션을 취하고 있는 사람의 입장, 혹은 시장 조성자*의 입장일 수도 있다. 새로운 정보를 그 사람의 입장에서 생각해보는 건 유익한 일이다.

세 번째 시각은 중립적인 관찰자의 입장에서 바라보는 것이다. 관찰자는 모든 참여자들을 지켜보는 사람이다. 마치 우주 공간에서 모든 사람의 일거수일투족을 한눈에 내려다보는 것처럼 말이다.

이 세 가지 시각은 아인슈타인이 상대성 이론을 정립하는 데에도 일조했다. 이러한 시각들은 강력한 변화를 일으키는 토대이기도 하다. 이 시각들을 시도해보라. 물론 입장 1과 2에는 수많은 참가자들이 있다. 이 제3의 시각을 통해 수많은 가능성을 시도해보고 엄청난 통찰력을 얻을 수 있다. 반응 방식, 타인에 대한 감정이입, 내 행

---

*market maker; 단기 가격변동 등을 이용하여 수익을 얻을 목적으로 자기계좌 거래를 활발히 하는 거래인 또는 거래회사를 말한다. —옮긴이

동을 훨씬 수월하게 바꿀 수 있는 능력에서 수많은 대안을 손에 쥘 수 있다.

부정적으로 보이는 행동을 하는 사람도 그러한 행동을 하는 데는 '마땅한' 이유가 있다는 사실을 명심하라. 그런 행동을 하지만 그 행동의 배경에는 마땅한 의도가 있다. 거래를 일찍 마감하고 나면 '초조' 해지는가? 아니면 '차분' 해지는가? 거래를 결행하는데 실패했다면 '두려워서' 였는가 아니면 트레이딩 계획을 충분히 세우고 검증하지 않았기 때문인가? 대개 자신이 가장 바꾸고 싶어 하는 행동들은 자신이 가장 귀하게 여기는 가치들의 거울 이미지*다. 따라서 만일 '방아쇠를 당기는데' 어려움을 겪는다면 철두철미하게 검증된 계획을 소중히 여기는 당신에게 그게 없기 때문일지도 모른다.

상황을 통제하라

우리 행동은 대부분 상황에 종속된다. 프로 트레이더들은 한 번의 거래에서 2만 달러를 잃을 수도 있다는 사실을 알고 있다. 어쩌면 그 과정에서 거래 비용으로 1,500달러를 날릴 수도 있다. 그러나 이런 트레이더들도 그들의 매매를 개선하고 비슷한 손실을 피하도록 도와주는 교육과정에 1,500달러를 쓰려고 하지는 않는다. 이런 논리 뒤에는 손실은 사업하는데 따르는 비용이지만 교육은 쓸모없는 비

---

*mirror image; 거울에 비친 글자처럼 어떤 이미지가 원래의 이미지와 똑같지만 좌우가 바뀐 상태를 말한다. —옮긴이

용이라는 생각이 깔려 있다. 이 논리를 뒤집어서 '교육'을 사업을 잘 꾸리는데 없어서는 안 될 요소라고 생각하면 어떨까. 교육은 손실이 나는 거래보다 훨씬 중요하며, 공부를 통해 연간 수천 달러를 절약할 수 있다는 점을 보면 특히 중요하다. 물론 어떤 교육과정을 선택하느냐에 따라 다르지만 말이다.

마음챙김을 실천하는 사람들은 사건을 해석할 때 그 해석의 배경이 되는 상황을 알고 있다. 그들은 또한 자신들의 행동과 사고에 영향을 미치고 결정하는 상황을 기꺼이 바꾼다. 따라서 이들은 훨씬 선택의 폭이 넓고 돈을 벌 확률도 높다.

스스로에게 이렇게 물어보라.

- 나는 손실을 어떻게 해석하고 있는가?
- 나는 내 거래를 전반적으로 어떤 상황에서 보고 있는가?
- 내 인생의 계획과 거래가 어떻게 서로 부합하는가?
- 이런 질문들 중 한 가지 상황이라도 바꾸면 어떻게 될까?

결과보다 과정을 중시하라

한 걸음 한 걸음 계속 걷다보면 결국 까마득히 높은 곳에 이르게 된다. 최종 결과에만 연연하다 보면 그 결과를 얻는데 문제가 생길지도 모른다. 하지만 결과보다 과정에 집중한다면 목적지에 도달할 확률은 훨씬 높아진다.

모든 결과는 과정을 거쳐서 얻어지는 것이다. 미리 세워둔 계획을 따르고 고수하지 않는다면 트레이딩으로 돈을 벌 수 없다. 하루 동안 규칙을 철저히 지켰다면 매일 당신 자신에게 격려를 해주어라. 슈퍼 트레이더는 한 번에 1회의 거래를 하면서 이 경지에 도달한다. 슈퍼 트레이더가 여느 트레이더와 구별되는 가장 큰 차이는 매일 계획을 잘 지킨다는 점이다. 슈퍼 트레이더는 실수를 거의 하지 않는다.

트레이딩에서 어떻게 하면 마음챙김을 실천할 수 있을까?

1. 최소 일주일 동안 날마다 20분 마음챙김 명상을 하라. 자신의 생각을 들여다보면(그리고 생각을 확인하자마자 놓아준다) 제대로 하고 있는 것이다.

2. 내 인생에서 어떤 일이 벌어지고 있는지 매일 일기를 써보라. 마음챙김 명상을 시작하기 며칠 전부터 일기를 쓰기 시작해 계속 기록하라. 일주일 동안 마음챙김 명상을 했다면 일지를 보면서 인생이 어떻게 달라졌는지 살펴보라.

3. 트레이딩과 투자에 마음챙김을 적용하라. 다음 사항을 따르면 된다.

• 트레이딩을 할 때마다 실제 취하고 있는 포지션과 반대 포지션에 있다고 생각하라. 반대 포지션에 있으니 느낌이 어떤가? 또한 자신이 중립적 관찰자가 되어 시장에서 포지션을 취한 자신과 반대의 포지션을 취한 타인을 지켜보고 있다고 상상해보라. 이 사람은 어떻게 생각할 것 같은가?

- 새로운 트레이딩에 관한 새로운 정보를 수집하라. 대체로 어떤 정보를 수용하고 어떤 정보를 거부했는가?
- 트레이딩을 하는 과정에서 마음에 들지 않는 행동을 했다면 그 행동을 못마땅하게 여긴 상황이 무엇인지 주목하라. 그 행동을 어떤 식으로 달리 해석하겠는가? 그 행동을 유발한 다른 의도는 무엇인가? 아마 당신은 그 다른 의도를 귀하게 여기고 있을 것이다.
- 트레이딩 과정, 즉 규칙을 따르는데 집중하라. 사실 매일 하루를 마감하면서 이렇게 질문하라. "규칙을 따랐는가?" 규칙을 지켰다면 자신에게 칭찬을 해주어라. 규칙 따위가 없다면 물론 따르지도 않았을 것이다. 그 점을 생각해보라.

이 훈련을 실행한다면 당신은 강력한 무기를 얻게 될 것이다. 하지만 실행하지 않으면 아무 소용이 없다. 이를 실행에 옮길 것인가? 아니라면 그 이유는 무엇인가? 아마 쓸데없는 짓이라고 믿기 때문일 것이다. 만약 이런 경우라면 그 신념을 앞서 언급한 '신념 검증 패러다임' 속에 넣어보라. 어쩌면 당신은 성공 트레이딩에 몰입하지 못하고 있을지도 모른다. 만약 그렇다면 당신이 몰입하는 대상은 무엇인가? 당신이 좋아하는 일은 무엇인가?

내면의 해설자와 친구가 되어라

당신의 트레이딩에서 문제가 무엇인지 생각해보라. 온갖 문제가 다 떠오를지도 모른다. 너무 성급하게 차익실현을 하고 있는가? 거래가 뜻대로 되지 않으면 분노가 치미는가? 걸핏하면 예측하는가? 어떤 문제든 기록해보라. 생활의 어떤 영역에서든 문제가 된다고 생각하는 것들에 이 방식을 적용해보라.

문제를 확인했다면 그 문제에 대해 몇 가지 진술을 적어보라. 왜 문제가 있다고 생각하는가? 무엇이 문제를 일으키고 있는가? 문제에 대한 당신의 반응은 어떤가? 다양한 진술이 가능할 것이다.

당신은 '왜 계속 같은 짓을 반복할까?' '멍청하니까 그런 짓을 하는 거지' '그냥 나 자신을 통제할 수가 없다' '정말 아무것도 아닌

내면의 해설자와 친구가 되자

90

문제인데 계속 되는 것 같다' 등으로 해석할 수도 있다. 사실 이런 해석이 없다면 문제도 없을지 모른다. 따라서 내면의 해설자를 처리하는 게 중요한 과제다.

상상력을 발휘해 이렇게 연습해보라. 어린아이처럼 상상력 놀이를 해보자.

1. 문제와 문제에 대한 진술을 열거했다. 이제 그 문제가 일어나게 된 경위를 가장 잘 설명할 수 있는 방법을 자문해보라. 아마 어떤 진술에는 벌써 그 해답이 들어 있을지도 모른다. 그렇지 않다면 그 경위를 진술하라. 어떤 목소리가 들리는지 기록하라. 덧붙여 진술하는 목소리의 특징들을 주목하라. 어디에서 목소리가 들리는가? 어느 쪽에서 들리는 목소리인가? 누구의 목소리인가? 나의 목소리인가? 다른 사람의 목소리인가?

2. 두 가지 문제를 더 확인하고 1번 과정을 되풀이하라. 추가되는 문제들은 심리적으로 중요한 문제여야 한다.

3. 세 가지 문제가 일어난 경위에 대해 세 가지 진술을 하고 살펴보라. 공통점이 무엇인가? 이 진술들은 얼마나 영속적이며 얼마나 깊이 스며들어 있는가? 목소리 이면의 인물에도 주목하라.

4. 세 가지 진술을 다시 적되 좀 더 낙관적인 시각으로, 그리고 진술이 발생한 장소나 시간, 경위를 구체적으로 기술하라. 나의 행동과 분리하여 객관적으로 진술하라.

5. 나의 일부(내면의 해설자)가 이 진술에 대한 책임이 있다고 가정하라. 나의 일부는 어디에 살고 있는가? 머리 한 구석인가? 머리 앞쪽인가? 아니면 심장에서 나오는가? 목소리가 어디에서 들리는지 다시 한번 살펴보라.

6. 나의 일부인 내면의 해설자를 긍정적인 이유를 위해 창조한 친구라고 생각하라. 오늘의 나를 만들어준 나의 일부인 이것에 감사하라. 그것은 내 인생길의 벗이 되어주었으므로 그 점을 인정해야 한다.

7. 이제 내면의 해설자와 커뮤니케이션이 잘 되므로 다시 한번 내면의 해설자에게 이렇게 요청하라. 세 가지 경험의 더욱 긍정적인 이유를 생각해보라고.

8. 해설자의 목소리를 신체의 다른 부위, 이를테면 오른쪽 어깨로 옮겨라. 목소리의 톤을 바꾸어라. 목소리를 만화 주인공이나 내가 좋아하는 명사의 목소리로 바꾸어라. 목소리를 다시 옮기고 새로운 목소리를 부여하라. 이 목소리가 늘어놓는 새로운 변명, 좀 더 낙관적인 변명에 귀를 기울여라.

9. 이제 해설자가 어떻게 다가오는지 주목하라.

10. 해설자가 가장 마음에 들어하는 곳으로 보내라. 원래의 장소일 수도 있고 신체 부위의 새로운 장소일 수도 있다. 신체 부위에 내가 느끼기에 가장 편안한 목소리를 부여하라.

이 훈련을 하다 도중에 막히면 해설자를 만들어내도 된다. 사실 우리가 만들어내는 건 없다. 무언가를 만들어내는 것 같지만 실은 무의식에서 끄집어내는 것이기 때문이다.

이 훈련을 하고 나면 어느 순간 자신의 감정을 훨씬 쉽게 통제할 수 있게 된다. 내가 하는 해석은 절대 현실이 아니다. 그 해석들은 그저 특정 사건에 대한 판단, 느낌, 신념일 뿐이다. 해석 때문에 감정적으로 대응하게 되므로 현실로 착각할 뿐이다. 그러나 감정은 현실과 무관하다. 감정은 내면에서 나오는 것일 뿐이다.

해석은 바로 바꿀 수 있다는 장점이 있다. 해석을 바꾸는 데는 전혀 돈이 들지 않으며 이익은 막대하다. 이제 내면의 해설자를 내 편으로 만들 때다. 어쨌거나 녀석은 친구가 아닌가.

이 훈련을 받은 빌^{Bill}의 예를 들어보자. 빌의 문제는 트레이딩에 대해 얘기를 할 때마다 아내가 바가지를 긁는 것이었다. 빌의 머릿속에는 이렇게 말하는 아내의 목소리가 들린다. "트레이딩이 도박하고 다를 게 뭐 있어? 시간만 낭비하고 아무짝에도 쓸모가 없잖아."

빌은 그 문제에 대해 떠오르는 생각을 다음과 같이 적어보았다.

- 결혼을 잘못했어. 아내는 바보다. 내가 하는 일을 이해하지 못해.
- 장인, 장모는 낡은 노동윤리*를 아내에게 주입시켰고 트레이딩은 낡은 노동윤리에 맞지 않는다. 그래서 아내는 화를 낸다.

---

*땀 흘려 일해서 돈을 벌어야 한다는 금욕적 노동윤리 −옮긴이

● 아내는 안정된 생활을 원한다. 그래서 내가 트레이딩에 대해 얘기하면 언짢아한다.

빌은 그 목소리가 좀 날카롭고 항상 오른쪽 두뇌에서 나온다는 것을 깨달았다. 그 목소리는 위에서 내려와 빌의 머리로 들어오는 것 같았다. 빌은 다른 문제들에도 이 훈련을 적용해보았다. 목소리는 비슷했고 목소리가 나오는 장소 역시 비슷했다.

그는 목소리를 옮기려고 노력했다. 처음엔 자신의 목에 옮겼고 쉰 목소리로 만들었다. 하지만 전혀 편안지가 않았다. 빌은 양 눈 사이 미간에 목소리를 옮기고 어린아이 목소리를 부여했다. 이 과정은 수월했고 결과도 아주 편안했다. 빌은 상황을 새로운 시각으로, 더욱 낙관적으로 해석하게 되었고 그 목소리를 새로운 위치에 놓자 훨씬 편해졌다. 그 결과 빌은 내면의 해설자에게 새로운 보금자리를 마련해주기로 했다. 자신의 일부인 내면의 해설자는 이제 빌을 훨씬 잘 이해하는 것 같았고 문제를 일으키는 일도 줄었다.

이 훈련을 일주일에 적어도 한 번 4주 동안 실시해보라. 훈련을 마치면 어떤 변화가 있는지 살펴보고 계속 실천하라. 인생을 살아가는데 있어 아주 귀한 도구를 얻게 될 것이다.

이 훈련은 실천해야만 유용하다. 이 훈련이 얼마나 중요한지 판단하고 실행에 옮겨보라.

'분리'를 배워라

트레이딩을 하면서 최고의 수익을 올리고 싶다면 투자의 귀재를 찾아내 그 사람의 기술을 눈여겨보는 것도 좋은 방법이다. 또한 다른 분야의 천재를 찾아내 그 사람의 행위를 트레이딩에 적용해볼 수도 있다. 나는 '아인슈타인이라면 지금의 시장을 어떻게 생각할까?'라고 생각해보곤 한다. 아인슈타인의 장기 중 하나는 '분리^{dissociate}'였다. 그는 심상^{心象, imagery}을 활용해 신체 밖으로 걸어나와 다른 시각을 취했다.

이것을 당신 자신에게 적용해보라. 심상 모험을 하는 동안 사고의 흐름과 경험을 주목하라.

첫 번째 장면을 상상해보라. 당신 자신(당신의 신체 전체)이 영화 스크린 속에서 스카이 다이빙하는 모습을 보라. 비행기 안에서 낙하산을 메고 있고 이제 막 뛰어내릴 참이다. 뛰어내린 다음 약 10초 동안 자유낙하 하다가 낙하산 펼치는 줄을 당긴다. 낙하산 때문에 몸이 공중에 붕 뜬다. 이제 땅위에 사뿐히 내려앉는 모습을 본다. 이것이 분리다.

똑같은 시나리오를 반복하되 이제는 눈으로만 보라. 다이빙을 준비하면서 비행기 안에 앉아 있을 때 손발을 주목하라. 이제 문쪽으로 가서 앉은 다음 뛰어내려라. 자유낙하 하면서 몸이 비행기에서 급속히 멀어지는 모습을 보라. 약 10초 뒤 낙하산 펼치는 줄을 푸는 손을 보고 낙하산이 펴질 때의 경험을 주목하라. 이제 사뿐히 땅에 내려오는 기분을 느껴보라. 이것이 바로 분리다.

두 경우 모두 보이는 장면은 같다. 비행기에서 뛰어내리는 장면이다. 또한 둘 다 상상 속 이미지지만 둘의 이미지는 현격한 차이가 있다.

우리는 인생의 대부분을 분리되지 않은 상태에서 보낸다. 그렇기 때문에 모든 것이 '현실'로 보인다. 감정이 실제인 것 같고, 신념도 현실인 것 같다. 하지만 단지 우리가 현실의 일부인 것처럼 보이기 때문에 그렇게 생각될 뿐이다. 우리가 생각하는 것이 전부인 것 같다.

다른 입장을 취하면, 즉 분리되면 경험은 급변한다. 생각이 달라진다. 경험이 달라진다. 그런데 이는 현실 이상의, 혹은 현실 이하의 제2의 경험인가? 어느 쪽도 아니다. 이는 단지 다른 경험일 뿐이다.

이처럼 다른 차원의 시각, 특히 분리된 시각을 취하는 것은 여러 분야에서 일가를 이룬 대가들에게서 흔히 볼 수 있다. 아인슈타인은 수많은 대가들 중 한 예일 뿐이다. 훌륭한 쿼터백*은 경기 도중에 경기장 전체를 위에서 내려다보는 시각을 갖고 있다고 한다. 따라서 멀리 떨어져서 전체 경기장을 조망할 수 있다. 이런 시각을 취할 수 있다면 어떤 일이 일어날지 상상해보라.

---

*미식축구에서 공격팀의 리더로, 전술을 책임진다. ─옮긴이

마이클 조던은 농구 경기장 위를 선회하는 자신을 상상하며 농구장을 조망하는 시각을 통해 농구장에서 벌어지는 상황을 볼 수 있다고 주장했다. 아마도 이런 시각 덕분에 모든 선수의 위치를 파악할 수 있었을 것이다. 이러한 기술에 어떤 장점이 있는지 다시 한 번 생각해보라.

나는 전직 펀드매니저인 톰 바소와 두 번 인터뷰했다. 바소에게 '침착 씨Mr. Serenity'라는 별명을 붙여준 잭 슈웨거Jack Schwager도 『타이밍의 승부사The New Market Wizards』에서 바소를 인터뷰했다. 내가 바소를 인터뷰했을 때 바소는 성공 비결 중 하나로 '분리능력'을 꼽았다. 다음은 바소가 한 말의 일부를 인용한 것이다.

개선이 필요하다고 느껴지는 상황이나 다른 사람과의 관계를 개선하고 싶은 상황이 되면 사건의 핵심을 머릿속에 다시 떠올립니다. 다른 사람이 어떻게 이런 상황을 처리했는지 이해하는 거죠. 나는 항상 톰 바소가 방 한 구석에서 톰 바소를 지켜본다고 생각합니다. 거기에서 톰 바소가 지금 당신과 이야기하는 모습을 지켜보는 거죠. 이 사람은 제2의 관찰자인데 재미있는 것은 시간이 흐를수록 자주 나타난다는 겁니다. 스트레스가 심한 상황이 되고, 트레이딩을 시작하고 더 많은 사람을 상대하고 사업이 어느 정도 궤도에 오르고 고객을 다루는 이런 상황이 되면 이 관찰자가 거기서 나를 도와줍니다. 거북하거나 불안해하는 내 모습을 관찰할 수 있죠. 지금은 이 관찰자를 항상 곁에 두고 있습니다.
―Course Update #9, 1990년 12월에서 발췌

NLP의 토대가 되는 전제는 이것이다. 한 사람이 해낼 수 있으면 누구나 할 수 있다. 다른 관점에서 바라보는 것은 천재성과 위대함에 이르는 결정적 요소이므로 훈련해야 한다.

이렇게 연습하라. 하루를 마치면서 마음속에 그날 일을 되돌아보라. 특히 위기의 순간들을 되돌아보라. 스스로가 하루를 보내는 모습을 지켜보면서 분리된 관점에서 하루를 되돌아보라. 이 연습을 마치면 자신의 어떤 모습에 주목해서 보았는지 기록하라.

이것을 트레이딩에 적용할 수 있을까? 트레이딩이 뜻대로 되지 않을 때 간단한 훈련법이 있다. 일어나서 걸어가라. 거기 앉아 있던 자신의 모습이 어땠는지 바라보라. 몸을 어떻게 움직였는가? 어떤 자세로 있었는가? 얼굴 표정은 어땠는가? 호흡은 어땠는가?

이런 것을 다 관찰한 뒤 기분이 어떤가 주목하라. 이젠 더 이상 그 육체 속에 있지 않다. 대신 분리된 시각에서 스스로를 보는 것이다. 모든 느낌과 감정은 사라진다. 사라지지 않는다면 다시 한번 자신을 바라보라.

이제 스스로에게 이렇게 질문해보라. 이 상황을 슈퍼 트레이더처럼 헤쳐 나가려면 어떤 자원을 다룰 수 있어야 하는가? 자신감이 필요한가? 청산하는데 용기가 필요한가? 어떤 시각이 필요한가? 이런 자원을 갖고 있다면 내 모습이 어떨까?

똑같은 상황에서 이런 새로운 자원을 가지고 있는 자신의 모습을 상상해보라. 이런 자원으로 무장하고 거기 앉아 있는 스스로의 모습을 보고 상황이 어떻게 달라졌는지 주목하라.

상황이 크게 달라질 것이다. 이제 이 훈련을 실제로 적용할 때다. 방금 상상하고 있던 상황으로 다시 돌아가보라. 어떤가? 전혀 다른 시각으로 상황을 보고 전혀 다른 차원에서 일하게 될 것이다. 이것이 분리의 힘이다. 다음 일주일 동안 이 기법을 하루 최소 1회 이상 실천하라. 실행하면 할수록 쉬워진다.

트레이딩에 균형을 유지하라

독자들에게 귀띔해줄 수 있는 최고의 조언 열 가지 중에 '균형 잡기'가 있다. 먼저, 수익과 손실 사이의 균형을 들 수 있다. 이를 이해할 수 있다면 다른 영역에서의 균형은 쉽게 이해할 수 있게 된다.

우리는 양 극단의 세계에서 살고 있다. 선과 악, 위와 아래, 노老와 소少, 행복과 불행 등등. '수익과 손실'은 이런 수많은 양 극단 중 하나일 뿐이다. 대부분의 경우 우리는 양 극단을 판단할 때 한쪽을 선호하고 한쪽은 싫어한다. 그러나 인생의 비결은 양쪽 모두를 수용하는 것이다. 수익과 손실의 측면에서 설명하면 이해하기 쉬울 것

트레이딩에서 균형 잡기

이다. 수익과 손실 모두를 기꺼이 감수하지 않으면 훌륭한 트레이더가 될 수 없다. 두 가지 모두 트레이딩 과정의 중요한 일부분이다.

대부분은 이 개념을 이해하지 못한다. 사람들은 항상 자신의 판단이 옳았기를 바란다. 트레이딩할 때마다 돈을 벌기 원한다. 하지만 손실은 트레이딩(투자) 과정의 일부이므로 그럴 수는 없다. 이 관계를 이해하면 손실을 감내하고 아무렇지도 않게 받아들이게 된다.

포지션을 청산해야만 하는 지점을 갖는 것, 그리고 자본을 보존하기 위해 손실을 보는 것은 트레이딩 과정의 자연스런 일부분이다. 대부분의 사람들이 절반 이상은 손실을 보기 마련이므로 손실을 아무렇지도 않게, 즉 중립적으로 받아들여야 한다.

손실이 껄끄러우면 손실을 수용할 수 없다. 손실을 수용하지 않으면 대체로 손실은 커진다. 첫 번째 기회에서 손실을 수용하지 않으면 손실은 더 불어나고 더더욱 수용하기 어렵게 된다. 그렇게 되면 손실은 또 불어난다. 손실은 점점 더 수용하기 어렵고 더 고통스럽게 된다. 손실이 너무 커서 도저히 받아들일 수 없을 지경이 되도록 이런 악순환은 계속된다.

그러나 투자자들은 잔고가 증거금을 밑도는 경우가 아니면 마진콜*을 받지 않는다. 대신 그들은 소중한 자본을 손실이 나는 투자에 묶어둔다. 아마 지금도 수백만 명의 투자자들이 2000년 이후

---

*선물계약 기간 중 선물가격 변화에 따른 추가 증거금 납부 요구 −옮긴이

손실이 난 투자를 과감히 정리하지 못하고 언젠가 시장이 다시 회복되기만을 기다리고 있을 것이다. 손실을 아무렇지도 않게 받아들일 줄도 알아야 한다.

균형 감각의 또다른 측면은 바로 지나치게 수익을 중시하지 말라는 것이다. 수익을 지나치게 중시하는 사람들은 재빨리 수익을 취한다. 왜 그럴까? 수익을 취하지 않으면 날아갈까 두렵기 때문이다.

부동산 투자를 예로 들어보자. 투자자 그룹이 투자한 부동산의 가격이 하락하기 시작했다. 이들은 빠져나와서 손실을 감내하는 대신 부동산을 계속 보유했고 가격은 더욱 하락했다. 잘못된 투자를 왜 정리하지 못했느냐고 묻자 그들은 이렇게 대답했다. "아직 본전을 못 찾았거든요."

이 투자자 그룹이 또 다른 부동산을 계약했다. 가격은 급등했고 100% 이상 수익이 발생했다. 잘못된 투자처는 끈질기게 보유하던 투자자들이 이번엔 적은 수익에 만족하고 성급하게 부동산을 매도했다. 왜 매도했냐고 묻자 이렇게 이유를 댔다. "지난번 계약에서 손실을 봐서 그런지 이번 건에서 확실히 손실을 만회하고 싶었죠."

균형 감각은 매우 중요하며 수익과 손실뿐 아니라 인생의 모든 양 극단에 적용된다.

진퇴양난에 빠진 심리를 극복하라

높은 수익을 향해 전진하다 보면 장애물이 나타나기 마련이다. 자금이나 자원 부족, 지식 부족 같은 문제들에 마음을 뺏기면 내면에서 죄책감, 분노, 좌절이 생긴다. 이런 심리 상태에서는 어떤 것도 이룰 수 없으며, 오도가도 못하는 상황이 지속된다.

예전에 무언가를 얻기 위해 도전했다가 인정사정 없이 '실패'해 본 경험이 있을 것이다. 문제는 실패가 아니라 실패가 남긴 멍이다. 실패에서 받은 타격 때문에 어디로 가려고만 하면 눈앞에 마음의 '멈춤 신호'가 설치되곤 할 것이다. 이 마음의 멈춤 신호는 실제로 얻어맞는 것만큼 강력한 영향력을 행사한다. 어떤 것을 손에 넣으려

혹시 꼼짝할 수 없는 상황에 빠진 건 아닐까?

고 할 때 이 멈춤 신호가 내면에 갈등을 일으킨다. 마음 한쪽에서는 계속 가라고 하고 또다른 마음 한쪽에서는 물러서고 싶다고 한다. 이리저리 끌려 다니다 이러지도 저러지도 못하는 심리 상태가 된다.

이런 상태가 되면 신체가 왔다갔다 갈피를 잡지 못한다. 대개 이런 사람들은 두 가지 그림을 본다. 처음 눈을 깜박이면 원하는 것을 보고 두 번째 눈을 깜박이면 마음의 '멈춤 신호'를 본다. 예를 들면 판매원은 이런 행동을 보인다. 물건은 팔고 싶지만 거절당하는 게 싫은 판매원은 '할 수 있어. 그런데 괜찮은 물건이 없어' 혹은 '물건은 괜찮아. 그런데 사람들이 영 호응을 하질 않으니……'라고 생각한다. 그 결과 이러지도 저러지도 못하고 질질 끌게 된다.

트레이더 역시 마찬가지다. 트레이더의 마음 한 구석에는 이런 목소리가 들린다. "청산해. 청산지점을 건드렸어. 빠져나와야 해." 그런가 하면 마음 한 구석에서는 이런 소리가 들린다. "그냥 둬. 반등할 거야. 지금 손해를 볼 순 없어." 이렇게 되면 대개 오도가도 못하는 상태에 빠진다.

나는 이런 상태에 빠진 사람들을 수없이 보았다. 40대에도 여전히 부모와 함께 살고 있는 한 남성이 있었다. 그에게 특히 이런 심리 상태가 두드러지게 나타났다. 그는 자기 힘으로 독립하고 싶었지만 무언가에 발목이 잡혀 계속 부모에게 얹혀 살았다. 그는 부모로부터 벗어날 돈을 충분히 벌 수 있는 방편은 '트레이딩'이라고 생각했다. 하지만 벗어나기에 충분한 돈을 벌겠다는 것이 아주 부정적인 심리 상태로 이어지면서 그는 진퇴양난에 빠지게 되었다. 그 결과 그는 방아쇠를 당길 수 없었다.

무언가를 미룰 때마다, 꿈과 목표를 미룰 때마다 우리는 동요하게 된다. 꿈과 목표를 이루고 싶지만 꿈을 이루는데 필요한 고통은 피하고 싶은 것이다. 그 결과 외부적인 움직임은 결여된 채 내면에서만 격렬하게 몸부림치는 상태에 빠진다.

몇 가지 간단한 해결책

옴짝달싹 못하는 상태에서는 빠져나오려고 허우적거릴수록 더 깊이 빠진다. 마치 늪에서 헤어나오려고 몸부림칠수록 급속히 가라앉는 것과 같다.

첫 번째 해결책은 마음을 가라앉히고 본능이 가리키는 방향과 반대 방향으로 조금만 움직이는 것이다. 예를 들면, 비행기가 곤두박질치며 추락하면 파일럿은 부드럽게 비행기를 아래로 움직여서 날개 밑으로 공기가 흐르도록 해야 한다. 그 순간 파일럿은 비행기를 통제할 수 있게 된다. 마찬가지로 차가 미끄러지면 본능적으로 미끄러지는 방향과 반대로 핸들을 꺾고 싶지만 미끄러지는 방향으로 핸들을 돌려야 차를 통제할 수 있다. 탁월한 트레이더가 되겠다는 목표에 빠져 있으면 본능과 반대로 움직여보라. 거래를 해야 한다면 거래를 하지 않는 것도 무덤덤하게 생각해야 한다.

두 번째 해결책은 원하는 것에 초점을 맞추는 것이다. 한계에 초점을 맞추다보면 마음 속에 멈춤 신호, 즉 한계를 보게 된다. 이루고자 하는 것에 초점을 맞추면 가능성과 앞길을 열어주는 새로운 자원들이 보인다. 당신은 어떤 것에 눈을 돌리고 있는가?

세 번째 해결책은 되고자 하는 것의 '존재^{being}'에 초점을 맞추는 것이다. 훌륭한 트레이더가 되고 싶으면 훌륭한 트레이더가 무엇을 가지고 있는지, 무엇을 하는지에 초점을 맞추지 말고 트레이더의 '됨', 즉 '존재'에 초점을 맞추어라. 훌륭한 트레이더가 된다는 것은 어떤 것인가? 그들의 입장이 되어보면 어떨까?

나는 워크숍에서 수강생들에게 진창에서 발을 빼 자신들이 어떤 모습인지 보도록 훈련시킨다. 그러고는 같은 상황에서 위대한 트레이더라면 어떤 모습일지 상상하도록 했다. 자신은 어떤 모습일까? 어떤 상태일까? 그러고는 수강생들에게 훌륭한 트레이더의 '존재'로 한 발 들여놓으라고 요청했다. 그러면 그들은 곧바로 변신을 했다. 여러분도 시도해보라.

실패가 의욕을 불태우게 하는가

제리 스토킹Jerry Stocking의 저서 『신과 함께 웃기Laughing with God』를 소개한다. 이 책은 한 가지 딜레마를 제시하고 있는데 대화 일부를 트레이딩(투자)에 맞게 고쳐보았다.

하나님: 손실을 보지 않고 수익만 얻고 싶으냐?

트레이더: 물론이죠.

하나님: 돈을 벌려면 손실도 보아야 한다. 하지만 넌 솔직하지 않았다. 너는 그저 수익만 내고 싶다고 말했다. 만약 정말로 수익만 내고 싶다면 너는 훨씬 자주 수익을 낼 것이다. 너는 성공 가능성보다 실패 가능성에 의욕이 고취된다. 네가 속한 사회 전체가 실패 혹은 적어도 실패할 두려움을 즐기고 있다. 실패할 가능성이 없다면 너는 성공에 가치를 두지 않을 것이다. 시장에서 돈을 버는 것도 너에겐 무의미한 일이 될 터. 생각해보거라. 어떤 시합을 녹화했는데 누군가 경기의 최종 스코어를 말한다면? 그래도 그 경기를 보겠는가? 보지 않을 것이다. 왜냐하면 결과가 불확실해야 흥미가 떨어지지 않기 때문이다. 거래를 할 때마다 돈을 벌 수도 있겠지만 재미는 없을 것이다. 너는 네가 그토록 즐기는 불확실성을 상실하고는 마치 네 손으로 불확실성을 제거한 척 하는구나.

일부 독자는 마지막 말에 발끈할지도 모르겠다. 그러나 만일 이 말이 사실이라면? 에드 세이코타는 『타이밍의 승부사』에서 '사람들은 시장에서 원하는 것을 얻는다'고 말했다. 세이코타가 언급한 것으로는 짜릿함, 처벌, 그들의 감정을 합리화시켜 주는 것들이었다. 세이코타의 언급이 사실이라는 것을 시사하는 무수한 증거를 목격했다. 어쨌든 세이코타의 언급은 흥미진진하다.

하나님: 너는 시장에서 무슨 일이 일어날지 알고 있다. 왜냐하면 미래는 네가 만들어낸 환상이기 때문이다. 영성의 차원에서 네가 알고 있는 미래를 무시해보라. 그러면 네가 얼마나 불확실성을 즐기는지 증명될 것이다. 너는 미래에 대한 환상을 이용해 네 스스로를 시간 속에 가두고 있구나.

모든 거래에서 100% 정확히 예측한다고 가정해보자. 모든 종목의 천정과 바닥을 알고 있다. 거래에 한 치의 오차도 없다. 시장에 진입만 하면 해마다 100억 달러를 번다고 하자. 거래가 이렇게 쉬워도 하겠는가? 100억 달러면 만족하겠는가? 거래를 계속하겠는가?

아마 이렇게 대답할 것이다. "물론 하고 말고요! 세상에 돈이란 돈은 다 쓸어 모아야죠." 이게 재미있을까? 아닐 것이다. 트레이딩은 손실 가능성이 있을 때에만 흥미로운데, 이런 상황에서는 무슨 종목을 매수하든, 무엇을 하든 거래로 돈을 잃지 않는다. 그래도 계속 거래를 하겠는가? 이유는 무엇인가?

이 내용은 말 그대로 가정이다. 하지만 이 상황이 현실이라고 상상할 때 내면에서 어떤 반응을 보이는가? 거래가 어떻게 느껴지는가? 계속 할 것인가? 계속 한다면 얼마나 자주 할 것인가? 거래를 중단하겠다면 이유는 무엇인가? 이것으로 당신의 어떤 면모를 알 수 있는가? 게임을 계속하는 이유는 불확실성 때문인가? 세상 돈을 다 가져도 계속 할 것인가? 이유는? 당신의 대답으로 어떤 면모를 알 수 있는가?

생각할 거리

'하나님의 계시'를 받아서 집필했다고 주장하는 책들이 많다. 정말 신의 계시로 나온 책인지 알 길이 없지만 그 책들 속에 생각할 만한 새로운 아이디어들이 있다면 흥미로울 것이다. 어떤 것이 신에게서 나왔다고 믿고 또한 이렇게 믿는 것이 당신의 신념을 확장해준다면 누군가가 창조한 것이라고 가정하되 동시에 사실일 거라고 상상하라. 이 믿음은 새로운 발상들을 주었으므로 독자 여러분 역시 마음을 열고 믿어야 한다.

그리고 이 훈련으로 작동되는 버튼이 있는지 주목하라. 만약 있다면 이렇게 자문하라. "이 버튼을 작동시킨 배후의 믿음은 무엇인가?" 그 믿음을 찾는다면 '신념 검증 패러다임'을 적용해보라.

이 훈련을 해보면 실은 그 믿음이 당신 자신을 제약하고 있다는 것을 알게 될 것이다. 이제 핵심이 되는 질문은 이것이다. "이 믿음 뒤에 있는 강렬한 감정은 무엇인가?"

이 감정을 제거하면 인생 전체가 바뀔 것이다.

반드시 행복할 필요는 없다

당신이 어마어마한 갑부라고 상상해보라. 오늘 일을 그만두어도 지금의 생활을 평생 유지할 수 있는 수입이 들어온다고 하자. 무엇을 할 것인가? 하던 일을 계속할 것인가? 더 윤택한 생활을 위해 수동적 수입을 더 벌어들이려고 일할 것인가? 그렇게 해서 생활이 지금보다 10배 더 윤택해졌다고 하자. 그 다음에는 무엇을 할 것인가? 전처럼 일을 더 할 것인가? 타인에게 주거나 기부할 돈을 마련하기 위해 일할 것인가? 10배 더 부자가 되면 더 행복할까? 확신하는가?

제리 스토킹의 『신과 함께 웃기』를 다시 한번 보자. 좀 전에도 밝혔지만 하나님의 개입으로 이 책을 썼는지 여부는 알 수 없다. 그러나 책 내용이 꽤 유용하며 자극제가 되므로 내게는 그걸로 충분하

단순함에서 즐거움을 얻어라

110

다. 이 책에서 하나님은 말한다. "어떤 것에도 100% 만족하지 못하면 어떤 것에도 만족할 수 없다."

비꼬는 말로 들리기도 하겠지만 앞서 소유, 행동, 존재에 관한 논의를 떠올려보라. 대부분은 훌륭한 트레이더가 가진 것(돈과 성공)을 가지기를 원한다. 훌륭한 트레이더가 하는 행동(즉 올바른 포지션에 크게 베팅하는 것)을 따라하려고 한다. 그러나 진짜 비결은 훌륭한 트레이더의 '존재'다. 자신의 거래에 행복해하며 만족하고 흡족해하려면 먼저 그런 상태로 들어가야 한다. 따라서 하나님의 진술은 완벽하게 논리적이다. 어떤 것에도 만족할 수 없다면 (즉 행복할 수 없다면) 어떤 행동을 하건, 어떤 것을 소유하든 만족하지 못한다.

이어서 하나님은 이렇게 말한다. "태어날 때부터 갖고 태어나지 않은 것에 눈을 돌리는 순간 너는 스스로가 불완전하며 외부에서 채워야 하는 존재라고 판단하는 셈이다." 하나님은 또 이렇게 말한다. "나는 너를 낙원에 두었거늘 너는 그 사실을 깨닫지 못하고 낙원을 개선하려고 하는구나." 조금 전에 이유를 밝혔듯이 이런 식의 접근은 쓸모가 없다.

하나님은 또한 우리의 시급한 과제는 '돌이키기'라고 말한다. 왜냐하면 새로운 것이라곤 없고 타인을 보는 건 쉽지만 자신의 내면을 들여다보는 건 어렵기 때문이다. 우리는 희소성이 있는 것을 귀하게 여긴다. 사람들은 부족한 것에 더 많은 가치를 부여한다. 반면 하나님은 가질 만한 것은 이미 모두 풍성하게 마련해 놓았다고 말한다. 우리에게 필요한 모든 것은 필요한 만큼 쓸 수 있다는 것이다.

공기, 물, 빛, 햇볕, 아름다움이 그렇다. 우리가 가장 풍성하게 소유한 것은 불확실성이다. 앞서 불확실성이 얼마나 중요한지 살펴보았다. 세상에 확실성만 존재한다면 시장은 따분하기 짝이 없을 것이다. 대부분은 '놀이'를 그만둘 것이다. 내가 '놀이'라고 쓰고 따옴표를 찍은 것은 어린이들이 즐거움을 얻기 위해 하는 것이 놀이이기 때문이다. 어른이 되면 인생을 진지하게 받아들이고 유희를 멈춘다.

어린아이들은 지극히 단순한 것에서 즐거움을 얻는다. 숲속을 걷거나 신선한 공기를 흠뻑 들이마시거나 재미있는 사람과 함께 있거나 지는 해를 바라보거나 빗속에서 물을 튕기며 놀면서 즐거워한다. 어른들은 이런 경이로운 것들을 보지 못한다. 대신 어른들은 돈을 벌고 안전한 생활, 더 윤택한 생활을 누리기 위해 일한다.

오래전에는 집 살 돈을 모으는 것이 목표였다. 그렇게만 되면 굳이 억지로 일하지 않아도 될 것 같았다. 물론 일이야 계속 하겠지만 굳이 일할 필요가 없는 처지에서 일하는 건 근사할 것 같았다. 나는 10년 전쯤 앞서 설명한 '무한한 부'의 개념을 완전히 이해하게 되었다. 나에게 무한한 부란 수동적 수입이 비용을 초과하는 상태였다. 6개월 만에 나는 무한한 부를 이루었다. 여전히 똑같이 일했을까? 그렇다. 심리 상태가 달라졌는가? 별로 달라지지 않았다. 달라진 것이 있다면 무한한 부를 이루기 위해 나의 '존재'를 혁신했다는 것이었다.

『신과 함께 웃기』에서 하나님은 이렇게 말한다. "너는 이룰 수 없는 목표들로 이루어진 세상을 설정해 놓았구나. 즉 가장 많이 소유한다든지 최고가 된다든지 이런 목표 말이다. 이런 목표에 가까이 다가가보면 손에 쥘 가치가 없다는 걸 인정할 것이다."

이 논리를 입증할 예를 들어보겠다. 곱씹어볼 만한 논리다. 25만 달러짜리 신차를 뽑았다. 이웃에는 이런 차를 모는 사람이 없다. 그러니 이제 이웃들보다 더 중요한 인물이 되었다. 그렇지 않은가? 더 훌륭한 사람, 더 성공한 사람, 더 중요한 사람이 틀림없다. 그런데 차가 더러워지거나 망가질까봐 25만 달러짜리 차를 마음껏 모는 즐거움을 누리지 못한다. 내가 얼마나 중요한 사람인지 과시하려고 잠깐씩 탈 뿐이다. 어느 날, 차를 타고 장거리 드라이브를 하기로 한다. 500마일*떨어진 다른 주로 가기로 한다. 그런데 비싼 새 차를 운전하려니 긴장되고 떨린다. 다른 운전자들이 신경 쓰인다. 과속하는 운전자들 때문에 바짝 긴장된다. 차를 몰고 가는 사이에 경미한 사고가 났다. 차가 찌그러지자 낙담한다. 우연한 사고인데 웃어넘기지 못하고 마치 자신이 찌그러진 것처럼 행동한다. 가치를 자신이 아닌 다른 것, 즉 차에 두었던 것이다. 그러므로 이런 일에 마음이 상하는 것이다. 자신을 차, 보트, 집 등과 혼동했기 때문이다.

우리는 열심히 일해서 무언가를 손에 넣는 것을 소중하게 여긴다. 이것이 하나의 가치체계가 된 것이다. 우리는 노력하고 애써서 얻은 것이 아니면 높이 사지 않는다. 기분이 좋은 고객에게 쉽게 물

---

*약 805킬로미터 ─옮긴이

건을 판매할 때보다는 성난 고객에게 어렵게 물건을 팔았을 때 훨씬 귀한 보람을 느낀다. 성난 고객에게 힘들게 물건을 팔면 환호하지만 기분이 좋은 고객에게 쉽게 물건을 팔면 아무것도 아닌 일처럼 치부한다. 이런 것에 가치를 두면 고된 일에 시달리며 짜증을 부리게 된다. 목표를 성취하기 위해 초과근무를 한다. 그러고는 맥주를 마시거나 담배를 피우며 TV를 보는 것으로 긴장을 푼다. 그저 인생을 즐기면 어떻게 될까?

우리는 보통 아이들이 '어른들이나 하는 것'이라는 말을 듣지 않았으면 결코 하지 않았을 것들을 만들어냈다. 보통 아이라면 마시거나 먹고 싶은 생각이 들지 않을 만큼 맛이 끔찍한 것들, 즉 맥주, 와인, 위스키, 커피, 담배, 시가를 발명했다는 것이다. 그리고 우리는 이런 물질들을 즐기는 '세련된' 취향들도 만들어냈다. 사람들은 좋은 와인, 최고급 커피, 최고급 시가는 어떤 맛이 나야 하는지를 몇 년에 걸쳐 배운다. 인생의 즐거움이 이런 물질들을 알아보는 세련된 입맛을 키우는데 있는 것처럼 말이다. 그리고 긴장을 풀려면 이런 것들을 소비해야 하는 것처럼 행동한다. 이게 말이 되는가?

이러한 것들이 도대체 훌륭한 거래와 무슨 상관이 있는 것일까? 훌륭한 트레이더들은 대부분 내가 무슨 말을 하려는지 눈치챘을 것이다. 그들은 단순함과 인생의 즐거움에 푹 빠져 산다. 그리고 이 사실이 훌륭한 트레이더가 되는데 일조한다. 이런 것들이 '될^{be}' 때 이러한 '됨^{being}'의 결과로 거래가 향상되는 걸 발견할 수 있을 것이다.

행복은 사물이나 사건이 아니라 '됨'에서 온다는 생각을 계속해보라. 대부분 우리가 정말 원하는 것은 즐거움, 사랑, 자유 같은 정신적 상태다. 이런 상태는 소유물이나 행동과는 어떤 연관성도 없다. 그냥 발만 들여놓으면 된다. 이런 상태는 모두 '됨'의 문제다. 삶의 질을 높이려면 주변을 돌아보고 기뻐하기만 하면 된다. 즐거운가? 마음이 가벼운가? 지극히 단순한 것에 기쁨을 느끼는가?

『신과 함께 웃기』에서 설명하는 것처럼 현실은 가능성 그 자체다. 하나님은 이렇게 말한다. "모든 가능성은 끝도 없이 흥미롭지만 약간의 가능성은 약간 흥미롭고 단 하나의 가능성은 하나의 문제다." 살면서 가능성이 제한되어 있다고 느끼면 화가 난다. 그러나 가능성이 제거되고 확실성을 손에 쥐면 안정되는 것도 사실이다.

어느 날 시장에 온갖 악재가 쏟아지자 누군가 물었다. 대충 이런 질문이었다. "약세장 전망, 달러화 약세, 그리고 돌아가는 모든 상황을 볼 때 시장이 어떻게 될 것 같나요? 겁이 나서 트레이딩을 할 수가 없어요." 이 사람이 원하는 건 단 한 가지 가능성, 즉 상승장이다. 그러나 사람들이 다른 가능성이 사라졌다고 느끼는 순간, 예를 들면 누군가 시장이 상승하기만 한다고 말하는 순간, 사람들은 무언가를 상실하거나 강탈당한 사람처럼 행동한다. 도대체 우리가 알고 있는 것은 무엇인가? 시장이 어떻게 상승만 할 수 있는가? 우리는 무지에서 기인하는 불확실성을 원한다.

훌륭한 트레이더와 그저 그런 트레이더의 결정적 차이는 바로 단순함에 있다. 훌륭한 트레이더는 단순함과 '알 수 없음'을 즐긴다. 그들은 그저 시장의 흐름을 따라간다. 주가가 상승할 시기라고 시장이 말하면 매수한다. 60%는 틀릴 수도 있지만 이것은 게임의 일부다. 시장이 더 이상 상승하지 못하면 빠져나간다. 이것은 단순히 시장에서 벌어지는 일을 관찰하기만 하면 되고 이들은 흐름을 따라가므로 즐겁다. 이들은 시장이 상승할 때는 시장에 남아 있어도 아무 문제가 없으므로 수익이 불어나도록 내버려둔다. 시장이 이상 조짐을 보이면 빠져나와도 아무 문제가 없으므로 시장에서 빠져나온다.

내가 설명한 것은 '순수한 거래'다. 순수한 거래의 정수는 단순함이다. 시간이 많이 걸리지도 않는다. 대신 즐길 수 있는 시간은 넘친다. 순수한 트레이딩은 모든 가능성을 보고 지금 현재 일어나고 있는 흐름에 합류하는 것이다. 내 판단이 옳아야 한다거나 열심히 일해야 한다거나 돈을 벌거나 수익을 얻어야 한다든지 하는 것에 사로잡혀 있으면 불가능하다. 맑은 정신으로 주변에서 벌어지는 상황과 일체가 되어야만 가능하다.

간단한 비법을 소개하니 시도해보라.

1. 내 판단이 옳아야 된다는 것을 포기하고 모든 가능성을 수용하라. 시장을 예측하지 말고 불확실성을 즐기면 시장에서 지금 어떤 일이 일어나고 있는지 더 잘 관찰할 수 있다.
2. 생활에 새로움을 가미하라. 버릇이나 습관 다섯 가지를 버려라. 바지를 입을 때 오른쪽 다리부터 넣는다면 왼쪽 다리부터 넣어보라. 전화를 받을 때 오른쪽 귀에 수화기를 댄다면 왼손으로 전화를 받아보라. 저녁 식사시간을 2시간 늘려서 한 입

한 입 음미하면서 먹어보라. 낭만적인 휴가를 떠나서 새로운 장소에서 새로운 방식으로 사랑을 나누어라.

3. 몇 가지 행동방식(특히 거래방식)을 골라서 좀 더 단순하게 처리할 방법을 찾아라. 만약 데이 트레이더^{day trader}라면 포지션에 진입한 다음 장 마감 시간에 손절매하든가 청산하라. 이렇게 하면 하루 종일 시장에 매달려 있지 않아도 되고 손실은 적고 수익은 크다. 진입 기법을 단순하게 만들고 청산에 집중하라. 혹은 진입과 청산을 모두 단순하게 만들고 포지션사이징에 집중하라.

4. 하루 정도 명상과 산책 외엔 아무것도 하지 않고 보내보라.

5. 새로운 친구를 사귀고 그 사람에게 인생이 얼마나 즐거운지 가르쳐라. 이 교훈이 필요한 사람을 골라라.

거래 개선을 위한 영혼의 비타민

당신의 영혼에 비타민을 공급한다고 해서 계좌에 직접적이고 뚜렷한 영향은 없을지도 모른다. 그러나 영혼의 비타민은 재앙을 막아주고 더 가볍고 행복한 사람으로 만들어줄 것이다. 더 가볍고 행복한 사람은 대개 거래와 투자 성적도 좋은 편이다.

몇 해 전 나는 새해를 맞아 영성 훈련을 많이 하겠다고 결심했다. 1월과 2월에 명상을 많이 하기로 계획하고, 일주일 동안 영성을 위한 휴가를 잡았다. 말하자면 내 영혼을 살찌우는 한 해를 보내기로 한 것이다. 그런데 현실로 이어지지 못했다. 12월부터 2월까지 감기를 퇴치하느라 항생제를 복용했는데 바이러스가 항생제에 내성이 생겨 기관지염과 폐렴으로 발전하고 만 것이었다. 초기에 증세를 무시한 탓이었다. 끔찍했다. 병 때문에 진이 다 빠졌고 영성 훈련이니 명상이니 하는 건 생각조차 하기 싫었다.

영혼을 위한 비타민

나는 내게 일어난 일은 전적으로 내 책임이라고 믿는다. 대부분의 상황에서 내가 어떻게 해서 이런 상황을 만들었는지 설명할 수 있다. 하지만 아팠던 그 해 처음 몇 달은 그럴 수 없었다. 영성 훈련을 하겠다고 하다 어쩌다가 완전히 기진맥진하고 말았는지 알 길이 없었다. 당시 나는 여전히 영혼을 북돋우고, 영혼을 살찌우고 먹이고 싶다는 열망이 강했다. 하지만 그 방법을 몰랐다. 그러다가 어느 주말에 『영혼의 비타민Vitamins for Your Soul』이라는 책을 발견했다. 내게 꼭 필요한 책이었고 무엇보다도 영혼을 살찌우는 활동을 분류하는 데 유용했다. 내가 잘 아는 활동도 있었지만 내가 전혀 모르는 분야도 많았다.

순간에 집중하라

마크 트웨인Mark Twain은 이렇게 말했다. "살면서 수많은 것을 두려워했지만 대부분은 일어나지 않았다." 내 인생도 마찬가지였다. 온갖 걱정거리가 많았지만 대개는 실제로 일어나지 않았다. 그러나 여전히 근심걱정에 사로잡혀 시간을 보낼 수도 있다. 가장 간단한 해결책은 정 반대편에 집중하는 것이다. 지금 이 순간 내가 가진 축복은 무엇인가? 지금 내가 감사하고 있는 것은 무엇인가?

흥미로운 훈련 하나를 소개하겠다. 날씨만 화창하면 할 수 있다. 이 순간의 경이로움에 집중할 수 있도록 실외에서 시간을 보내고 감각을 최대한 발휘하라. 꽃향기를 맡아라. 꽃향기를 들이마시고 즐겨라. 눈을 감고 자연의 소리를 들어라. 새가 지저귀는 소리를 들어라. 바람 소리를 들어라. 어떤 동물의 소리가 들리는가? 이 모든 경이로움을 받아들여라. 혹은 숨 막히는 경치를 보라. 무엇이 보이는가? 사방을 둘러보고 모든 풍광을 영혼으로 받아들여라. 순간의 장엄함에 눈을 돌려라.

내가 생각하는 모든 것은 과거에 일어난 것이다. 점점 극심해지는 고통을 느낄 때에도 실제 경험하는 것은 찰나 전에 일어난 것이다. 지금 현재 일어나는 일이 아니다. 내가 생각하고 걱정하는 모든 것은 과거에 일어난 일이다. 이것들을 내려놓고 현재, 지금 이 순간에 집중하면 만물이 아름답고 평화롭다는 것을 알게 된다. 우리의 생각이란 과거에 일어난 일에 바탕을 둔 것일 뿐인데 이 생각 때문에 분노와 갈등이 생긴다. 이것을 깨달으면 자신이 어떤 인간인지 이해할 수 있는 돌파구가 마련될 것이다.

매일 15분 동안 순간의 장엄함을 즐겨라. 아름다운 것을 발견해그 모습과 소리, 향기를 받아들여라. 이 모든 것들이 얼마나 경이로운지 느끼고 15분 동안 받아들여라. 마쳤으면 감사하라. 이것이 영혼에 어떤 영향을 주는지, 기분이 어떤지 주목하고 궁극적으로 거래에 어떤 영향을 미치는지 보라. 놀랄 것이다. 한번 해보라.

웃는 시간을 가져라

『웃음의 치유력Anatomy of Illness』의 저자 노먼 커즌즈Norman Cousins는 웃음 치료를 통해 자신의 암을 치료했다고 믿었다. 커즌즈는 재미있는 것들을 잔뜩 쌓아놓고 하루 종일 웃고 즐기며 보냈다. 그러자 신체에 큰 치유효과가 있는 것 같았다. 하지만 커즌즈처럼 심각한 질병에 걸릴 때까지 기다렸다가 영혼의 비타민을 복용해서는 안 된다. 지금 영혼의 비타민을 복용하라.

나는 농담을 즐기고 웃기는 일이 있으면 잘 웃으려고 한다. 하지만 더 많이 웃으면서 살겠다고 의식적으로 결심한 적은 없다. 앞으로는 웃는 연습을 더 많이 하고 싶다.

정말 웃기는 영화를 찾아서 보라. 친구들을 불러서 같이 보면 더 좋다. 영화를 보는 규칙은 단 하나. 되도록 많이 웃는 것이다. 조금만 웃겨도 박장대소하라. 그렇게 어렵지 않을뿐더러 웃음은 전염성이 있다. 인터넷 유머를 저장하라. 인터넷 유머를 잔뜩 저장해놓은 친구가 있다면 보내달라고 하라.

나에게는 인터넷 유머를 보내주는 사람이 늘 네 명 이상 있다. 나는 이들이 보내주는 걸 저장해두고 보고 싶을 땐 언제든지 읽는데, 어떤 건 정말 웃긴다. 친구들끼리 인터넷 유머를 주고받으면서 저장해두라. 유머를 외우고 자주 말하라. 내가 모아둔 유머를 듣고 다른 사람이 웃으면 나도 따라 웃게 된다. 유머를 알고 있고 어느 부분에서 '빵' 터지는지 알고 있어도 다른 사람에게 이야기하면 아주 즐겁고 재미있다.

예를 들어보겠다. 10년 전 한 친구가 카우보이의 3대 거짓말을 얘기해주었다.

1. 돈 주고 산 트럭이다.

2. 로데오에서 상으로 받은 버클이다.

3. 양이 울타리를 넘도록 도와주고 있었다.[*]

해외에서 막 돌아온 아내는 미국식 유머에 익숙지 않아서 마지막 유머를 전혀 이해하지 못했고, 아내에게 유머를 설명하는 과정은 좌중을 웃음바다로 만들었다. 이 유머가 그렇게 웃긴지 몰랐는데 그때 아내가 보여준 반응 때문에 언제나 이 우스갯소리를 떠올리게 된다. 다른 사람에게 우스갯소리를 해주면 내 영혼이 밝아진다. 실천해보라.

환희, 웃음, 가벼움을 느끼는 행복한 영혼이 건강한 영혼이다. 우리 주변에서 늘 일어나는 고통을 외면하라는 얘기가 아니다. 고통에 짓눌려 신이 우리에게 준 수많은 축복을 누리는 기쁨을 놓치지 말라는 얘기다. 환희의 반대는 슬픔이 아니다. 환희의 반대는 내 영혼의 본성이나 하나님의 본성에 대한 불신이다.

어른들은 웃는 법을 다시 배워야 하는데 그 첫걸음은 웃고 싶은 욕구에서 출발한다. 내 아내를 보면 놀랄 때가 많은데, 그 중 하나를 꼽자면 바로 '웃음' 때문이다. 아내는 어떤 것에든 잘 웃는다. 전화를 하면 언제나 웃음을 터뜨린다. 아내에게 끌리는 이유는 셀 수 없이 많지만 이 웃음 때문에 더더욱 아내에게 매력을 느낀다. 웃음의

---

[*]어떤 범죄 행위(양을 훔치는 행위)를 하다가 걸렸을 때 울타리 넘는 양을 도와주고 있었다고 표현한다. 텍사스 주 3대 거짓말에 속하기도 한다. —옮긴이

비결은 그냥 웃는 것이다. 전혀 우습지 않아도, 처음엔 억지로 웃는 듯해도 웃으려고 애써라. 일단 시작하면 전염성이 있다.

만화책이나 유머 모음집을 침대 머리맡에 두고 매일 밤 잠들기 전에 재미있는 글을 읽어라. 재미없는 내용이다 싶으면 크게 소리 내서 웃어라. 한번 웃으면 전염성이 있어서 그 내용이 점점 재미있어진다.

마지막으로, 아이들과 함께 시간을 보내며 어떤 것에 웃는지 살펴보라. 아이들은 어른들처럼 웃음을 참지 않는다. 아이들과 함께 영화나 만화를 보라. 아이들이 웃을 때 따라 웃어라.

이번 주에 매일 연습할 웃음 분량이 있다. 매일 밤 잠들기 전 웃을거리를 찾아라. 덧붙여 이번 한 달 동안 일주일에 최소 한 번 코믹한 영화를 보라. 즐겨라.

하나님에게 맡겨라

9년 전쯤 정신적으로 큰 충격을 받은 일이 있었다. 그 일 때문에 가치관도 바뀌었고 근심걱정도 늘었다. 대개 쓸모없는 기우였지만 말이다. 자괴감으로 세월을 보냈다. 내 인생에서 많은 것이 변했는데 원인은 내면에 있었다.

나는 윌리엄 테드포드 박사^{William T. Thetford}의 『기적 수업^{A Course in Miracles}』을 4년 동안 읽고 훈련하면서 우리가 현실이라고 믿는 것은 대개 허상이라는 것을 배웠다. 내가 믿는 것은 허상이며 그것도 내가 만들어낸 것이라는 사실을 깨달았지만 나는 걱정을 멈추지 않았다. 물론 아무 일도 일어나지 않았다. 가치관이 변했고 예전의 습관도 몇 가지 버렸지만 아무것도 변하지 않았다. 새로운 허상을 만들 뿐이었다.

앞선 두 단락에서 한 얘기가 독자 여러분에게 별로 와 닿지 않을지도 모르겠다. 그렇지만 해결책, 즉 영혼의 비타민은 좀 다를 것이다. 나의 해결책은 '하나님의 상자The God Box'를 만드는 것이다. 우리는 집 안 특별한 곳에 이 상자를 둔다. 성가신 일이 생길 때마다 이렇게 한다.

- 많은 시간을 허상에 빠져 보내고 있다면 이는 내 영혼에 유익하지 않다는 증거다.
- 이것이 내 인생에 미치는 영향을 확인하는 즉시 종이에 적는다.
- 나를 성가시게 하는 것을 적으면서 그것을 신에게 맡긴다.
- 그리고 하나님이 내게서 그것을 가져가주실 줄 알고 감사드린다.
- '하나님의 상자'에 종잇조각을 넣고 잊어버린다.

이 훈련을 할 때마다 놀라운 일이 일어난다. 내 사고를 지배하던 문제가 홀연히 사라지거나 모습을 바꾸어 나타난다. 그러면 나는 새로운 문제를 전처럼 신에게 맡긴다. 하나님에게 문제를 두 번 맡긴 뒤, 지금까지 같은 문제가 발생한 적은 없었다.

때때로 문제가 다시 생각나기는 하지만 나는 "방금 하나님에게 맡겼잖아. 다시 받을래? 아니잖아"라고 하고는 놓아버린다.

『기적 수업』에는 흥미로운 진술이 있다. 대충 이런 글이었다. "하나님이 만물을 다스리신다. 당신이 그 사실을 두려워하지 않는다면 말이다. 이 사실을 두려워하는 사람은 하나님의 통치권을 빼앗아 와서 스스로의 손으로 상황을 통제하려고 할 것이다." 이래서 '하나님의 상자'가 그렇게 효험이 좋은가 보다. 독자 여러분의 영혼을 위한 비타민으로 '하나님의 상자'를 적극 추천한다. 효험이 있다.

일주일 동안 이 훈련을 하라. 성가신 문제들을 모두 적어라. 조금이라도 짜증나는 일이 있으면 종이에 적어 하나님의 상자에 넣고 잊어버려라.

받은 바 축복에 감사하라

『영혼의 결혼The Marriage of Spirit』이라는 훌륭한 책을 추천하고자 한다. 가볍고 경쾌한 사람이 되도록 도와주는 프로그램인데 일기 쓰기도 이 프로그램의 일환이다. 이 훈련을 할 때 나는 그날 하루 겪었던 모든 문제와 감정의 동요를 적어나갔다. 다 적으면 마음의 동요를 깨끗이 지우는 훈련을 했다.

일기를 적으면서 흥미로운 점이 발견되었다. 바로 적을 게 아주 많다는 것이었다. 훈련은 효과가 있는 것 같았지만 적을 거리가 떨어지지 않았다. 놀라웠다. 개인적으로 몇 해에 걸쳐 이런 '정화' 훈련을 했기 때문에 나 자신이 꽤 깨끗한 줄 알았기 때문이다.

"생각이 그 사람을 결정한다"는 격언이 있다. 사실 이것이 바로 요즘 자주 듣게 되는 '끌어당김의 법칙law of attraction'이다. 누구나 영혼에 상처가 있고 이를 치유해야 하므로 내면을 정화해야 한다. 그러나 내가 아는 한 거의 모든 상처를 씻어냈다고 생각하는데도 여전히 상처는 남아 있었다.

그리고 불현듯 깨달았다. '정화'할 거리를 찾느라 얼마나 많은 나날을 허비하고 있었는지. 털어서 먼지 안 날 수 없으니 찾으려고 하면 나오기 마련이다. 따라서 나는 날마다 감사하는데 눈을 돌리기로 했다. 문제를 찾아내는 대신 그 시간에 내 인생에서 받은 축복에 감사했다. 날마다 같은 축복을 적을 때도 많지만 축복에 대해 여전히 감사하므로 문제될 게 없다.

문제를 찾아 헤매는 대신 내가 받은 복을 기록하고 감사하기 시작하니 나의 관심사도 바뀌었다. 그러자 영혼이 점차 가벼워지기 시작했다. 이 역시 놀라운 비타민이다. 시도해보라.

이 과제대로 하라. 일기장을 사서 날마다 그날 겪었던 일 중 아주 감사하게 생각하는 다섯 가지 축복을 적는다. 덧붙여 걱정되거나 두려운 일이 있으면 종이에 적어 하나님에게 맡겨라. 그 종이를 하나님 상자에 넣되 완전히, 기꺼이 하나님에게 맡기고 내려놓아라. 기꺼이 드리지 않으면 하나님 역시 문제를 당신이 계속 맡도록 내버려두실 것이다. '비밀 감사 일기The Secret Gratitude Journal'는 목적지로 가는 탁월한 도구다.

행복을 추구하라

『기적 수업』을 처음 읽고 훈련할 때는 즐거움을 좇는 데 열중했다. 조셉 캠벨Joseph Campbell은 『신화의 힘The Power of Myth』에서 즐거움을 추구하는 것이 하나님의 길을 가는 것이라고 말했다. 이 말은 내게 아주 근사하게 다가왔다. 즐거운 일을 하라. 그러면 인생이 달라질 것이다.

1986년 나는 일주일에 한 번 하던 파트타임 일을 그만두었다. 몰입하기 위해서였다. 파트타임으로 일하면 의료혜택도 받을 수 있고 다시 정규직에 복귀할 희망도 있었기 때문에 쉽게 일을 놓을 수가 없었는데, 그 일을 그만 둔 것이다. 2주 뒤 아내가(지금은 아니지만) 예기치 않게 실업자가 되었고 9개월 동안이나 직장을 구하지 못했지만 우리는 큰돈을 빌리지 않고 그럭저럭 해를 넘겼다.

1987년 사업이 차차 풀리기 시작했다. 일거리가 늘자 비서를 고용해야겠다고 결심했다. 하지만 그 전 해에 그다지 큰돈을 벌지 못

나의 행복

당신의 행복을 따르라

했기 때문에 비서 월급으로 수익이 다 나갈 것 같았다. 그래도 비서를 고용했고(이 역시 몰입을 위해서였다)그 후 처음으로 백만 달러 단위의 돈을 벌었다. 그때부터 사업이 번창하기 시작했다.

결정을 하는 일은 매번 어려웠다. 안정감을 포기하고 알 수 없는 미래를 위해 현 상태를 포기했다. 뻔한 상황을 싫어하고 앞으로 다가올 것을 좋아하긴 했지만 그래도 겁이 났다. 몰입하고 있음을 보여주는 게 얼마나 중요한지는 앞서도 설명한 바 있다.

즐거움이 있는 곳을 따라가면서 내가 집착하던 것에서 점점 멀어졌다. 첫 번째 결혼도 그랬다. 결혼 생활은 삐걱거렸고 어째해볼 도리가 없었다. 더 즐거운 곳을 향해 나아가고 있었지만 그래도 겁이 났다. 결국 결과는 좋았다. 엄청난 변화를 향해 발걸음을 내디뎠지만 즐거움을 따라가는 것은 영혼에 아주 중요한 비타민이다.

어떤 것을 좋아하는가? 더욱 많이 하라. 어떤 것을 싫어하는가? 그 일을 줄여라.

사업이 성공 궤도에 올라선 뒤 어느 시점이 되었을 때 나는 좋아하는 일과 싫어하는 일을 기록하기 시작했다. 내가 좋아하는 일은 사업에 가장 돈벌이가 되는 일이었다. 그 일들은 사람들을 돕고 창의적인 일을 하고 워크숍에서 수련생들을 가르치고 새로운 제품을 개발하는 일, 그리고 트레이딩이었다. 이런 일들은 다 돈이 됐다.

나는 사업을 꾸리기 위해 매일 해야 하는 일들, 그리고 거기에 따르는 자질구레한 일들을 싫어했다. 지금도 이런 일을 어느 정도는 하고 있지만, 나는 이런 일을 나보다 훨씬 잘하는 사람들을 고용했다. 이제는 내가 좋아하는 일에 온전히 몰두할 수 있다.

좋아하는 일과 싫어하는 일을 목록으로 만들어라. 좋아하는 일을 더 많이 하도록 하고 싫어하는 일은 다른 사람에게 넘기겠다고 다짐하라. 이런 단순한 조치만으로도 인생이 확 달라진다는 것을 경험하게 될 것이다.

사랑에 헌신하라

한때 자기혁신 워크숍에 참가한 적이 있었다. 워크숍을 주도한 사람은 아주 사근사근했다. 워크숍은 이렇게 진행되었다. 참가자들이 문제를 가지고 오면 워크숍 진행자가 문제를 내려놓도록 도와주는 것이었다. 그런데 어떤 사람들은 같은 문제를 계속 가지고 나왔다. 사실 돈이 없어 굶어죽기 직전인 한 배우는 열 번 이상 워크숍에 나타나서는 늘 자질구레한 문제로 상담을 했다. 마치 아무것도 이룬 게 없어보였다. 하지만 워크숍 진행자는 그 사람과 함께 웃고 그가 문제를 털어놓도록 상냥하게 인도했다.

처음에는 이런 생각이 들었다. '같은 문제를 계속해서 저렇게 들고 나오는데 저 사람은 어째서 신경질조차 내지 않을까?' 사실 그 남자가 워크숍에 매번 같은 문제를 들고 나오는 것을 보고 나는 그가 진행자의 조수로 일하면서 공짜로 상담을 받는 것이라고 확신했다. 아무튼 당시 나는 이렇게 생각했다. '도대체 진전이라고는 없는 이 사람에게 어떻게 짜증 한 번 내지 않는 거지?' 워크숍 진행자는 내게 비결을 말해주었다. 바로 있는 그대로를 사랑하는 것이었다.

즉 그 사람이 변하든 변하지 않든, 기대하지도 집착하지도 않는 것이다. 그는 그저 그 사람을 사랑하기 때문에 무슨 일이 있든 상냥하게 대응할 수 있다. 이것을 이해하고 나자 조건 없는 사랑이 이해되기 시작했다.

이 단락의 주제는 '사랑하기'다. 사랑은 모든 판단을 내려놓고 모든 것을 있는 모습 그대로 사랑하는 것이다.

우리는 대개 두려움과 걱정에 이끌려 결정한다. 나는 다음번 워크숍에 참가자가 적으면 어떡하나 수없이 걱정하곤 했다. 본능적으로 그것부터 걱정하기 시작했다. 참가자가 없으면 어떡하지? 강사 숙박비는 고사하고 강연료도 지불하지 못할 만큼 참가자가 적으면 어떡하지? 워크숍이 취소되면 어떡하지? 그렇게 되면 호텔측은 우리를 못 믿을 사람이라고 낙인 찍을 텐데…… 워크숍 홍보하느라 벌써 영업비를 다 써버렸는데…… 이렇게 끝도 없이 걱정거리를 늘어놓았다. 두려움에 의해 움직인 것이었고 이는 전혀 도움이 되지 않았다. 나는 대신 사랑에 의해 움직이는 길을 택했다.

사랑에 따라 움직이는 한 가지 방법은 자신이 어떤 사람인지 선언하는 것이다. 예를 들어 "나는 상냥하며 다정하고, 인정 많은 사람이다"라고 종이에 적어라! 그리고 제2의 천성이 되도록 스스로에게 선언하라! 결정을 내려야 할 때면 이렇게 말하면서 시작하라. "상냥하며 다정하고 인정 많은 사람이라면 이 상황에서 어떻게 할까?" 분명 두려움에 휘둘려 결정하진 않을 것이다. 대신 사랑과 연민에서 우러나오는 결정을 내릴 것이다. 물론 그 말을 할 때 머릿속에 가장 먼저 떠오르는 생각은 '모두에게 득이 되려면 이 상황을 어떻게 처리해야 할까?'였다. 워크숍 참가자를 늘리려면 뭘 더 할 수 있을까? 어떻게 하면 이 워크숍의 가치를 더욱 높여 더 많은 사람들이 참가하도록 유도할 수 있을까?' 물론 '워크숍을 취소하면 손해가 막심할 텐데……'라고 말할 때와는 엄청나게 다른 대답을 얻을 수 있다.

다음 과제는 이것이다. 내가 어떤 사람인지 결정하고 나의 '사람됨'을 반영하는 헌신 선언을 하라. 예를 들면 이런 식이다. "나는 힘 있고 관대하며 다정한 지도자다!" 혹은 "나는 용감하고 다정하며, 인정 넘치는 여성이다." 당신 자신에게 어울리는 명제들을 적어보라. 그리고 외워라. 결정을 내릴 때는 이 선언문을 읽고 그것이 진실인 것처럼 행동하라. 이렇게 한 다음 결정하라. 이런 식으로 하면 인생의 모든 측면에서 아주 다른 결과를 얻게 될 것이다.

명상하고 경청하라

하루 일과가 끝나면 명상하는 시간을 가져라. 하루를 시작하면서 해도 좋다. 취향에 따라 결정하면 된다. 명상은 아주 중요하다.

자, 그럼 명상이 어떻게 영혼의 비타민이 되는지 살펴보기로 하자.

의자에 앉아 있다면 두 발을 바닥에 대고 꼿꼿하게 허리를 세우고, 바닥에 앉아 있다면 책상다리를 한 다음 꼿꼿하게 허리를 세워라. 천천히 숨을 들이마시면서 공기가 폐로 들어와 폐 속에 차는 것을 느껴보라. 공기가 어디로 가는지를 느껴라. 숨을 깊이 들이마셔서

폐를 공기로 채우면서 호흡을 조절한다. 혹은 폐가 늘상 하던 대로 자연스럽게 움직이도록 한동안 놔둘 수도 있다. 내 몸에서 어떤 일이 일어나는지 느껴라.

호흡을 느끼는 동안 마음속의 재잘거림을 늦추거나 멈추어라. 호흡에만 집중하라. 연습할수록 호흡을 더 잘 관찰할 수 있다. 재잘거림으로 속이 시끄러우면 떨쳐버리고 호흡을 관찰하라.

이 훈련을 규칙적으로 하다보면 다음과 같은 것들을 알게 된다.

- 첫째, 마음속에서 쉴 새 없이 재잘거림이 들린다는 것을 알게 된다. 이것들을 몰아내고 잠잠해질 때까지 해보라. 마음속에 어떤 것이 지나가면 단지 내가 그것을 의식할 뿐이라는 것을 확인하라. 그것은 결코 나 자신이 아니며 나는 마음속을 지나가는 그것을 의식할 뿐이다.
- 둘째 잠이 드는 느낌이 든다. 만약 잠이 드는 것 같으면 다행이다! 잠이 필요했으므로 잠시 잠을 청해 몸을 개운하게 만들어라.
- 머릿속의 재잘거림은 나와 상관없다는 것을 알게 된다. 내가 재잘거림을 의식할 뿐이다.
- 마지막으로 호흡 사이의 공간으로 빠져드는 것을 느끼게 된다.

이 공간에서 창의력이 샘솟고 의식의 고차원 영역과 접촉하며 필요한 메시지를 듣게 된다. 주의깊게 경청하라. 일주일 내내 매일

20분씩 이 훈련을 하라. 일주일 동안 훈련한 뒤에는 반드시 창의력이 높아질 것이다. 명상 중에는 창의적인 발상이 떠오르지 않을 수도 있지만 다른 시간에 창의적인 발상이 물밀 듯이 솟아오를 것이며 더 나은 트레이더가 되는데 도움이 될 것이다.

생존에 필요한 요소들을 살펴보자. 음식 없이도 육신은 최소한 한 달 정도는 살 수 있다. 물 없이도 며칠을 살 수 있다. 그러나 공기 없이는 단 몇 분도 살 수 없다. 공기는 생존에 절대 불가결한 요소다. 공기를 흠뻑 들이마시는 게 마땅하지 않은가.

고대의 많은 명상법 중에 호흡이 들어 있는 것도 그만한 이유가 있다. 해리 골드벳$^{Harry Goldbatt}$ 박사의 연구에 따르면 산소가 결핍된 쥐의 세포는 정상 세포와 달리 쉽게 악성 종양에 걸린다고 한다. 다

호흡에 집중하라

른 사람보다 산소를 많이 마시는 운동선수들은 암 발병률이 미국인 평균의 7분의 1에 불과하다.

림프학자 잭 쉴즈Jack Shields에 따르면 횡경막 심호흡이 림프계를 자극하고 정화하는 가장 효과적인 방법이며 면역계도 자극한다고 한다. 심호흡이 독소 제거를 촉진한다. 나는 이 정보를 더 심화시켜 건강한 호흡이 면역계를 자극하고 질병을 예방할 뿐 아니라 업무 실적도 높인다고 믿는다.

심호흡 방법은 이렇다. 5초 동안 숨을 들이마시고 횡경막으로 복부까지 깊이 들이마신다. 20초 동안 숨을 멈추고 혈액과 림프 속에 산소가 퍼지게 한다. 마지막으로 10초 동안 숨을 내쉰다.

이 훈련이 너무 힘들면 숨을 들이마시고 멈추고 내쉬는 시간의 비율을 1:4:2로 하되 시간을 줄여보라. 즉 숨을 들이마시는 시간의 4배 동안 숨을 멈춘다. 한 달 동안 매일 두 번씩 연습하고 어떤 느낌인지 살펴라.

아마 열심히 하면 몸이 개운해지고 활짝 열리며 깨어나 지금 일어나는 일에 더 민감하게 반응하게 될 것이다. 만약 이렇게 된다면 비록 미세하게 감지될지라도 거래에 변화가 생길 것이다.

힌두교인들은 육신과 영혼을 고취하는 다양한 호흡법을 개발했다. 이를 프라나야마 훈련Pranayama exercises 혹은 프라나크리야 훈련Pranakriya exercises이라고 부른다. 관심이 있으면 이 호흡법을 연구해서 훈련에 응용해보는 것도 좋을 것이다.

1990년 무렵 나는 은퇴한 공학교수와 함께 일했다. 우리는 정화 훈련을 함께 했고 훈련을 마칠 무렵 나는 그에게 어떻게 하면 내면의 인도를 받는지 가르쳤다. 그 교수는 18년 동안 내면의 인도를 받았고 나는 다시 그와 함께 일하게 되었다. 달라진 것이 있다면 이번에는 내가 그의 인도하에 영성 훈련을 받고 있다는 점이다.

무엇보다 인상 깊은 것은 그가 순수하게 시장을 바라보며 시장이 말하는 대로 행동한다는 것이다. 즉 상승주를 매수하고 하락주를 매도한다. 또한 하락주를 공매도하고 하락을 멈추면 매수한다. 18년 사이 계좌는 불어나 상당 규모의 헤지펀드가 되었다. 모두 단순한 원칙에 입각해 매매해서 번 돈이었다. 귀한 영혼의 비타민을 빠뜨리지 마라.

목표달성을 위한 훈련

이제 트레이딩의 구체적인 목표가 생겼을 것이다. 구체적인 목표가 없다면 구체적인 목표부터 정하라. 구체적인 목표가 있다고 해도 목표를 달성하려면 훈련이 필요하다. 따라서 지금부터는 여러분의 목표달성을 돕는데 주력하겠다.

1. 큰 목표를 구체적인 단계로 쪼개라

대부분의 트레이더들이 목표를 아주 크게 잡는데, 이 목표를 구체적인 단계로 나누어라. 한 해 동안 (혹은 평생 동안) 작은 단계들을 차근차근 이루어 나간다고 생각하면 원대한 목표를 달성하는 것보다 훨씬 쉬울 것이다. 쉬운 것부터 시작하고 확실히 수행하라.

올해 계좌의 잔고를 50% 불리겠다고 결심했다면 이런 식으로 목표를 여러 단계로 나누어보라.

(1) 트레이딩을 개선할 수 있는 방안들을 찾는다.

(2) 각각의 방안을 실험해보고 어느 정도 개선되는지 살핀다.

(3) 트레이딩의 우선순위 임무들을 수행하라. 매일 이 임무를 수행하고 이것이 어떤 의미인지 살피겠다는 것을 목표로 삼을 수도 있다. 우선순위 임무들에 관해서는 이 책 여기저기에 언급되어 있다. 거래 1회당 리스크를 1%만 둔다면 일주일에 1R 수익만 거둬도 연 50% 수익을 거둘 수 있다.

2. 자신에게 약속하고 그렇게 결심한 이유를 포함하라

매일 심리적 시연을 하겠다고 스스로에게 약속했다고 하자. 심리적 시연은 최상의 트레이딩을 위한 과제 중 하나다. 이를테면 이런 식으로 결의문을 정하고 스스로에게 약속할 수도 있다. "매일 심리적 시연을 수행해 자제심을 기르는 방법을 궁리하겠다." 이 진술은 매일 실천하기에 훨씬 쉽다. 또한 다른 사람이 나에게 요구하는 것이 아니라 내가 원하는 것을 하겠다고 스스로에게 약속하라. 다른 사람이 나에게 매일 심리적 시연을 하라고 말하면 하지 않을 수도 있겠지만, 자신의 윤택한 생활과 트레이딩을 위해 이런 심리적 시연이 얼마나 중요한지 이해한다면 실천할 확률이 높아질 것이다.

3. 나를 허물어뜨리는 '화약고'가 무엇인지 식별하라

아마 지금까지는 하고 싶어도 할 수 없었던 일들을 이제부터 하기로 결단을 내렸을 것이다. 그렇다면 지금껏 할 수 없었던 이유가 있을 것이고 나를 허물어뜨리는 지뢰나 화약고가 있을 것이다. 나에게는 무엇이 지뢰인가? 어떤 사람이나 어떤 조건 등의 환경이 지뢰가 되는가? 아니면 특별한 내면의 감정이 지뢰인가? 어떤 감정이며 어떨 때 이런 감정이 폭발하는가?

기폭 장치가 무엇인지 식별하고 나면 맞서기가 한층 쉬워진다. 지뢰 때문에 생기는 문제를 두고 폭넓게 심리적 시연을 수행하라. 자신에 대해 자각하면 결심을 유지하는 데 크게 도움이 된다.

4. 새로운 목표의 긍정적 측면을 바라보라

결심을 실천에 옮길 때면 가끔 스스로를 너무 몰아세우고 자제하는 건 아닌가 하는 기분이 든다. 그러지 말고 내가 성취하고 있는 것들의 긍정적인 측면을 바라보라. 시스템과 무관한 훈련을 하지 않으려고 애쓰는가? 그렇다면 시스템을 따르고 돈을 버는 즐거움에 집중하라. 극복하려고 애쓰는 부정적인 일에 집착하지 말고 새로운 행동이 주는 즐거움에 집중하라. 앞으로 나아가는 것이 훨씬 쉬워질 것이다.

5. 어떤 문제에 공을 들이든 반드시 일지를 기록하라

내가 제안하는 것은 상당 부분 정신적 자각과 관련되어 있다. 대부분은 목표를 성취하기 위한 큰 그림을 보지 못한다. 하지만 내가 이룬 것, 생각들을 일지로 적어나가면 내면에서 어떤 변화가 일어나고 있는지 쉽게 이해할 수 있다.

내가 이룬 것들을 적어나가는 것은 일종의 보상이 되기도 한다. 특히 1단계를 따르고 전체 목표를 향한 작은 단계들을 설정했다면 성취한 것들을 적어나가면서 뿌듯할 것이다. 내가 이룬 것에 초점을 맞추면 내가 성취한 것, 그리고 내가 향하고 있는 목표에 대해 벅찬 마음에 기쁠 것이다.

6. 가끔은 쿨하게 포기할 줄도 알아야 한다

중대한 변화를 꾀하고 있다면 때때로 좌절할 수도 있고 퇴보할 수도 있다. 이것을 실패로 규정하면 결단은 헛일이 되고 만다. 스스로에게 패배자라는 낙인을 찍을 수도 있다. 반대로 쿨하게 받아들이면 계속 전진할 수 있다. 잠깐 멈칫한 것뿐이다.

좌절을 스스로에 대해 알 수 있는 기회로 삼아라. 어떤 일이 일어났는가? 나의 생각은 어땠는가? 이런 정보를 낱낱이 일지에 기록하고 어떤 교훈을 얻었는지 살펴보라. 새로운 지뢰를 발견할 수도 있고 이런 지뢰들을 피할 수 있는 계획을 세울 수도 있다. 어떤 경우든 좌절한 것에 대해 스스로를 받아들이고 계속 전진하라.

준비를 제대로 못해서 좌절하는 경우가 허다하다. 트레이딩에 관한 조사가 부족했을 수도 있고 심리적 시연이 부족했을 수도 있다. 트레이딩 과정에서 예기치 못한 무언가를 발견했다면 이것을 훈련과정에서 활용할 수도 있다. 결단을 유지하고 전진하는데 필요한 준비는 또 어떤 것이 있는가?

7. 진행하는 과정에서 스스로에게 보상을 하라

진행 초기에 성취한 것들을 높이 사야 한다. 아마도 처음 며칠이 가장 힘들 것이다. 따라서 처음 며칠 동안 목표들을 성취했다면 보상을 하라. 보상 시스템을 통해 즐겁게 진행하라.

묵은 감정을 풀어라

책 서두에서 신념 검증 패러다임에 대해 이야기하면서 해묵은 감정은 신념에 자양분을 공급하므로 쓸모없는 신념이 고착될 수 있다고 설명했다. 이제 케케묵은 감정들을 제거할 때다. 신념 검증을 최소한 100번 했다고 하자. 당신의 신념에 얽힌 일반적인 감정들을 나열해보라. 아마 다음과 같을 것이다.

- 두려움
- 분노
- 거절
- 죄책감
- 외로움
- 불확실성
- 자제력 상실
- 포기

이것들을 어떻게 처리하면 좋을까?

우선, 왜 이런 감정들이 몸속에 쌓였는지 살펴야 한다. 우리는 감정을 좋은 감정 혹은 나쁜 감정으로 구분한다. 그리고 좋은 감정은 기꺼이 느끼고 싶지만 나쁜 감정은 꺼린다. 아마 부모에게서 받은 영향일 수도 있다. 우리는 대개 부정적인 감정들을 억누르려고 한다. 영화를 예로 들어보자. 액션 영화의 주인공은 자신의 감정을 잘 드러내지 않는다. 주인공들은 감정을 그저 속으로 꾹꾹 눌러두고 살아간다. 이런 영화를 보면서 우리는 무의식적으로 주인공을 동경하게 되었는지도 모른다.

아무튼 달갑지 않은 감정을 속으로 억누르면 어떤 결과가 나타나는지 살펴보자. 이를테면 호감 가는 이성이 눈에 띄어 말을 걸러 다가갔다고 해보자. 그 사람은 내게 아무런 반감도 없지만 그날 좀 기분이 별로였다. 그래서 이렇게 대꾸한다. "관심 없으니까 꺼져!"

당신은 심하게 거절당한 기분이 들 것이다. 이런 기분은 너무도 별로라서 속에 묻어둔다(느끼고 싶지가 않다). 어쩌면 이렇게 중얼거릴지도 모른다. "나도 별로 데이트할 마음은 없었는데."

이렇게 되면 거절에 대한 기억이 몸속에 저장되어 버린다. 그리

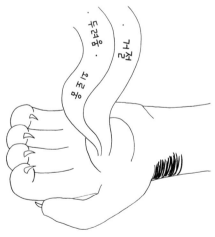

부정적인 감정 놓아버리기

고 다시는 거절을 맛보고 싶지 않다는 생각이 마음 한 구석에, 몸 한 구석에 기억된다. 그러면 우리 뇌는 다시는 거절당한 기분이 들지 않도록 원천봉쇄하는 임무를 맡게 된다.

일주일 뒤, 다가가서 말을 걸고 싶은 또 다른 이성을 만난다. 그 사람에게 다가가려는 순간 갑자기 나의 내부에서 이렇게 말하는 목소리가 들린다. "지난주에 당한 일을 생각해봐!" 그러면 쌓아두었던 거절당한 기분이 분출된다. 상대방은 아무런 행동도 하지 않았건만 나는 이미 거절당한 기분이 된다. 그리고 그 사람에게 다가가면 나의 일부는 계속 경고하고 그때마다 쌓아두었던 거절당한 기분이 분출된다. 이럴 때 두 가지 가능성이 있다.

첫째, 포기하고 그 사람에게 다가가지 않는 것이다. 거절당할 게 뻔하다는 생각 때문에 감히 시도조차 못하는 것이다. 하지만 그 사람은 당신을 보지도 못했고 당신에게 어떤 반응도 보이지 않았다. 당신은 그저 일어날지도 모를 일 때문에 포기한 것이다.

두 번째는 다가가기는 하지만 거절당하리라고 예상하고 이렇게 말하는 것이다. "나랑 데이트 같은 거 안 하실 거예요, 그렇죠?" 이런 식으로 접근했다간 십중팔구 퇴짜 맞는다. 예상대로 되는 것이다. 거절당한 기분을 풀어놓지 않으면 거절은 경험의 일부로 영구히 고착되고 만다.

이렇게 쌓인 감정을 방출하려면 세 가지 방법이 있다.

● 감정을 기쁘게 받아들인다.

- 그냥 분출한다.
- 공원 벤치 훈련

지금 당장 실천해보라.

없애버리고 싶지만 없어지지 않는 신념들을 생각해보라. 그 신념이 생긴 데에는 거절이 한몫했다고 하자. 그 신념에는 거절당한 기분이 담겨 있다. 그 신념을 생각하며 놓아버려라. 거절당한 감정이 솟아오르면 두 팔을 활짝 벌려 환영하라. 이 훈련은 아주 효과적이다. 감정들이 내 속에 쌓이지 않고 나를 통과해 지나간다.

두 번째 훈련은 감정이 솟아오를 때마다 분출하는 것이다. 느끼고 분출하면 된다. 간단하다. 사실 이렇게 하기 어려운 유일한 경우는 저항할 때다. 저항하면 할수록 감정은 격해지므로 저항하려는 마음과 행위를 고쳐야 한다. 어떨 경우 저항하는 마음이 위력이 가장 강한 5등급 허리케인과 맞먹을 수도 있다. 자신이 저항하고 있다는 것에 주목하고는 받아들여라. 그리고 저항하는 마음을 놓아버려라. 이렇게 하고나면 감정을 풀어놓기가 쉬워진다. 세도나 메소드^{Sedona} ^{Method} 명상법을 강력 추천한다. 세도나 명상법은 감정을 풀어놓는 방법을 CD 20장에 담고 있다.

저항하려는 감정이 인생을 지배할 때는 세 번째 방식, 벤치 훈련을 권한다. 사랑하는 사람이 죽어 비탄에 잠겨 있다고 해보자. 하루 15시간을 망자를 떠나보낸 슬픔에 젖어 있다면, 이럴 때는 공원 벤치 기법을 권한다. 이 기법은 감정에 푹 빠지는 것이다. 15시간을 슬픔에 잠겨 지내는데 매일 1시간씩 그 감정을 실제로 느끼는 것쯤 문제없을 것이다.

공원 벤치 같은 제3의 장소를 찾아라. 벤치에 앉아서 1시간 동안 그 감정을 최대한 강렬하게 느껴보라. 20분은 가능할 것이다. 그러나 20분이 지나면 지루하고 따분해서 감정이 흩어질 것이다. 그래도 1시간은 해야 한다. 첫날 이렇게 하고 나면 슬픈 생각이 그다지 나지 않을 것이다.

이튿날에는 공원 벤치에 앉아 45분 동안 슬픔에 대해 생각하라. 15분이 되면 지루해질 테지만 반드시 45분 동안 계속 해야 한다.

그 다음날에는 30분으로 줄이고, 20분, 10분, 5분으로 차츰 줄여나가라. 얼마 못가 슬픔은 차츰 사라지고 하루 종일 생각이 나지 않을 것이다. 왜 그럴까? 슬픔을 적극적으로 느꼈기 때문이다.

감정이 연루된 신념들을 들여다보라. 두어 가지 감정을 놓고 감정을 풀어놓는 기법을 활용해 신념 뒤에 놓인 감정을 풀어놓아라. 얼마 못가 백해무익한 신념에 얽혀 있던 감정이 사라지고 훨씬 유용한 신념들이 대신 자리를 차지하게 될 것이다.

자기혁신 작업을 지속적으로 수행하라 ◐

누구도 자아 문제를 완벽히 해결한 사람은 없다. 자기혁신은 평생 계속되는 작업이며 한 가지 영역을 해결하고 나면 또 다른 영역이 튀어나오기 마련이다. 자기파괴를 해결하지 못했거나 혹은 이런 문제를 인식조차 못하는 경우라면 첫 번째 영역을 해결하면 엄청난 변화가 생길 것이다. 첫 번째 문제를 해결하고 나면 어마어마한 감동이 밀려온다. 대단한 일을 해냈다는 뿌듯한 기분, 아주 오랜 기간의 작업이 결실을 맺었다는 기분을 느끼게 된다.

다섯 가지 영역에서 훈련을 마치고 나면 분명 딴 사람이 되어 있을 것이다. 더불어 지속적으로 자기혁신 작업을 한다면 목표를 향한 앞길에 어떤 장애물이 있을지라도 극복할 수 있을 것이다.

다음은 훈련을 마친 사람들이 들려준 이야기들이다.

예 1 (바람직한 대답): 스트레스를 받고 나 자신과 우주의 조화가 깨질 때마다 두려움에 사로잡혀 행동한다. 내가 하찮은 존재가 아닐까 하는 두려움, 실수하면 어쩌나 하는 두려움 말이다. 어떤 두려움인지는 중요하지 않다. 두려움에서 나온 결정은 우주와 나의 조화를 깨뜨리고 사랑에서 나온 결정은 우주와의 조화를 더욱 *끈끈하게* 만든다. 이 차이를 인지하고 사랑에 기반한 결정을 내리려면 내 몸이 어떻게 느끼는지 알아야 한다. 내 몸이 긴장, 분노, 짜증을 느낀다면 나는 두려움에 쌓여 행동하게 된다. 내 몸이 편안함, 조화, 행복을 느낀다면 사랑에서 우러나와 행동하는 것이다. 결정을 내리기 전에 내 행동이 어디에서 우러나온 것인지 주의를 기울여야 한다.

더 좋은 예를 제시하겠다.

예 2 (탁월한 대답): 나는 불안감, 실패에 대한 두려움, 손실에 대한 두려움을 없애려고 한다. 이것들은 서로 얽혀 있으며 한마디로 불안감이라고 할 수 있다. 포착하고 개선하기가 어려운 문제이긴 하지만 다른 문제들과 함께 개선하려고 노력하니 처리하기가 훨씬 쉬웠다.

나는 불안감을 처리하기 위해 다양한 방법을 시도했다. 우선 삶을 되돌아보고 불안감이 어디에서 기인한 것인지 살펴보았다. 어린 시절을 불우하게 보낸 것도 아니었고 주위의 사랑을 못 받은 것도 아니었다. 그런데도 오랫동안 여러 가지 상황에서 불안감에 시달렸고 이러한 불안감은 내 행동에 영향을 미쳤다. 나는 내 심리 상태를 분석하면서 내가 어떤 심리였는지, 어떤 감정이었는지를 복기해 보았다. 마음속에서 상황을 이리저리, 요모조모 재연해보면서 어떻게 했으면 상황이 더 나았을지, 내가 느낀 불안감은 왜 변명의 여지가 없는지, 왜 불안감이 장애가 되었는지 고찰했다.

나는 프로 트레이더로 잘 나갔다. 내 경우 불안감은 출세를 도운 촉매제 역할을 했고 새로운 것에 도전하도록 만들었다. 실패에 대한 두려움, 손실에 대한 두려움이 있었기에 고객이 탁월한 실적을 요구하는 상황에서 잘 헤쳐나갈 수 있었다. 한편으로는 부정적으로 작용하기도 했다. 실패에 대한 두려움 때문에 일이 어긋나 행동의 변화가 필요한 상황에서도 그 사실을 인정할 수가 없었다. 나는 손실을 보더라도(실패하더라도) 재빨리 손실을 제한하고 앞으로 나아가면 괜찮다고 스스로에게 말하는 것을 배워야 했다.

불안감 문제는 자존감自尊感과 맞물려 있다고 생각한다. 따라서 나는 더 많은 시간을 들여 자존감 문제를 처리했다. 자존감을 높이자 불안감을 처리하는 것이 심리적으로 훨씬 쉬워졌다. 왜냐하면 자존감은 어렵긴 해도 처리할 수 있는 문제이기 때문이다. 인생을 살아가면서 격동의 시기를 겪을 때마다 나 자신을 되돌아보았다. 그덕에 힘든 시절을 그럭저럭 헤쳐나갈 수 있었다. 나 자신을 고찰하려면 우선 자신 '밖으로' 나와야 한다. 그리고 마치 타인이 나를 바라보듯 나 자신을 바라볼 수 있어야 한다. 내가 불안감에 휩싸여 대응한 상황 역시 타인의 시각에서 볼 줄 알아야 한다.

다섯 가지 주요 문제를 이런 식으로 개선해 나간다면 어떤 문제가 닥쳐도 해결할 수 있을 것이다.

이번에는 부적절한 대답 두 가지를 제시하겠다. 이 대답들에는 자기성찰, 자아인식이 부족하다.

부적절한 예 1: 결혼 생활이 가장 큰 골칫거리다. 배우자와 별거했다가 다시 합치기로 했다. 하지만 결과는 신통치 않았다. 아내에게 카운슬러를 찾아서 상담을 받으라고 권유했다.

카운슬러도 우리를 좋아하고 아내도 카운슬러를 마음에 들어한다. 따라서 피상담자와 상담자의 관계는 문제가 없다. 하지만 결혼 생활은 조금도 진전이 없는 것 같다. 그래도 노련한 카운슬러고 다른 대안이 없으므로 그냥 신뢰하기로 한다.

반 타프 박사의 의견: 결혼생활에서 어떤 것이 문제가 되는가? 언제 문제가 발생하는가? 이 문제들은 마음속에서 벌어지는 어떤 일을 드러내고 있는가? 이런 질문에 대답하는 것이 현재 처리하고 있는 문제에 대한 적절한 대응이다.

부적절한 예 2: 건강과 식이요법이 모든 문제의 출발점이다. 내가 뿜어내는 에너지, 내가 내리는 결정, 내가 하는 행동, 이 모든 것이 내가 무엇을 섭취하느냐에 따라 결정된다. 육체에 적절한 영양분을 공급할 때 집중력이 높아진다. 아이디어가 샘솟고 창의력이 발휘된다.

반 타프 박사의 의견: 이것은 신념에 관한 진술로, 자아인식이 지극히 미약하다는 것을 드러낸다.

어떤 차이가 있는지 인식하기 바란다. 스스로에게 이렇게 질문해보라. "내 인생에서 가장 큰 다섯 가지 문제는 무엇인가? 어떻게 이런 문제들이 생겼으며 어떻게 이런 문제를 아무렇지도 않은 것으로 바꾸었는가?" '변신'이라는 시각에서 이 질문에 대답할 수 있다면 계속 전진해도 좋다. 아니라면 계속 훈련하라.

Part 2

제2부

사업계획서
작성:

Developing
a Business Plan

Super
Trader

Make Consistent Profits In
Good and Bad Markets

트레이딩 전에 계획을 세워라

누군가 시장에 대한 정보를 주면 어떻게 반응하는가? 신이 나서 정보에 따라 바로 행동에 돌입하는가? 아니면 미심쩍은 생각이 들면서 갑자기 정보 제공자가 의심스러운가? 어떨 때는 정보를 믿고 그대로 행동하고, 어떨 때는 불신할 것이다. 어쩌면 정보원이 누군가에 따라 반응이 달라질지도 모른다.

대안이 있다. 바로 그 정보가 나의 사업계획에 부합하는가 여부를 따지는 것이다. 만약 자신의 사업계획에 부합하는 정보라면 사업계획을 수립할 때 활용한 기준에 의거해 좀 더 따져보라. 만약 사업

트레이딩을 하기 전에 계획 세우기

계획에 부합하지 않는다면 폐기하면 된다.

따끈따끈한 알짜 정보에 대응하는 최선의 방법은 사업계획에 대입해보는 것이다. 사업계획에 부합한다면 좀 더 꼼꼼히 따져보라. 이것이 바른 대응이다. 소위 전문가가 추천한다고 해서 당장 일본 ETF를 매수하는 건 부적절한 대응이다.

'절대 놓치면 안 되는 틀림없는 정보'를 처리할 수 있는 사업계획이 있는가? 만약 사업계획이 없다면 지금이라도 사업계획을 수립해야 한다. 즉 트레이딩의 지침이 되는 면밀한 사업계획 말이다. 트레이딩(투자)의 모든 영역을 다루는 면밀한 사업계획을 수립하라.

다음은 사업계획에 포함해야 할 항목들이다. 이 항목들은 개인적으로 트레이딩(투자)하는 사람들에게 해당되는 것으로 트레이딩 업체를 운영하려면 좀 더 정교한 항목들이 필요하다.

1. 사명선언서$^{mission\ statement}$를 작성하라. 트레이딩을 하는 진정한 동기는 무엇인가?
2. 목표와 목적은 무엇인가? 종착지(B)를 모르면 A에서 B까지 수월하게 갈 수 없다.
3. 나는 트레이딩과 시장에 대해 어떤 신념을 가지고 있는가? 시장을 매매할 수는 없다. 내가 매매하는 것은 시장에 대한 나의 신념이다. 따라서 내가 어떤 신념을 가지고 있는지 알아야 한다.
4. 세계 시장을 아우르는 큰 그림을 보고 있는가? 큰 그림에 적

합한 구체적인 트레이딩 계획을 보유하고 있는가?

5. 트레이딩 전략은 무엇이며 전략의 기댓값^{expectancy}은? 진입을 하기 위해 어떤 셋업을 활용하는가? 진입 타이밍을 잡기 위한 신호는 무엇인가? 최악의 경우 손실은 어느 정도이며 이 손실액은 어떻게 산출되었는가? 차익 실현은 어떻게 할 것인가? 차익 실현 방식의 기댓값은?(이 주제는 3부에서 다루고 있다)

6. 포지션사이징 계획은 무엇인가? 즉 매매 과정에서 '얼마나' 베팅할 것인지를 알려주는 기법은 무엇인가?(이 주제는 4부에서 다루고 있다)

7. 포지션사이징 계획을 따르는데 으레 겪는 심리적 난제와 걸림돌은 무엇인가? 이 문제들을 처리하기 위해 어떤 심리관리 계획을 가지고 있는가?

8. 매일 거쳐야 하는 일과는?

9. 교육 계획은 무엇인가? 어떤 방식으로 꾸준히 자기혁신 작업을 할 것인가?

10. 재앙에 대비한 계획은 무엇인가? 잘못될 수 있는 것들은 무엇이며 각각의 문제를 어떻게 처리할 것인가?

11. 수입 및 비용 예산은? 현실적인 예산인가?

12. 나에게 중요한 다른 시스템 유형은 무엇이며 어떻게 이 시스템을 수립할 것인가? 다른 시스템의 예를 들어보자. 데이터를 정확하게 관리하기, 매매 결과를 고객이나 가족에게 알리기, 리서치하기, 매매 상황 및 계좌 지속 점검 등이 있다. 이

항목들 모두 중요하다.

13. 나는 사업 시스템과 어떤 관계를 맺고 있는가?

- 나는 그저 무엇을 할지 지시를 내려주기를 바라는 사람인가?

- 나 자신이 시스템인 완벽주의자인가?

- 시스템을 개발해서 다른 사람들에게 일을 시키는 사람인가?

- 시스템에 투자하는 사람인가?

14. 실수를 피하는 방법은 무엇이며 실수를 범했을 때 반복하지 않기 위한 복안은 무엇인가?(이 주제는 5부에서 다루고 있다)

이런 식으로 계획을 세우는 일은 아주 중요하다. 따라서 나는 트레이더가 갖추어야 할 최우선 요소로 '계획수립'을 꼽는다. 이제 독자 여러분이 계획을 세울 때다.

사명선언을 종이에 적어보라

당신이 트레이딩을 하는 목표는 무엇인가? 만일 목표가 없다면 1부를 참고하여 목표부터 만들어라. 목표가 생기면 목표를 달성하기 위한 규율이 필요하다. 트레이더라면 이 규율의 핵심이 되는 사명선 언서 $^{mission\ statement}$ 가 있어야 한다.

나는 한때 회사를 한 단계 끌어올리기 위해 며칠 동안 브레인스 토밍을 한 적이 있다. 이 과정의 일부로 사명선언서를 만들었다. 우리의 사명이 무엇인지 알고 있었지만 종이에 써본 적은 없었다. 그리고 이 사명과 관련해서 회사를 확장시키는 일도 생각해본 적이 없었다. 사명을 직접 써보는 것은 아주 중요한 과정이며 트레이더가 꼭 해야 할 일이다. 브레인스토밍 과정을 통해서 어떤 사업이든 성공적으로 운영할 수 있는 기법을 배웠다. 물론 이는 트레이딩에도 적용할 수 있는 기법이다.

이 기법의 첫걸음은 트레이딩 사업의 사명선언서를 만드는 것이다. 사명선언서의 예를 몇 가지 들어보겠다.

- 자산관리 회사로 성공해 다른 사람이 번창하도록 도와라.
- 최소 2억 5,000만 달러 규모의 헤지펀드를 모집하라.
- 5년 이내에 무한한 부의 흐름(수동적 수입만으로 비용을 조달하는 상태)을 만들어라.

- 트레이딩을 발판 삼아 자금관리의 달인으로 성장하고 인격체로서도 성장하라.
- 자선 재단의 펀드를 모금하라.
- 다른 이들을 변신시켜 트레이더로 성장하도록 도와라.

둘째, 사명선언서와 관련해 새로운 프로젝트들을 평가해야 한다. 사명선언서가 있다면 새로운 프로젝트(시스템)들을 사명선언에 비추어 꾸준히 평가할 수 있다. 이렇게 질문하라. "이 프로젝트의 목표가 회사의 사명을 이루어 나가는데 중요한가?" 사람들은 나에게 늘 이런 프로젝트를 해보라 저런 프로젝트를 해보라 요구한다. 예를 들어 숙련된 엔지니어였던 어떤 트레이더는 트레이더를 위한 구체적인 명상법을 개발하라고 권유했다. 괜찮은 발상이긴 했지만 우선순위가 처지는 일이었다. 즉 가까운 미래에 이루어야 할 사명을 위한 임무 목록에서 하위권에 있었다. 그래서 실행에 옮기지 않았다. 이런 목록이 없다면 중요하지 않은 일에 시간을 허비하느라 목표달성에 반드시 필요한 일을 할 수 없다.

많은 트레이더들이 트레이딩 사업을 취미로 생각한다. 다시 말하면 진지하게 생각하지 않는다는 말이다. 어떤 이들은 끊임없이 더 나은, 새로운 시스템을 찾아다닌다. 어떤 이들은 내키는 대로 매매한다. 어떤 이들은 뒷일은 생각도 하지 않고 친구나 친척의 돈을 굴린다. 트레이딩 목표가 사명선언에 맞는지 점검해보아야 한다.

가령 '5년 이내에 무한한 부를 창출하겠다'를 사명으로 선언했다고 하자. 무한한 부란 트레이딩 사업을 포함해 당장 일을 그만두어도 충분한 수동적 수입(즉 돈이 돈을 버는 시스템)이 있어 현재의 생활 수준을 유지할 수 있는 상태를 말한다. 이 목표를 달성하는 방법은 두 가지다. 첫째, 충분한 자금을 모아서 단기채권에 투자하면 무한한 부를 획득할 수 있다(단기채권보다는 수익률이 훨씬 높은 헤지펀드를 추천한다). 둘째, 트레이딩 시스템을 자동화한 다음 직원을 고용해 매매하도록 한다.

우리가 제시한 다음의 목표들이 사명선언에 맞는지 살펴보자.

더 효율적인 시스템이 없을지 고민한다

목표달성을 도와주는 시스템을 이미 보유하고 있다면 이건 시간 낭비다. 연간 100%가 넘는 수익을 올리는 시스템을 보유하고 있으면서 새로운 시스템이 있다고 하면 덥석 달려드는 사람들이 있다. 만약 목표달성에 적합한 시스템이 없다면 R-배수, 기댓값, 기회 등의 관점에서 현재의 시스템과 새로운 시스템을 비교 평가해보아야 한다. 예를 들어 1회 매매당 1% 위험을 감수한다면 연수익 100%를 달성하려면 월 8R 수익만 거두면 된다(R은 1회 매매당 리스크와 함수 관계라는 점을 상기하라). 생각해보라. 다른 사람이 보유한 새로운 시스템은 자신의 목표에 비추어 평가된 것이 아니므로 도움이 되지 않는다. 수익률을 확 끌어올리려면 생각을 조금만 바꾸면 된다. 따라서 자신의 사명선언서에 어긋나는 새로운 시스템을 들여다보는 건 시간 낭비일 뿐이다.

자유재량 거래를 하면서 기계적인 시스템보다 더 높은 수익을 올리고 싶다

일정 규모의 자금을 모은 다음 다양한 수동적 수입에 투자해 무한한 부를 창출할 계획이라면 이 목표는 사명에 적합하다. 그러나 트레이딩으로 무한한 부를 창출할 계획이라면 이 진술은 목표에 적합하지 않다. 왜냐하면 계속 트레이딩에 매달려야 하기 때문이다. 자유재량 거래*를 하려면 일을 손에서 놓을 수 없다. 거래로 무한한 부를 창출할 계획이라면 자유재량 거래를 포기해야 한다.

지인들의 돈을 맡아 자금을 관리하겠다

이 목표는 사명과 완전히 동떨어진 것이 될 수도 있고, 자산관리를 어떤 관점에서 보느냐에 따라 목표를 위한 수단이 될 수도 있다. 이를테면 무료로 해줄 것인가, 수수료를 받을 것인가? 수수료를 받을 작정이라면 목표달성에 도움이 될 수도 있다. 하지만 자금을 맡긴 사람들을 감당할 수 있겠는가? 쏟아지는 고객의 문의와 변덕을 처리할 수 있겠는가? 백오피스**회계는 틀이 잡혀 있는가? 회계와 고객은 트레이딩 작업에 방해가 된다. 트레이딩에 방해를 받으면서까지 할 가치가 있는가? 이 질문들 중 단 하나라도 '아니오'라고 답

---

*discretionary trading; 속보, 루머, 조언 등 데이터를 가지고 트레이더의 본능과 직관에 따라 매매하는 방식 −옮긴이
**back office; 고객과 직접 만나지 않고 계정기록 보관, 결제 업무 등을 하는 장소 −옮긴이

한다면 사명에 필요한 임무가 아니므로 당장 폐기해야 한다.

사명에 반드시 필요한 프로젝트라면 그 프로젝트에 인력과 자원을 투입해야 한다. 최소한 2억 5,000만 달러의 헤지펀드를 운용하고 친구들이 제발 자기 돈을 맡아달라고 사정하게 만드는 것이 사명이라고 해보자. 거액을 운용하려면 리스크를 최소화하고 평균 이상의 수익을 올려야 한다. 1년에 손실이 나는 달이 1~2개월, 연수익 15~25%를 달성할 수 있는 시스템이라야 한다. 이런 시스템을 보유하고 있다면 고객의 돈을 받아도 좋다. 이런 시스템이 없다면 고객의 돈은 당신의 트레이딩을 방해하는 걸림돌이 된다. 시스템이 갖추어져 고객의 자금을 받기로 했다고 하면, 다음 단계로 고객의 돈을 받기 전에 필요한 인력과 자원을 확보해야 한다. 고객의 돈을 받기 전에 어떤 것을 준비해야 하는가?

첫째, 회계 시스템을 갖추어야 한다. 회계 시스템이 없다면 회계

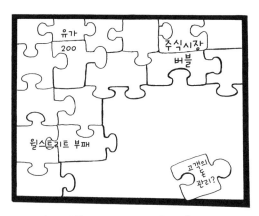

각 조각들은 어떤 큰 그림을 이룰까?

160

업무를 담당할 직원을 찾고, 고객에게 전달할 보고 시스템을 갖추어야 한다. 이 과정은 목표를 위한 인력과 자원 투입만큼 중요하다.

둘째, 고객(새로운 고객 포함)의 문의를 처리할 수 있는 시스템을 갖추어야 한다. 고객에게 어떻게 알릴 것인가? 계좌에 대한 정보와 트레이딩에 관한 정보를 원하는 고객에게 어떻게 전하고 응대할 것인가? 고객의 돈을 받는 것이 사명에 필요하다고 결정했다면 이러한 시스템을 갖추도록 인력과 자본을 할당해야 한다.

다음으로 프로젝트의 시간표가 필요하다. 이 프로젝트가 사명 완수에 필요하다고 판단했다면 자원을 할당해야 하며 프로젝트 완수를 위한 시간표를 작성해야 한다. 시간표가 없으면 계속 질질 끌게 된다.

마지막으로, 프로젝트 과정을 모니터하고 피드백해야 한다. 이 과정을 통해 목표에 집중하고 자원 낭비를 막을 수 있다. 사명 완수에 필요한 프로젝트에 자원을 투여했다면 그 과정을 점검해야 한다. 자원이 적절히 활용되고 있는지 어떻게 살필 것인가? 과정이 만족스러운지 어떻게 살필 것인가? 다른 사람이 개입되었다면 그 사람이 일을 잘하고 있는지 어떻게 살필 것인가? 사명을 완수하려면 이런 임무를 수행해야 한다.

목표와 목적은 무엇인가

종착지가 어딘지 모른다면 순조롭게 나아갈 수 없다. 대부분의 투자자들이 목적지에 대해 그다지 고민하지 않는다. 즉 어느 정도의 수익을 원하는지, 손실은 어느 정도 감수할 수 있는지 고민하지 않는다. 그런데 이런 것들을 모르고선 시스템을 개발할 수 없다. 다음의 두 가지 목표를 비교해보자.

하나는 적어도 20% 수익, 정점 대비 저점 차이의 손실peak-to-trough drawdown을 10% 이하로 하는 것이다. 또 하나는 최대한 많이 벌고 손실은 전혀 아랑곳하지 않는 것이다. 이 두 가지 목표에는 전혀 다른 포지션사이징이 요구된다. 얼마나 많은 목표가 있을 수 있는지 예를 들어보겠다.

첫째, 어떤 목표를 달성하기 위한 가능성을 극대화하고 싶다고 할 때 수많은 목표가 있을 수 있다. 단순히 수익을 올리는 것이 목표일 수도 있고 1000% 이상의 수익을 올리는 것이 목표일 수도 있다.

둘째, 정점 대비 손실을 일정 규모 이하로 줄이고 싶다고 할 때 역시 수많은 목표가 있을 수 있다. 정점 대비 손실을 2% 이하로 줄이고 싶을 수도 있고 100%까지 허용할 수도 있다.

셋째, 연초의 초기 자본에서 일정 비율의 손실을 입을 가능성을 최소한으로 줄이는 것이 목표일 수도 있다. 정점 대비 손실은 얼마든지 감수할 수 있지만 초기 자본 대비 손실을 최소화하는 것이 목표라고 할 때 그 규모를 1%로 잡을 수도 있고 75%로 잡을 수도 있다.

넷째, 연말에 계좌 잔고를 고점으로 끌어올리는 것, 그리고 이 목표를 달성할 확률을 극대화하는 것이 목표일 수도 있다.

다섯째, 목표달성 확률을 극대화하고 최악의 손실을 입을 확률을 극소화하는 것이 목표일 수도 있다.

이들 목표에 어떤 수치를 대입해도 되므로 각자 목표가 다를 수 있다. 트레이더(투자자)가 100명이면 목표 역시 100가지가 된다.

여러분의 목표는 무엇인가? 목표를 세웠다면 트레이딩 시스템 개발의 절반은 완성한 셈이다. 목표 없이 시스템을 개발하는 건 바보짓이다. 그런데 많은 사람들이 뚜렷한 목표도 없이 시스템을 개발하고 있다.

시장에 관한 신념들

아마도 트레이딩을 하면서 이런 생각이 들 것이다. 나는 지금 시장을 매매하고 있다고. 하지만 우리는 시장을 매매하는 것이 아니라 사실은 시장에 관한 자신의 신념을 매매하고 있는 것이다. 시장에 관한 자신의 신념을 매매한다는 말은 과연 무슨 뜻일까?

여기 몇 가지 명제가 있다. 이 중 당신이 믿는 것은 무엇인가?

- 시장은 투자하기에 위험한 곳이다. (맞는 말이다)
- 시장은 투자하기에 안전한 곳이다. (맞는 말이다)
- 월스트리트가 시장을 쥐락펴락하니 개미들은 허리가 휠 수밖

시장은 위험한 곳이다!

164

에 없다. (맞는 말이다)

- 시장에서 쉽게 돈을 벌 수 있다. (맞는 말이다)
- 시장에서 돈을 벌기란 어렵다. (정말 그렇게 믿는다면 맞는 말이다)
- 거래로 수익을 내려면 정보가 많아야 한다. (맞는 말이다)

요점이 무엇인지 알겠는가? 이들 신념에 찬성하든 반대하든 다 맞는 말이라는 것이다. 이 진술들을 믿지 않는다면 당신이 믿는 신념은 무엇인가? 당신이 믿으면 그것 역시 진리다! 옳고 그른 것은 애시 당초 없다. 당신의 신념에 동조하는 사람, 그리고 동조하지 않는 사람이 있을 뿐이다. 그러므로 시장에 대한 당신의 신념이 무엇이든 그것이 당신의 사고와 행동을 이끌게 된다.

추세추종법칙을 살펴보자. 추세추종을 잘 하려면 추세 속에 있는 무언가를 식별하는 일부터 시작해야 한다. 그리고나서 추세에 편승해야 하는데 되돌림 뒤에 편승할 수도 있다. 지금 나는 추세추종에 관한 두 가지 진술을 했다. 두 가지 모두 신념이며 반드시 진리라고 할 수 없다. 그저 내가 현실을 이해하는 한 가지 방식일 뿐이다. 많은 사람들, 예를 들어 추세추종론자들은 이 현실에 동의하겠지만 그래도 신념일 뿐이다. 추세추종론자가 되는 것을 가로막는 다음과 같은 몇 가지 신념을 갖고 있을 수도 있다.

- 주식이 막 신고점을 기록했다. 신고점을 기록한 종목을 어떻게 매수하겠는가?

- 추세추종으로 돈을 버는 사람도 있지만 내가 신고점에 들어가면 시장은 전환될 확률이 높다.
- 내가 시장에 진입할 때마다 마치 무슨 신호라도 받은 양 월스트리트는 반대로 움직인다.
- 모멘텀 거래*는 먹히지 않는다. 가치투자를 해야 한다.
- 주식시장은 추세를 보이는 경우가 별로 없다. 그저 오르락내리락할 뿐이다.

이 진술들은 모두 신념이라는 점에 유의하라. 이 진술들 중 하나라도 믿는다면 어떻게 추세추종론자가 되겠는가? 행위를 결정하는 것은 신념이다.

가치투자자가 되려면 다음 신념들 중 한 가지 이상을 믿어야 한다.

- 저평가된 주식을 매수하여 끈기 있게 기다리면 적정선까지 오를 것이고 그렇게 되면 돈을 번다.
- 저평가된 주식을 매수하면 결국 고평가될 때가 오는데 그때가 매도 타이밍이다.
- ……하면 저평가된 것이다.
- ……하면 고평가된 것이다.

---

*momentum trading; 상승세, 하락세 등 장세에 관한 기술적 분석과 시장 심리 변화에 따라 추격매매하는 투자방식 -옮긴이

가치투자로 성공한 사람은 많다. 하지만 시장이 나에게 유리하게 움직여 돈을 벌 수 있으리라는 믿음이 없으면 가치투자자가 될 수 없다. 또한 매일 돈이 들어오기를 원하는 사람 역시 가치투자자가 될 수 없다. 저평가주를 매수하여 수익을 내는 데에는 아주 오랜 시간이 걸리기 때문이다.

지금까지 신념이 거래에 미치는 영향력을 보여주기 위해 시장에 대한 믿음을 살펴보았다. 시장에 대한 신념들과 거래방식을 200개 이상 적어보라. 어려우면 차트를 보면서 시황을 예측해보라.

당신의 신념은 다음 범주 중 하나에 속할 것이다.

- 나는 시장에 대해 어떤 신념을 가지고 있는가?
- 나는 거래에 대해 어떤 신념을 가지고 있는가?
- 나는 어떤 거래 기법이 적중한다고 믿는가?
- 어떤 위험관리 원칙이 통하는가?
- 최고의 트레이더들은 어떻게 거래하는가?
- 최고의 트레이더들은 누구이며 그들은 무엇을 믿는다고 생각하는가?
- 시장에서 돈을 버는 비결은 무엇인가?
- 최근 읽은 거래에 관한 글 중 공감하는 것은?
- 차트에서 주가 변화를 예측할 때 어떤 법칙이 떠오르는가?

각 범주마다 내 신념을 하나씩 예시로 제시하겠다.

1. PER*가 한 자릿수에 머무는 장기 약세장에 돌입했다고 믿는다.

2. 나는 시장에 진입할 때마다 '내 판단이 틀렸다'고 인정하고 청산해야 하는 주가 포인트가 어디인지 알고 있어야 한다고 믿는다. 이 지점이 청산지점, 즉 손실제한 포인트다.

3. 나는 효율적인 종목, 즉 변동성이 매우 적으면서 상승하는 종목에 투자하고 싶다.

4. 때로는 효율적인 종목이 많지만 때로는 전혀 찾을 수가 없다.

5. 청산할 때는, 가능하다면 잔고의 1%가 넘는 손실을 보지 않도록 하라.

6. 최고의 트레이더들은 자신에게 맞는 틈새시장을 발견해서 그 틈새시장의 전문가가 된다.

7. 돈을 버는 비결 중 하나는 목표를 심사숙고하고 포지션사이징으로 목표를 달성하는 것이다.

8. 최근 읽은 글 중에 공감하는 글귀는? 워렌 버핏이 한 말이 눈에 들어온다. "골치 썩기 싫으면 분산투자diversification하라."

이 신념들은 나에게 적용되는 것으로 다른 사람에게는 맞지 않을 수도 있다. 여담이지만 이 신념들 중 일부(2, 5, 6, 7)를 무시하면 트레이더(투자자)로 곤란한 일이 생긴다고 믿는다. 아무튼 각 범주마다

---

*price earning ratio, **주가수익비율;** 현재 시장에서 매매되는 특정회사의 주식가격을 주당순이익으로 나눈 값으로, 이 주식이 비싼지 주식시장이 거품인지를 판단하는 자료로 쓰인다. ─옮긴이

10~15개의 신념을 적어보고 '신념 검증 패러다임'을 통해 신념을 하나하나 검증하라.

- 누가 나에게 이 신념을 심어주었는가? 어디에서 유래한 신념인가?
- 이 신념 때문에 나는 어떤 행동을 하게 되는가?
  적어도 다섯 가지를 적어라.
- 이 신념 때문에 나는 어떤 행동을 하지 않게 되는가?
  적어도 다섯 가지를 적어라.
- 이 신념은 유용한가? 더 유용한 신념은 없는가?
- 이 신념은 나를 제약하고 있는가?
- 이 신념 때문에 제약을 받지 않으려면 이 신념을 어떻게 바꾸어야 할까?
- 바꿀 수 없다면 이 신념에 장점이 있는가?
- 적절한 신념이라면 이렇게 질문하라. 적절한 것이 무엇인지 어떻게 정의할 수 있는가? 적절한지 어떻게 아는가?

최고의 트레이더를 모델링하는 이유는 실적을 내기 위해서는 자신에게 맞는 트레이딩 시스템이 있어야 하기 때문이다. 신념을 적어나가면서 자신에게 맞는 트레이딩 시스템을 개발할 수 있다.

큰 그림을 이해하라

25년 넘게 트레이딩 코치로 일해오면서 수많은 '투자 열풍'을 봐왔다. 상품 열풍, 외환forex 열풍, 주식 열풍, 데이 트레이딩 열풍을 비롯하여 공매도 가능한 것에만 열풍이 부는 재앙의 시기도 있었다. 따라서 큰 그림을 아는 것이 매우 중요하다. 큰 그림을 보면 어떤 일이 벌어지는지, 적어도 내가 하고 있는 일이 언제 갑자기 멈출 수도 있는지 알 수 있다. 사실 흥분이 최고조에 달했을 때 열풍은 멈춘다.

나는 고객들이 버블이 붕괴될 때 휩쓸려 떠내려가지 않았으면 한다. 그런 바람에서 나의 저서인 『돈 되는 투자 시스템 만드는 법』에서 큰 그림에 영향을 미치는 6대 요소에 대해 설명했는데, 요약해 보면 다음과 같다.

큰 그림을 이해하라

1. **미국의 재정 적자 상황:** 미 정부의 채무 관련 '공식' 이자가 이제 미국의 연간 적자와 맞먹는다. 채무 상황은 예상보다 훨씬 흥미로우며 몇 가지 질문을 스스로에게 해야 한다. 세인트루이스 연방준비은행Federal Reserve Bank of St. Louis이 미국이 파산했다는 보고서를 발간했다는 사실을 알고 있는가?

2. **장기 약세장:** 미국의 주식시장은 개장 이래로 쭉 장기 사이클(15~20년간 지속되는 장기 사이클)을 보여왔다. 이는 주가 사이클이 아니라 주가의 PER 사이클이다. 2000년에 약세장 사이클이 시작되었고 2020년까지 약세장이 지속될 수도 있다. 트레이더(투자자)라면 이 문제에 관한 이슈들을 익혀야 한다.

3. **경제의 세계화:** 지금 경제적으로 세계에서 가장 빨리 성장하는 국가는 중국이며 인도 역시 성큼성큼 성장하고 있다. 중국은 어마어마한 양의 원자재를 소비하고 있고 이것이 세계 경제에 흥미로운 영향을 미치고 있다. 트레이더(투자자)라면 이 요인에 대해 자문해봐야 할 중요한 문제들이 있다. 2008년 중국 경제가 무너지자 모든 것이 붕괴했다.

4. **뮤추얼펀드의 영향:** 미래의 사건이 미국 경제에 미치는 영향을 이해하려면 뮤추얼펀드의 역할과 펀드매니저들의 생각을 이해해야 한다. 1982년 장기 강세장이 시작되었을 무렵에는 뮤추얼펀드는 몇 가지밖에 없었다. 2000년 강세장이 끝날 무렵에는 상장주식 수보다 뮤추얼펀드 종류가 더 많았다. 내 예측은 이렇다. 뮤추얼펀드는 전액투자*를 해야 하므로 장기

약세장을 견디고 살아남는 뮤추얼펀드는 극소수에 지나지 않을 것이다. 따라서 새로운 장기 강세장이 시작될 무렵이면 뮤추얼펀드 종류는 극소수일 것이다. 이때 쯤이면 현금 보유로 전환할 수 있게 될 것이다.

5. **법규, 규제, 정책의 변화:** 데이 트레이딩[**]같은 매매 스타일이 유행하다가 투자자를 '보호'한다는 목적의 규제 변화로 갑자기 유행이 식기도 한다.

6. **인간은 머니 게임에서 실패하는 경향이 있다:** 이 요소를 이해한다면 장기적인 관점으로 시장에서 성공할 확률이 크게 높아진다. 큰손들은 우리와는 다른 법칙을 갖고 게임을 한다. 우리는 그들의 규칙대로 게임할 수 없고 만약 우리가 그들의 방식대로 게임한다면 망하고 만다. 따라서 스스로에게 진지하게 물어보아야 한다. 큰손들은 대부분 리스크를 이해하지 못한다. 그저 이해한다고 착각할 뿐이다. 그래서 은행에는 악덕 중개업자[***]들이 있다. 또한 은행의 레버리지 비율[****]을 보면 서브프라임모기지론[*****]을 포함한 부채가 자기자본의

---

[*]fully invested; 가용 자금의 전부를 저축 등 단기 투자처 이외의 것에 투자하는 것. 기관투자가는 대개 이런 투자 형태를 보인다. —옮긴이
[**]day trading; 하루 만에 주식을 사고파는 매매 방식으로, 주가 등락 폭이 큰 주식을 저가 매입한 뒤 가격이 오르면 곧바로 처분해 시세 차익을 얻는 초단기 매매 기법을 말한다. —옮긴이
[***]rogue trader; 엄청난 규모의 회사 자금을 운용한 대가로 성과급을 받아 사치를 일삼는 중개업자 —옮긴이
[****]레버리지란 자기자본의 효율성을 높이기 위해 타인의 자본을 활용하는 것을 말하며, 은행의 경우 자기자본비율의 역수나 BIS 자본비율의 역수로 측정한다. —옮긴이

30배에 달한다. 앨런 그린스펀^{Alan Greenspan}은 연방준비제도위원회 의장에서 물러난 뒤에 "대형 금융기관들은 리스크 관리에 관한 사내 규정이 있을 거라고 생각했다"고 말했다. 대형 은행들은 게임 규칙을 만들고 이 규칙를 통해 이긴다. 하지만 내가 정의하는 대로의 리스크는 이해하지 못한다.

이밖에 지금 고려하기에는 너무 장기적인 요소도 있다. 지구온난화가 장기적으로 미치는 영향은? 미국은 이제 저무는 경제대국인가? 미 달러화 가치가 폭락하면 어떤 일이 벌어질까? 세계의 준비통화[*]로서 이러한 요소들을 염두에 두고 계속 예의주시한다면 주식시장이 폭락하거나 급작스럽게 반전해도 별로 놀라지 않을 것이다. 트레이더라면 이런 요소들을 고려해서 사업계획을 짜야 한다.

표 2-1은 2008년 11월 21일까지 미국 주식시장에 대한 유형별 장기 평가다. 2008년을 통틀어 변동성이 컸고 대부분 약세장이었다. 주간 시장유형은 13주 창을 보여준다. 11월 21일까지 주간 시장유형 중 30주가 약세장이었다.

큰 그림을 정기적으로 보는 것은 아주 유용하다. 큰 그림을 보면 현 상황에서 어떻게 투자해야 하는지 감이 잡힌다. 큰 그림이 말

*****sub-prime mortgage loan; 비우량주택담보대출. 미국의 주택담보대출 중 신용도가 낮은 저소득층을 상대로 한 주택담보대출로 부실위험이 크다. -옮긴이
*reserve currency; 대외 지급 준비용으로 각국이 보유하고 있는 통화로, 기축통화인 미국 달러가 대표적이다. -옮긴이

표 2-1	13주 회전창을 기초로 한 2008년의 시장유형
시장 현황	년/월/일
변동성이 큰 약세장	2008년 11월 21일
변동성이 큰 약세장	2008년 11월 14일
변동성이 큰 약세장	2008년 11월 7일
변동성이 큰 약세장	2008년 10월 31일
변동성이 큰 약세장	2008년 10월 24일
변동성이 큰 약세장	2008년 10월 17일
변동성이 큰 약세장	2008년 10월 10일
변동성이 큰 약세장	2008년 10월 3일
변동성이 큰 횡보장	2008년 9월 26일
변동성이 큰 횡보장	2008년 9월 19일
변동성이 큰 횡보장	2008년 9월 12일
변동성이 큰 약세장	2008년 9월 6일
변동성이 큰 약세장	2008년 8월 29일
변동성이 큰 약세장	2008년 8월 22일
변동성이 큰 약세장	2008년 8월 15일
변동성이 큰 약세장	2008년 8월 8일
변동성이 큰 약세장	2008년 8월 1일
변동성이 큰 약세장	2008년 7월 25일
변동성이 큰 약세장	2008년 7월 18일
변동성이 큰 약세장	2008년 7월 11일
변동성이 큰 횡보장	2008년 7월 4일
변동성이 큰 약세장	2008년 6월 27일
변동성이 큰 횡보장	2008년 6월 20일
변동성이 큰 횡보장	2008년 6월 13일
변동성이 큰 강세장	2008년 6월 6일
변동성이 큰 강세장	2008년 5월 31일
변동성이 큰 횡보장	2008년 5월 23일
변동성이 큰 횡보장	2008년 5월 16일
변동성이 큰 횡보장	2008년 5월 9일
변동성이 큰 강세장	2008년 5월 2일
변동성이 큰 횡보장	2008년 4월 25일
변동성이 큰 횡보장	2008년 4월 18일
변동성이 큰 횡보장	2008년 4월 11일
변동성이 큰 횡보장	2008년 4월 4일
변동성이 큰 약세장	2008년 3월 28일
변동성이 큰 약세장	2008년 3월 21일
변동성이 큰 약세장	2008년 3월 14일
변동성이 큰 약세장	2008년 3월 7일
변동성이 큰 약세장	2008년 2월 29일
변동성이 큰 약세장	2008년 2월 23일
변동성이 큰 약세장	2008년 2월 15일
변동성이 큰 약세장	2008년 2월 8일
변동성이 큰 횡보장	2008년 2월 1일
변동성이 큰 약세장	2008년 1월 26일
변동성이 큰 약세장	2008년 1월 18일
변동성이 큰 약세장	2008년 1월 11일
변동성이 큰 약세장	2008년 1월 4일

하는 바는 분명하다. 만약 2008년 4월에서 2008년 6월까지 기간 동안 살아 남았다면 2008년 내내 현금을 보유하든 공매도 포지션을 취할 수 있었을 것이다. 내가 말하는 큰 그림에 대한 개념과 독자 여러분이 생각하는 개념은 다를 수 있다. 즉 시장유형을 바라보는 시각은 다양하다.

- 나는 분기별(13주)로 시장을 파악하지만 당신은 데이 트레이더 일 수도 있다.
- 나는 변동성을 50년 동안의 변동성과 비교한다. 당신은 지난 100일 동안의 변동성과 비교할 수도 있다.

마찬가지로 시장을 분석하는 각도 또한 다양하다.

- 나는 매매 수단들의 실적을 ETFs와 비교해보았다. 당신은 ETFs가 위험하며 세계 시장을 반영하지 못한다고 여길 수도 있다.
- 나는 장기 약세 사이클이 20년 동안 계속된다고 믿는다. 당신은 이런 장기 사이클에는 관심이 없을 수도 있다. 오늘 매매할 수 있을 정도로 변동성이 크기만 하면 될 수도 있다.

중요한 것은 자신이 매매하는 방식에 비추어 시황의 전개와 큰 그림의 변화를 알 수 있는 방법을 보유하는 것이다. 물론 이는 신념에 따라 결정된다.

나의 트레이딩 전략은 무엇인가

3부에서 트레이딩 전략에 대해 세밀하게 분석할 것이므로 여기서는 스스로에게 질문해야 할 목록들만 제시하겠다.

1. 큰 그림에 맞는 별도의 세 가지 전략은 무엇인가? (여기서 별도라고 함은 매매 기법이나 접근법이 다른 별개의 전략을 가리킨다)

2. 이 세 가지 전략은 다음과 같은 6개의 주요 시장유형을 모두 커버하는가?
   - 변동성이 큰 약세장
   - 변동성이 작은 약세장
   - 변동성이 큰 횡보장
   - 변동성이 작은 횡보장
   - 변동성이 큰 강세장
   - 변동성이 작은 강세장

달리 표현하면 이렇게 질문해볼 수 있다. 각 시장유형에서 시스템이 어떤 실적을 올리는지 알고 있는가? 이 시장에서 모두 매매할 것인가, 아니면 매매를 회피하는 시장유형이 있는가?

3. 진입하기 전에 활용하는 셋업은 무엇인가?

176

4. 진입 타이밍을 위한 신호는 무엇인가?

5. 최악의 손실은 어느 정도이며 어떤 과정을 거쳐 최악의 손실이 발생되었는가?

6. 차익 실현은 어떻게 할 것인가?

7. 기법의 기댓값은 얼마인가? 시스템의 효율성은 어느 정도인가? 목표달성을 위한 포지션사이징을 활용하기에 쉬운 시스템인가?

현재의 시장유형에 보조를 맞추어야 하며 적중률이 높은 시스템을 보유해야 한다. 그렇지 않으면 현재의 시장유형에서 한 발 물러나 있는 수밖에 없다.

포지션사이징을 통해 목표를 달성하라

목표달성을 위한 포지션사이징은 트레이딩 사업계획에서 중요한 부분을 차지한다. 여러 차례 강조했지만 우선 구체적인 목표가 있어야 한다. 그리고 목표를 달성하게 만드는 것은 시스템이 아니라 포지션사이징 알고리즘이라는 사실을 알아야 한다.

이 개념을 이해한다면 많은 프로 트레이더들보다 한 발 앞선 것이다. 프로 트레이더들은 포지션사이징을 할 수 없다. 은행이나 증권사에 속한 트레이더들은 자신들이 얼마를 거래하고 있는지 모른다. 어떻게 포지션사이징을 할 수 있겠는가?

또한 포트폴리오 매니저 대부분도 전액투자를 해야 하므로 특정 변수에 가중치를 두는 포지션사이징밖에는 할 수 없다. 다행히 독자 여러분은 이런 제약이 없으므로 반드시 포지션사이징을 철저히 이해해야 한다.

약점을 보강하라

1부에서 당신의 강점과 약점을 진단하고 약점을 커버할 수 있는 계획을 짜보았다. 이 자료를 요약해 사업계획에 포함시켜야 한다.

트레이더로 경력을 쌓기 위한 준비를 얼마나 갖추었는가? 이 책의 앞부분에 제시된 테스트 성적은 어땠는가? 트레이더로서 당신의 개성은? 개성의 강점과 약점은 무엇인가? 당신 자신에 대해 어떤 신념을 가지고 있으며 특히 당신을 제약하는 신념들은 무엇인가?

대답을 모두 적었으면 해결하기 위한 사업계획을 짜야 한다. 다음 질문에 답하라.

1. 매일 절제하며 적절한 노선을 이탈하지 않으려면 무엇이 필요한가?
2. 불쑥불쑥 불거지는 감정적인 문제는 무엇이며, 어떻게 대처할 것인가?
3. 자기 태업을 피하기 위해 어떤 자아개선 작업을 지속적으로 하고 있는가?
4. 더 효율적인 트레이더가 되는 길은 무엇인가?
5. 거래에 문제가 생기면 어떻게 자각하며, 문제가 자기 태업으로 발전하는 것을 막는 방법은 무엇인가?

1부에서 이러한 문제들을 지속적으로 해결해나가는 방법을 설명했다. 1부를 꼼꼼히 읽고 실천하기 바란다. 그런 다음 지킬 수 있는 규칙적인 과정을 설계해보기 바란다.

이 분야는 아주 중요하므로 남들보다 성큼 앞설 수 있다. 이 분야에서 우위를 점하는 것이 얼마나 중요한지 예를 들어 설명하겠다.

2008년 1월 대형 뮤추얼펀드사가 트레이더(애널리스트)들에게 1일 워크숍을 해달라고 요청해왔다. 나는 500억 달러를 굴리는 사람 30명을 한 사무실에 모아놓고 강연했다. 이들은 코칭이 필요한 두 가지 주제에 대해 듣기를 원했다. 바로 포지션사이징과 심리관리였다. 포지션사이징부터 설명해나갔다. 하지만 이들은 뮤추얼펀드사에 소속되어 있으므로 100% 가까이 전액투자해야 한다는 약점이 있었다. 공매도도 할 수 없고 시황이 나쁠 때 한 발 물러서서 현금을 보유할 수도 없었다. 나는 벤치마크 매수법과 포지션사이징을 늘리고 줄이는 법을 설명했다. 이들은 부분적으로나마 포지션사이징 개념을 이해했다. 2007년 최고 실적을 올린 트레이더는 1년 내내 한 종목의 비중을 8%로 유지한 사람이었다. 그 종목은 고공행진을 하는가 싶더니 고점에서 25% 하락했다. 하지만 그는 그 종목의 비중을 8%로 유지했다. 그 뒤로 어떻게 됐는지는 모르지만 2008년 말 이들이 매매하는 시장은 50% 하락했다.

그 다음 심리관리에 관한 주제로 넘어갔다. 이들은 포지션사이징을 마음대로 할 수 없기 때문에 심리관리는 특히 중요했다. 나는 문제해결을 돕는 훈련과정을 보여주기로 했다. 그들은 훈련과정을 실연할 사람으로 최고 실적을 올린 트레이더를 지목했다. 하지만 그는 '집단에서 가장 앞서는 것'을 자신의 문제로 지적했다. 이래서야 시범을 보일 수가 없었다. 이들은 심리관리라는 주제 따위에는 관심이 없었다. 나에게 강연을 빨리 마쳐달라고 요구하는 것이 아닌가. 심리관리 강연을 듣느니 그 시간에 시장을 분석하는 게 중요하다고 생각한 것이다.

2008년 말 이들이 운용하는 펀드의 실적을 살펴보니 참담했다. 물론 많은 펀드들이 비슷하게 한 해를 마감했을 것이다. 하지만 그들은 적절한 포지션사이징을 할 수도 없었고 심리관리 따위는 신경도 쓰지 않았다. 심리관리를 진지하게 받아들이지 못한 것에 대해 어떤 심정일지 궁금하다. 어쩌면 별로 신경 쓰지 않았을지도 모르겠다. 그들이 벤치마크한 시장 역시 참담한 실적을 보였으니 말이다.

포지션사이징과 심리관리를 진지하게 받아들이면 프로들보다 몇 수 위가 될 수 있다는 사실을 이제 실감하는가?

하루 일과표에 무엇이 적혀 있는가

실적을 최고 수준으로 유지하려면 매일 일과표를 짜야 한다. 일과표에 무엇을 적을지는 각자 알아서 결정하면 된다. 다음과 같이 몇 가지 생각할 거리를 살펴보자.

- 하루 일과를 시작하기 전에 자기평가가 필요한가? 어떤 요소들로 평가할 것인가? 어떻게 진단할 것인가?
- 오늘 해야 할 일을 반드시 하고 넘어가려면 어떻게 할 것인가?
- 실수를 피하기 위해 매일 해야 하는 것은?
- 매매 상황을 계속 추적하고 매매에 관한 자신의 생각을 추적하려면 매일 해야 할 일은?
- 매매 상황을 계속 추적하기 위해 매일 점검해야 할 통계는? 여기 몇 가지를 제시하니 이 중에서 골라도 된다.
  (1) R-배수
  (2) 기댓값
  (3) R의 표준편차
  (4) 월 수익
  (5) 일일 수익과 손실(평균값과 중앙값)
  (6) 연간 샤프지수*
  (7) 최대 수익일과 최대 손실일의 비율

182

당신의 하루 일과표는?

(8) 거래량

(9) 수익일과 손실일의 수

(10) 최대 수익일과 최대 손실일

(11) 최대 손실액(달러로 표시)

(12) 최대 손실(시간으로 표시)

(13) 최대 손실(비율로 표시)

● 자기개선을 위해 매일 해야 할 일은?

(1) 식이요법

(2) 운동

(3) 영성 훈련(명상)

(4) 최고의 매매 형태를 유지하기 위한 연습

이 영역들에 대해 생각해보고 자신을 점검하는데 활용할 수 있는 체크리스트를 만들어보라.

---

*annualized sharpe ratio; 펀드가 한 단위의 위험자산에 투자함으로써 얻은 초과수익의 정도를 나타내는 지표로, 초과수익이 얼마인가를 측정하는 용도로 사용된다. ㅡ옮긴이

어떤 교육 계획을 갖고 있는가

지속적인 자기계발을 위해 어떤 계획을 갖고 있는가? 지속적인 자기
혁신을 위한 계획이 반드시 있어야 한다. 조직과 사원들에게 투자하
는 회사는 번창하고 성장한다. 어떻게 자신에게 투자할 것인가?

- 트레이딩 기술과 지식을 향상시키려면 무엇을 알아야 하는가?
- 실적을 높이려면 당신의 어떤 부분을 개선해야 하는가?
- 관련 정보는 어디서 구할 것인가?
- 믿을 만한 정보인지 어떻게 확인할 것인가? 전문가들도 겉보
  기처럼 그럴싸하지 않다는 사실을 명심하라. 2008년의 금융위
  기를 떠올려보라.

필요한 것을 모두 적고 기술을 향상시키고 지식을 쌓을 수 있는
계획을 짜라. 이 부문은 사업계획에서 큰 비중을 차지한다.

당신의 교육 계획은 무엇인가?

최악의 사태에 대비하라

최악의 사태에 대비해 계획을 짤 때는 모든 경우의 수를 브레인스토밍해야 한다. 브레인스토밍을 창의력 양성을 위한 훈련으로 생각하라. 이런 관점에서 브레인스토밍한다면 거부감 없이 적극적으로 할 수 있을 것이다.

최악의 경우에 대비해 계획을 짜야 하는 이유는 혹시 잘못될 경우에 대비하기 위해서다. 시장은 예기치 못한 깜짝쇼를 벌이며 우리의 투지를 시험한다. 이럴 때 아무런 대비가 없으면 압박감에 머릿속이 하얗게 된다. 그렇게 되면 원초적이고 강렬하게 반응하게 된다. 비명을 지르기도 한다. 하지만 고함을 질러봐야 득될 건 하나도 없고 계좌만 거덜날 뿐이다.

일이 꼬이는 모든 경우의 수를 브레인스토밍해보라. 문제는 크게 다음과 같은 여섯 가지 범주에 속할 것이다.

1. **개인적인 급한 용무:** 예를 들어보겠다. 내 고객 한 사람이 개인적으로 급한 일이 생겨서 포지션 몇 개를 오픈 포지션 상태로 놔둔 채 일을 처리하러 갔다가 돌아와 보니 계좌가 '비상 상태'에 빠졌다!

2. **시장에서의 예상치 못한 돌발 상황:** 1987년의 폭락장세를 생각해보자. 당시 S&P500은 20% 폭락했다. 하지만 S&P500이

설마 20%까지 폭락할 줄은 아무도 예상하지 못했다. 9·11 테러 같은 사건도 이 범주에 속한다. 당시 상당 기간 주식시장이 폐장되었다. 슈퍼 트레이더 프로그램에서는 미국 정보국에서 활용하는 전쟁 게임과 비슷한 게임으로 훈련했다. 이 훈련에 우리는 세계무역센터가 폭파되는 시나리오를 포함했다. 훈련생들은 "말도 안 돼요. 이런 일이 일어날 리가 없잖아요"라고 했지만 그런 일은 일어났다. 그것도 우리가 훈련을 시작한 지 불과 5년 만이었다.

3. **장비와 데이터 문제:** 만약 컴퓨터가 잘못된다면? 소프트웨어에 이상이 생겼는데 눈치채지 못한다면? 데이터에 이상이 생

상황 53: 닌자가 내 컴퓨터를 훔쳐간다면?

기면? 데이터가 잘못되고 오류 신호를 낸다면? 전화나 인터넷 서비스에 문제가 생기면? 이런 경우에 대비해 자료를 백업해 두어야 한다. 만화에서 보듯 누가 컴퓨터를 훔쳐간다면?

4. **내 인생에 찾아온 변화들:** 아이가 생긴다거나, 이혼을 하거나 사랑하는 이와 헤어진다든지 사무실이나 집을 옮긴다든지, 가족이나 지인이 질병에 걸린 경우, 가족이나 지인이 사망하는 경우, 소송에 휘말리는 경우 등 혼란을 가져오는 모든 일을 말한다. 이런 사건들은 시간을 두고 일어나므로 어떻게 대처할지 계획을 세워야 한다. 그냥 매매를 중단할 수도 있겠지만 훈련하면 매매를 계속할 길이 있다.

5. **심리적 문제/자제력 결여 문제:** 심리적 문제가 있거나 자제력이 없다면 더더욱 최악의 사태에 대비해야 한다. 심리적으로 문제가 있거나 자제력이 부족하면 최악의 사태가 닥칠 경우 나가떨어지기 십상이다.

6. **브로커 문제:** 브로커에게 어떤 실적을 원하는가? 실수를 하면 어떻게 할 것인가? 주문체결을 제대로 못하면? 내 판단에 딴죽을 거는 브로커라면 어떻게 할 것인가? 이런 모든 상황을 고려해야 한다.

최악의 사태에 대비하기 위한 계획 짜기

6개 각 범주마다 잘못될 수 있는 모든 경우를 목록으로 만들고 사소한 범주에 속하는 다른 문제들도 목록으로 만들어라. 100가지도 부족하다고 생각하고 계획을 짜야 한다.

목록을 만들었으면 각 상황을 해결할 수 있는 세 가지 방법을 생각해보라. 100가지 목록이 있다면 300가지 해결책을 찾아야 한다.

문제마다 가장 효과적인 해결책을 고르고 제2의 본성으로 완전히 몸에 밸 때까지 철저히 연습하라. 이 연습이 최악의 사태에 대비한 계획에서 가장 중요한 요소다. 포괄적으로 연습할수록 매일의 심리 훈련에서 처리해야 할 문제가 줄어든다.

누구나 이 부분을 무시하려고 하지만 연습이 가장 중요하다.

때로는 좋은 일도 재앙이 될 수 있다. 우리 회사의 규모가 작았을 때 나는 사업계획서를 보면서 '주문이 대량으로 밀려오면 아주 큰일인데'라고 생각했다. 당시에 대량 주문을 채우려면 몇 달이 걸릴 것이기 때문이었다. 좋은 소식도 재앙이 될 수 있다는 사실을 망각하는 사람들이 많다.

재난을 대비해 심리적으로 예행연습하라 ☉

매매를 하면서 최고의 성과를 내고 싶다면 어떤 상황이 닥치더라도 대응방법을 알아야 한다. IBM 8,000주를 보유하고 있는데 13포인트 급락하면 어떻게 할 것인가? S&P를 데이 트레이딩하면서 5개 계약이 오픈 포지션 상태인데 갑자기 병원에서 배우자가 사고를 당해 위독하다는 연락이 온다면 어찌할 것인가? 주식시장이 폭락한다면 어떻게 할 것인가? 숏포지션(공매도)인데 다우존스산업평균이 하루만에 20% 상승한다면 어떻게 할 것인가? 이런 상황에 어떻게 대응해야 하는지 알고 싶은가?

열쇠는 자신의 행동을 지도할 규칙을 두고, 그 규칙을 깨게 만드는 모든 것에 저항할 수 있는 능력을 갖고 있느냐에 달려 있다. 규칙은 거래하기 전에 결정해야 하며 재난 대비 계획을 세우자마자 예행연습을 해봐야 한다.

인간은 대체로 7개 정도의 정보를 동시에 처리할 수 있다. 산소 포화도가 높은 혈액의 50%는 두뇌로 전달되고 나머지는 신체의 주요 근육에 전달되는데, 갑자기 스트레스를 받으면 아드레날린이 분비되어 신체는 에너지가 넘치지만 (이를테면 긴급 상황에서 뛰쳐나갈 수 있도록) 사고력은 저하된다. 대개 스트레스를 받으면 원초적이고 본능적으로 행동하게 된다. 약탈자가 쫓아와 도망치는 경우라면 유용하지만 시장상황에 대해 재빨리 판단을 내려야 할 때는 치명적이다.

이런 상황에 대처하는 방법은 상황이 닥치기 전에 미리 심리적 예행연습을 하는 것이다. 예행연습을 마치고 나면 무의식 속에 무엇을 해야 할지 정확히 입력되고 스트레스는 문제가 되지 않는다. 닥치면 무의식적으로 움직이기 때문이다.

NLP 강사이자 세계적인 사이클 선수가 심리 예행연습의 위력을 소개해주었다. 세계 최고 수준을 유지하기 위해 그는 캘리포니아 주 남부 도로에서 사이클로 하루에 100마일*을 주행해야 했다. 주행 거리 5,000마일마다 위험한 상황이 생겼다. 목숨이 위험한 일도 몇 번 일어났다. 이런 일을 겪으며 그는 사이클을 포기하든지 대비책을 세워야겠다고 생각했다. 그는 대비책을 세우는 길을 택했고 대비책은 바로 심리 예행연습이었다.

그는 사이클을 끌고 들판으로 나가 사이클 위에 앉았다. 그러곤 두 시간 동안 위험한 상황과 관련된 모든 시나리오를 생각해보았다. 그는 각각의 경우마다 어떻게 행동할지 마음속으로 반복 연습해 완전히 몸에 익혔다.

몇 달 뒤 그는 여느 때처럼 교통량이 많은 고속도로에서 전속력으로 달리며 사이클 훈련을 하고 있었다. 우연히 고개를 숙여 앞바퀴 타이어를 보는데 기포가 있었다. 눈 깜박할 사이에 타이어가 터질 게 뻔했다. 그는 더 생각할 것도 없이 핸들을 휙 꺾은 다음 뛰어

---

*약 161킬로미터 ─옮긴이

내려서 사이클을 등에 얹었다. 그렇게 하지 않았다면 몇 초 사이에 타이어가 터져서 질주하는 차들 사이로 날아가 처박혔을 것이다. 들판에서 심리 예행연습을 한 대로 핸들을 돌린 덕분에 그는 목숨을 구할 수 있었다. 독자 여러분의 인생도 마찬가지다. 심리 예행연습은 여러분의 금전을 지켜줄 것이다.

다음 1번부터 3번까지 단계를 밟아보라. 시장이 무엇을 내놓든 대처할 수 있도록 마음의 준비를 하라.

1. 트레이딩을 시작하기 전에 지침이 되는 계획을 반드시 세워라. 언제 포지션을 청산할 것인가? 언제 차익을 실현할 것인가? 계획에서 벗어나게 만드는 요인은 무엇인가?
2. 매매 계획을 세웠다면 계획이 어그러질 수 있는 모든 경우를 생각해보고 인생에서 뜻하지 않은 일이 생길 수 있는 모든 경우를 생각해보라. 잘못되는 경우에 병적으로 집착하라는 말이 아니다. 문제를 예방하기 위한 창의적인 과제라고 생각하라.
3. 일이 꼬일 모든 경우에 대비한 행동 지침을 세워라. 제2의 본성처럼 완전히 몸에 밸 때까지 심리 예행연습을 하라.

그 외에 갖추어야 할 시스템들

어떤 사업이든 많은 시스템을 갖고 있다. 여기서 시스템이란 사업 운영에 필요한 일을 하도록 도와주는 자동 시스템을 말한다. 패스트푸드점에서는 점원이 고객을 맞이하고 1분 안에 주문한 음식을 내는 시스템이 있다. 그밖에도 음식 준비, 설거지와 청소, 현금흐름 관리, 문제 발생시 해결법 등의 시스템이 있다. 트레이딩 사업에도 이런 시스템들이 필요하다.

현금흐름

사업에 필요한 시스템들 중에 가장 중요한 것은 현금흐름*, 예산과 관련된 시스템이다. 사업을 운영하려면 어떤 비용이 들어가는가? 매달 필요한 장비 비용은? 인터넷 서비스 한 달 사용료는? 데이터 사용료는 얼마나 지불할 것인가? 교육비로는 얼마나 쓸 것인가? 신문·잡지 구독료는? 그밖에 매달 나가는 비용은? 연구 시간과 내 월급은?

이렇게 짚어나가면 흑자 사업을 운영하기 위해 매달 필요한 것이 무엇인지 알 수 있다. 트레이더로서 나의 시급은 얼마인가? 최저

---

*기업의 현금유입과 현금유출을 말한다. 현금유입액에서 현금유출액을 차감한 액수를 순현금흐름이라고 하며 기업의 재무 건전성이나 주가를 측정하는 지표로 삼기도 한다. —옮긴이

임금보다 더 못 벌고 있는 것은 아닌가? 내 월급은 얼마인가? 사업계획을 세울 때 이 모든 항목을 상세하게 적어보아야 한다.

고객관리 시스템

다른 사람을 위해 트레이딩을 한다면 고객을 확보해야 한다. 그리고 고객을 확보하려면 마케팅이 필요하다. 내가 무엇을 해줄 수 있는지 합법적으로 알리는 방법은 무엇인가? 우선 마케팅을 사업계획의 일부로 포함시켜야 한다.

그 다음에는 고객을 만족시킬 수 있는 비결을 알아야 한다. 시시때때로 전화를 해서 거래가 어찌 됐느냐고 묻는 고객은 어떻게 상대해야 할까? 이런 전화를 받으면 정말 업무에 집중할 수가 없다. 고

계속해서 전화를 거는 고객은
어떻게 상대해야 할까?

객의 전화를 최소한으로 줄이려면 어떻게 해야 할까? 주간 소식지나 월간 소식지를 고객에게 보낼 수도 있다. 거래 실적을 어떤 식으로 고객에게 보고할 것인가? 실적이 좋지 않을 경우 어떻게 할 것인가? 반대로 실적이 좋아서 신이 난 고객이 계속 이런 실적을 유지해달라고 요구하면 어떻게 할 것인가?

백오피스 관리

다음 문제는 백오피스다. 어떻게 하면 고객을 놓치지 않을까? 입출금 내역서를 어떻게 보낼 것인가? 개별 계좌들을 다수 운용하고 있다면 실적을 어떻게 기록할 것인가? 회계장부는 어떻게 관리할 것인가? 이 밖에도 백오피스 업무와 관련해 자문해야 할 사항이 많다. 백오피스 업무도 사업계획에 포함시켜야 한다.

데이터 관리

데이터는 어떻게 관리할 것인가? 데이터에 오류가 있다면? 거래를 완료하는데 오류가 발생한다면?

데이터를 어떻게 처리할 것인가? 과거 데이터 검증이 의사결정에 적절한가? 예를 들어 30년 동안의 S&P500 데이터를 테스트한다면 오늘의 S&P500을 대상으로 테스트할 것인가, 아니면 과거 몇 년 동안의 데이터를 테스트할 것인가?

데이터가 주식분할, 배당금 등을 설명하는가? 통화를 거래한다면 24시간 데이터를 보유하고 있는가? 과거 언제까지 데이터를 보유하고 있는가? 검증하는 데이터에 오류가 있다면? 거래하는 데이터에 오류가 있다면? 이럴 때는 어떻게 할 것인지 대책을 갖고 있는가?

리서치하기

어떤 신념을 갖고 리서치를 진행할 것인가? 시스템이 여섯 가지 시장조건에서 어떻게 잘 작동하는지 살펴보라. 각각의 조건에서 모든 작업이 제대로 돌아가려면 어떻게 할 것인가? 만약 그렇지 못할 경우, 개선 계획은 무엇이며 다른 일이 있다면 이를 사업경영과 어떻게 조화시켜나갈 것인가? 중요한 일이 어긋나 사업의 핵심 요소가 잘못될 때 어떤 조치를 취할 것인가? 사업계획서에 이런 의문에 대한 해답이 들어 있어야 한다.

사업경영 계획

사업을 어떻게 꾸려나갈 것인가? 사업에 필요한 장비는 무엇인가? 모든 작업이 제대로 돌아가려면 어떻게 할 것인가? 다른 일이 또 있는가? 만약 다른 일이 있다면 이를 사업경영과 어떻게 조화시켜나갈 것인가? 중요한 일이 어긋나 사업의 핵심 요소가 잘못될 때 어떤 조치를 취할 것인가? 사업계획서에 이런 의문에 대한 해답이 들어 있어야 한다.

조직 및 경영

사업을 위해 조직을 어떻게 구성할 것인가? 개인사업? 법인? 합자회사? 합명회사?

덧붙여 모든 일을 혼자서 할 것인가 아니면 직원을 둘 것인가? 자영업으로 하려면 일이 고되기 때문에 무한한 부를 획득하기 어렵다. 하지만 시스템을 고안하고 시스템을 운영할 직원을 고용하면 얘기는 달라진다.

사분좌표

1990년대 초반, 나는 톰 바소와 함께 15차례 세미나를 개최했다. 우리는 같이 식사를 하면서 계속 얘기를 나누었고 내가 발간하는 월간소식지에 톰의 인터뷰를 두 차례 싣기도 했다. 당시 톰은 거듭 이렇게 말했다. "나는 사업가요. 트레이더는 그 다음이오." 이처럼 사업가 마인드로 일했기 때문에 톰은 성공할 수 있었다. 여기서 톰의 사업가 마인드를 상세하게 얘기해보고자 한다. 비즈니스 양태를 가르는 4분좌표는 트레이더에게도 적용된다.

1990년대 후반에는 로버트 기요사키^{Robert Kiyosaki}와 함께 무한한 부^{Infinite Wealth} 워크숍을 개최하면서 기요사키의 사고를 접할 수 있었다. 로버트 기요사키와 샤론 레흐트^{Sharon Lechter}는 공저 『현금흐름의 4분좌표^{The Cashflow Quadrant}』에서 인간을 네 가지 유형으로 분류했다. 4분 좌표의 왼쪽에 있는 사람들, 즉 노동자와 자영업자는 돈을 벌기 위해 일한다. 4분좌표의 오른쪽에 있는 사람들, 즉 기업가와 투자자는 돈이 일하도록 만든다. 다양한 유형의 트레이더들도 이 4분좌표로 설명할 수 있다. 가장 성공한 트레이더는 4분좌표의 오른쪽에 위치하게 된다.

회사에 고용된 트레이더는 시스템에 따라 일한다

취직을 해서 (취직한 분야가 마침 트레이딩 분야라고 하자) 트레이딩을 하는 것으로 월급을 받는다면 고용직 트레이더다. 기요사키는 『현금흐름의 4분좌표』에서 '시스템'이라는 말을 널리 쓰고 있지만 정확하게 시스템의 의미를 규정하지는 않았다. 하지만 기요사키는 다양한 시스템을 예로 들고 있다. 이를테면 미 해군은 최소한의 인명 손실로 목표를 달성하는 시스템을 보유하고 있다. 해병들은 시스템을 따르지 않으면 전사한다. 앞서도 언급했듯 맥도날드에도 여러 가지 시스템이 있다. 모든 지점이 수많은 시스템에 따라 운영되는 것, 이것이 맥도날드의 성공 비결이다. 직원들은 시스템에 따라 일하는데 그렇지 않으면 (1) 지점이 문을 닫든지 (2) 직원이 해고된다. 다시 한 번 말하지만, 고용직 트레이더는 시스템에 따라 일한다. 이들이 모두 시스템을 이해하고 있는 건 아니다. 바로 그렇기 때문에 이들 모두가 훌륭한 트레이더가 될 수는 없다.

은행 트레이더, 기업 트레이더, 뮤추얼펀드매니저, 그리고 다른 직업이 있으면서 짬짬이 부업으로 트레이딩을 하는 사람들이 고용직 트레이더다. 이들은 직장에서 잘리지 않고 수당을 두둑이 받기 위해 일한다. 은행 트레이더 중에는 5,000만 달러의 수익을 올리는 트레이더도 있다. 하지만 트레이더는 그 돈을 만지지 못한다. 그 돈을 벌어들이는 건 은행이다. 트레이더는 그저 월급이나 받고 실적이 좋으면 수당을 받을 뿐이다.

고용직 트레이더는 직장에서 일하며 월급을 받고 세금도 뗀다. 이들은 돈을 받고 일하며, 일하는 가장 주된 동기는 월급이다. 일을 잘 해서 연봉이 오르면 좋겠지만 이들의 머릿속에는 이런 생각이 있다. '내가 이렇게 하면 월급을 받는다.' 이들은 직장에서 '잘리지 않는 것, 월급을 계속 받는 것', 그리고 '수당'이 '돈'보다 중요하다.

한때 뉴욕 거대 은행의 외환 트레이더들과 함께 일해보려고 한 적이 있었다. 그때 그 은행의 회계 담당자가 나에게 이렇게 말했다. "트레이더들이 20% 넘는 수익을 올리는 걸 바라지 않아요. 20% 넘게 수익을 올리면 20% 넘는 손실을 볼 수도 있죠. 게다가 수당을 많이 받으면 나보다 연봉이 높아지는 셈이니까요." 하마터면 외환 트레이더와 동업할 뻔했는데 이 말 덕분에 동업할 생각을 접었다. 아무튼 이 사람은 은행에서 핵심 요직에 앉아 있었지만 여전히 월급쟁이이며 월급쟁이 마인드를 가지고 있었다.

이런 전형적인 월급쟁이 트레이더는 나에게는 최악의 동료다. 이들은 트레이딩에 대해 아는 것도 없고 실적도 형편없다. 게다가 월급쟁이 마인드를 가진 정규직, 즉 '안정'과 수당이 가장 중요한 사람들이 트레이딩을 직업으로 삼으면 형편없는 트레이더가 된다. 대부분의 사람들이 주식 중개인을 트레이더라고 생각한다. 하지만 주식 중개인은 주식을 팔아서 월급을 받는 월급쟁이들이다. 이들은 또한 수수료를 챙기므로 자영업자이기도 하다.

월급쟁이 트레이더들은 월급쟁이 마인드로 매매한다. 어떤 종목을 사야 할지, 시장이 어떻게 될지 누가 말해주길 바란다. 타인의 지시를 받는데 익숙해 실수하는 걸 끔찍이도 싫어한다.

은행의 트레이딩 팀은 대개 날마다 회의를 하는데 여기서 트레이더들은 그날 할 일을 지시받는다. 이런 월급쟁이 마인드와 훌륭한 트레이딩은 어울리지 않는다.

전업 트레이더는 '시스템' 그 자체다

직장을 그만두고 트레이딩으로 생계를 유지하는 경우가 이 유형에 해당된다. 이들은 타인에게 의존해 수입을 얻는 걸 싫어한다. 이들은 스스로 열심히 일해서 돈을 벌려고 하며, 스스로 상황을 통제하고 자기 식대로 일하는 걸 좋아한다. 내 동료들은 대개 이런 마인드로 트레이딩에 임한다.

전업 트레이더는 대부분 완벽주의자다. 모든 것이 완벽해야 하며 조금의 빈틈도 용납하지 않는다. 따라서 이들은 완벽한 시스템을 요구하며 언제나 더 나은 것을 찾는다. 이들은 또한 자유재량 거래를 즐긴다. 왜냐하면 기계적인 시스템은 자신들보다 못하기 때문이다.

대부분의 전업 트레이더들은 모든 것을 완벽하게 장악하기 원

전업 트레이더는 시스템 그 자체다

하며 시장의 천정과 바닥을 완벽하게 예측하는 '마법의 잔*' 시스템을 찾아 나선다. 그러나 결과는 형편없다. 전업 트레이더가 기댓값, 높은 R-배수를 얻기 위한 포지션사이징 같은 원칙들을 배운다면 성공할 확률이 매우 높다.

성공하는 트레이더들은 대개 자신의 자본만으로는 한계가 있다는 걸 깨닫고 타인의 자금을 운용한다. 이렇게 되면 트레이딩 시스템 이외에 수많은 다른 시스템이 끼어들게 된다. 전업 트레이더는 대개 모든 걸 스스로 하려고 하기 때문에 시간, 노하우의 한계에 부딪쳐 좌절하게 된다. 프로 매니저가 되려는 사람들은 트레이딩을 자기 사업의 관점에서 바라본다.

당신은 회사에 고용된 트레이더, 혹은 전업 트레이더 중 하나에 속하는가? 아니면 당신에게 자문을 해주는 사람이 이 두 부류 중 하나에 속하는가?

이제 사분좌표의 오른쪽에 속하는 두 부류를 살펴보자.

기업가형 트레이더는 시스템을 소유하고 개발한다

이번에는 진일보한 유형을 살펴보자. 이들은 트레이딩 비즈니스를 시스템의 집합으로 취급한다. 이들은 최대한 시스템을 자동화해서 타인을 훈련시켜 시스템을 운용하도록 만든다. 이런 시스템을 개

---

*Holy Grail, 성배; 전설에 따르면 예수가 최후의 만찬에서 사용한 잔으로 신도들 중 한 명이 십자가에 못 박힌 예수의 피를 받았다고 한다. 술잔은 다른 사람들의 손으로 넘어가면서 마법의 힘을 가졌다는 소문이 퍼졌다. ─옮긴이

발하면 손을 놓을 수 있다. 하지만 완벽주의자는 자동 시스템을 개발할 수 없다.

두 가지 예를 들어보겠다. 내가 여태까지 만나본 바로는 기업가형 트레이더는 토탈 시스템 트레이더다. 모든 것이 컴퓨터로 진행된다. 데이터를 입력하면 컴퓨터가 데이터를 처리해 자동으로 명령을 내린다. 이런 트레이더 유형은 끊임없이 모든 것을 자동화할 방법을 찾는다. 반복되는 일이 있으면 컴퓨터 프로그램으로 만들어 인간이 개입되는 부분을 제거한다. 따라서 기업가형 트레이더는 타인의 손에 사업을 맡기고 다른 일을 할 수 있다. 자기 손으로 개발한 시스템이므로 시스템을 믿을 수 있다. 물론 시스템이 완벽하지는 않다. 또한 시스템이 막대한 수익을 내지 못할 수도 있다. 하지만 설계된 범위 안에서는 꾸준하게 실적을 올린다. 게다가 기업가형 트레이더들은 새로운 자료 수집, 고객관리, 백오피스 관리, 시스템 리서치에 대한 시스템들도 보유하고 있다. 직원이 그만두면 다른 사람을 훈련시켜 퇴사한 직원이 담당한 시스템을 운영하게 만든다.

기업가형 트레이더가 되려면 몇 가지 단계를 거쳐야 한다. 첫째, 사업을 운영하는데 필요한 모든 시스템을 개발하거나 구매할 수 있어야 한다. 이를테면 포지션사이징이 트레이딩 사업의 열쇠라는 것을 깨달았다면 포지션사이징을 다룰 시스템을 보유할 것이다. 기업가형 트레이더는 리서치, 데이터, 백오피스 회계 그리고 이 모든 것을 담당할 사람들을 시스템으로 대체한다.

시스템이 정착되면 기업가형 트레이더는 시스템을 운용할 직원을 고용한다. 이 단계에서는 훌륭한 리더십을 발휘해야 한다. 사업가는 시스템을 보유하고 시스템을 운용할 적임자를 고용한다. 따라서 자신의 시간을 희생하지 않고도 사업이 절로 수익을 내게 된다. 사업과 직원이 트레이더를 위해 움직이기 때문이다.

투자자 트레이더는 시스템에 투자한다

일하지 않아도 자본 대비 고수익을 내는 시스템에 투자하면 트레이더는 투자자가 된다. 참고로, 워렌 버핏의 투자원칙은 자본 대비 고수익을 창출하는 훌륭한 시스템을 보유한 사업에 투자하는 것이다. 자본 대비 고수익을 창출하는 시스템이 있다면 별달리 할 일이 없다. 투자하면 돈이 절로 굴러온다. 투자자 트레이더는 돈이 일하게 만든다.

Part 3

제3부

트레이딩 시스템 개발:

Develop a Trading System
That Fits Each Market Type
You Plan to Trade

Super
Trader

Make Consistent Profits In
Good and Bad Markets

나에게 맞는 시스템을 설계하라

잭 슈웨거는 『시장의 마법사들Market Wizard 』을 집필한 뒤 '탁월한 트레이더는 자신에게 맞는 시스템을 개발한다'고 결론을 내렸다. 이것이 성공 비결 중 하나라는 데는 나도 동의한다. 자신에게 맞는 시스템을 설계할 때에는 다음과 같은 기준들을 고려해야 한다.

1. 자신이 어떤 사람인지 알아야 한다. 자신에 대해 모르는데 어떻게 자신에게 맞는 시스템을 설계할 수 있겠는가?
2. 자신이 어떤 사람인지 알았다면, 목표를 정하고 목표에 적합한 시스템을 설계할 수 있다.
3. 시장의 장기 전망에 대해 어떤 신념을 갖고 있으며, 시스템은 어느 정도 이 신념에 부합해야 하는가? 예를 들어 향후 5~10

시스템을 바지처럼 당신에게 맞추어라

년 사이 미 달러 가치가 폭락한다고 믿는다면 트레이딩 시스템을 개발하는데 이 믿음이 어떤 영향을 미칠 것인가?

4. 우리가 거래하는 것은 시장에 관한 믿음뿐이다. 따라서 어떤 믿음을 갖고 있는지 이해해야 한다. 시장에 대해 나는 구체적으로 어떤 신념을 갖고 있는가? 또한 이 믿음들 덕분에 우위에 설 수 있는가? 이 기준들을 이해할 때 나에게 적합한 구체적인 시스템을 설계할 수 있다.

예를 들어보자. 시장은 무작위^{random}로 움직이지 않으며 큰 추세에 따라 움직인다고 믿는다고 하자. 그렇다면 무작위 시장에서 기대하는 가격 움직임과는 다른 추세를 발견하고 추세에 편승하는 것이 돈을 버는 최선의 길이라고 믿을 것이다. 이것이 신념의 골자라면 다음처럼 행동할 수 있는가?

- 아무도 거들떠보지 않는 '한물 간' 종목을 매수할 수 있을까? 할 수 없을 것이다. 우위에 설 수 있는 조건에 대한 신념과 맞지 않기 때문이다.
- 밴드 트레이더$^{band\ trader}$처럼 고가 매도와 저가 매수를 할까? 안 할 것이다. 왜냐하면 서로 심리 상태가 다르기 때문이다.

수많은 믿음이 있으며 이 믿음들에 상충되기 때문에 실행하기 어려운 것들을 예로 들자면 끝이 없다. 이제 무슨 말을 하려는지 감을 잡았을 것이다. 먼저 시장에 대해 자신이 어떤 믿음을 갖고 있는지, 어떻게 하면 시장에서 우위에 설 수 있다고 믿는지부터 알아야 한다. 그래야 자신의 믿음에 부합하는 트레이딩을 할 수 있기 때문이다.

5. 다음으로 시스템의 다양한 부분을 이해하고 각 부분에 대해 자신이 어떤 믿음을 갖고 있는지 이해해야 한다. 셋업, 진입, 스탑, 차익실현, 포지션사이징에 대해 어떤 믿음을 갖고 있는 가? 다시 강조하지만 트레이더가 편하게 매매하는 것은 자신의 믿음뿐이다. 이를테면 추세를 포착하려고 하지만 타이트 스탑$^{tight\ stop}$을 신봉한다고 하자. 그렇다면 추세를 따라 진입과 청산하는 과정에서 속임수 신호에 걸리기 쉽지만 일단 큰 추세에 편승하게 되면 초기 리스크$^{initial\ risk}$의 몇 배에 이르는 수익을 얻게 된다.

6. 시스템의 특징은 시스템이 생성하는 R-배수의 분산에 의해 결정된다. R은 거래의 초기 리스크이며 R-배수는 이 초기 리스크 대비 수익률과 손실률을 가리킨다. 이 문제는 잠시 뒤 다시 상세히 논의하겠다. 분산에 있는 중간값과 표준편차는 거래가 얼마나 수월한지를 나타낸다. 따라서 수월하게 거래하려면 시스템의 R-배수 분산이 어떠해야 하는지 결정해야 한다.

7. 또한 이렇게 자문해봐야 한다. "내가 시스템을 통해 편하게 거래하려면 시스템은 어떤 조건을 충족해야 하는가?" 내가 이런저런 제안을 할 수도 있지만 개인마다 편하게 느끼는 것

이 다르므로 자신에게 적합한 시스템을 개발하는 것이 중요하다. 몇 가지 기준을 예로 제시해보겠다.

- 나의 믿음에 부합하는 시스템인가?
- 나는 시스템의 작동 원리를 이해하고 있는가?
- 나는 다양한 시장유형에서 시스템이 어떤 실적을 내는지 이해하고 있는가?
- 시스템의 테스팅 결과를 신뢰하는가?
- 이 시스템으로 매매하는 것에 만족하는가? 내가 정한 일정에서 시스템을 통해 실수 없이, 쉽게 거래할 수 있다고 확신하는가?

8. 또한 "목표를 이루려면 포지션사이징을 어떻게 활용해야 하며 시스템의 R−배수 분산을 고려할 때 포지션사이징을 활용할 수 있는 가능성은 어느 정도인가?" 자문해보아야 한다. 정확한 R−배수 표본이 있으면 시뮬레이션을 통해 해답을 얻을 수 있다.

마지막으로 이렇게 자문해보자. "편안하게 시스템을 통해 매매할 수 있을 정도로 시스템이 이 모든 기준들을 충족하게 만들려면 무엇을 해야 하는가? 시스템이 이 기준들에 미달한다면 시스템 최적화를 위해 무엇을 해야 하는가? 아니면 기준을 바꿀 것인가?"

매매 원칙

트레이더의 유형은 매우 다양한데, 이들을 분류하는 방법 중 하나는 기본적인 원칙에 따라 분류해보는 것이다. 일부 원칙은 정반대지만(예를 들어 추세추종 대 밴드 트레이딩) 굳게 믿는다면, 그리고 저위험 전략을 지킨다면 어떤 원칙에 따라 매매해도 상관없다.

- **추세추종**trend following: 추세추종의 토대가 되는 발상은 상승이 뚜렷할 때 매수하고 상승을 멈출 때 매도하는 것이다. 마찬가지로 하락이 뚜렷할 때 공매도하고 하락이 멈출 때 환매수한다. 이렇게 하려면 저위험 매매의 진입과 청산 시기를 규정하는 기법이 있어야 한다.

- **펀더멘털 분석**fundamental analysis: 펀더멘털 분석의 토대가 되는 발상은 경제학의 수요공급 개념이다. 시장을 분석해 수요가 존재하는 지점을 발견해서 그 지점에서 매수해야 한다(이상적으로는 수요가 발생하기 전). 가격이 오를 만큼 올라서 수요가 감소할 때 매도한다. 공급이 적으면 수요는 증가하고 시장이 상승한다고 추정할 수 있지만 항상 그런 것은 아니다. 내가 잘 아는 분야인 희귀 미국 우표를 예로 들어보겠다.
  일부 19세기 우표는 한정 수량으로 발행되어서 지금 남아 있는 수량이 100개도 되지 않는다. 하지만 수요가 없기 때문에 가격은 그렇게 비싸지 않다. 그러나 만약 수집가 50명이 19세기 희귀 미국우표에 10만 달러를 낸다면 가격은 10배 이상 치솟을 것이다.

- **가치투자**value investment: 가치투자란 언젠가는 제값을 받는다고 믿고 저평가된 종목을 사는 것이다. 주식을 평가하는 방법은 무수히 많지만 다른 방식보다 더 유용한 평가 방법들이 있다. 가치투자를 선호한다면 더 유용한 평가 방법을 찾아야 한다.

- **밴드 트레이딩**band trading: 일부 투자대상(주식, 상품, 외환)은 밴드 기법으로 매매한다. 가격이 하단 밴드를 건드리거나 하단 밴드를 교차하거나 하단 밴드에 접근할 때 매수하고 상단 밴드를 건드리거나 상단 밴드를 교차하거나 상단 밴드에 접근할 때 매도한다. 어떤 진입, 청산 신호를 활용하는지는 문제가 되지 않는다. 밴드 트레이딩의 열쇠는 유용한 밴드를 개발하는 법을 이해하는 것이다.

- **계절성 추이**seasonal tendencies: "존재하는 것에는 근원이 있다"는 것이 계절성 추이를 이해하는 열쇠다. 연관관계를 발견하려면 컴퓨터를 활용하면 된다. 예를 들어 지난 20년을 살펴보면 한 달의 마지막 3일 동안 가격이 상승한 해가 18년이었다. 그렇다면 3월 마지막 주에 XYZ를 매수한다. 이것은 통계를 이용한 요행수다. 주식시장은 11~5월 사이에 상승하는 경향이 있는데 이는 연금이 이 시기에 시장으로 유입되기 때문이다.

- **스프레딩**spreading: 지금부터는 프로의 영역으로 들어간다. 프로

트레이더는 움직임이 크지만 리스크는 아주 낮게 롱포지션과 숏포지션을 생성할 수 있다. 이를테면 12월물 옵션을 매수하고 3월물 옵션을 공매도한다. 하나의 외환을 매수하고 다른 외환을 공매도하기도 한다. 대규모 트레이딩을 저렴하게 할 수 있는 프로들이 흔히 이런 방식으로 거래한다.

● **차익거래** arbitrage (주로 프로들이 활용): 차익거래는 확실히 우위를 점할 수 있는 묘수다. 통화 거래가 허용되기 전 내 고객 중 한 사람은 런던에서 영국 화폐로 설탕을 매수해 뉴욕에서 달러로 매도했다. 미 달러−영국 화폐의 환차익을 이용해 스프레드를 한 것이었는데 당시 이런 거래를 한 것은 그가 처음이었다. 누군가 설탕을 거래하기 원하면 스프레드 한 쪽을 청산하면서 그는 땅 짚고 헤엄치기로 돈을 벌었다. 물론 사람들이 스프레드 기법을 알아내면서 이런 상황은 오래 가지 않았다. 차익거래의 비결은 허점을 발견해 어떻게 활용하면 돈을 벌 수 있는지 알아내는 것이다.

● **시장 간 분석** intermarket analysis: 한 상품의 가격은 다른 상품의 가격과 함수관계에 있다. 몇 가지 상품 사이의 단순한 연관성을 말하는 것이 아니다. 금은 석유, 은, 달러, 기타 통화의 가격과 연관되어 있다. 이러한 연관성은 시간이 지나면서 변한다. 따라서 이 거래 개념의 핵심은 서로 다른 여러 개의 정보를 동시에 평가해서 존재하는 관계를 발견하는 것이다. 물론, 이렇게 하면 현재의 관계만을 알 수 있다. 이 관계를 통해 수익을 올리

려면 모든 시스템에 공통되는 저위험 원칙을 활용해야 한다.

- **우주에는 질서가 있다**: 이 개념에는 다음과 같은 부개념이 다수 존재한다. (1) 인간 심리의 파동 (2) 인간의 행동에 영향을 미치는 물리적 사건들 (3) 우주의 수학적 질서 등.

이 개념이 자신에게 맞으면 이 개념을 토대로 매매하되 적절한 저위험 기법을 활용하라.

위에 열거한 원칙들은 모두 진입을 위한 셋업을 설명하고 있다. 셋업은 비중이 작은 거래의 일부지만 사람들은 올바른 투자를 하는 것이 아주 중요하다고 생각하므로 이런 원칙들이 발달하게 되었다. 트레이딩 스타일은 사실 이 셋업의 종류에 따라 명명된 것이다.

셋업은 생각만큼 중요하지 않다

트레이딩 코치로 일하기 시작한 지 얼마 안 되서 깨달은 사실이 있다. 사람들이 트레이딩 시스템에 관해 이야기할 때면 실은 시스템의 셋업에 대해 얘기한다는 것이다. 셋업은 트레이딩 시스템을 완성하는 하나의 작은 부분인데 사람들은 셋업 조건이 시스템이라고 주장하고 있다. 윌리엄 오닐$^{Willim\ O'Neil}$의 CAN SLIM 시스템을 살펴보자. CAN SLIM 시스템은 인지도가 아주 높은 시스템으로, 오닐이 개발한 셋업의 첫글자를 딴 것이다. C$^{Current\ Quarterly\ Earnings\ per\ Share}$(현재의 주당 분기 순이익), A$^{Annual\ Earnings\ Increases}$(연간 순이익 증가율), N$^{New\ Product,\ New\ Management}$(신제품, 경영혁신), S$^{Supply\ \&\ Demand}$(수요와 공급), L$^{Leader\ or\ Laggard}$(주도주·소외주 여부), I$^{Institution\ Sponsorship}$(기관투자가의 지원), M$^{Market\ Direction}$(시장의 방향). 사람들은 각 철자가 나타내는 바가 무엇인지 이러쿵저러쿵 갑론을박하지만 내 생각에 CAN SLIM은 시스템의 승패를 좌우하는데 지극히 미미한 요소다.

몇 가지 고려할 만한 셋업을 소개하겠다.

1. **페일 시험법 셋업**$^{Fail\ Test\ Setup}$: 시장이 일정 영역을 테스트할 때 발생하는 셋업이다. 예를 들면, 터틀^{Turtles}은 20일 돌파에 매매했기 때문에 20일 고점이 테스트 영역으로 간주된다. 20일 고점이 지속되지 않으면 페일 시험법 셋업이다.

2. **과매수 반전 셋업**Climax Reversal Setup: 주가 포물선이 신고점에 도달했다가 하락하는 경우다. 이 셋업이 나타나면 종종 주가가 큰폭으로 반전한다.

3. **되돌림 셋업**Retracement Setup: 시장이 분명한 추세를 보이다가(셋업의 전반부) 반전해 다음(셋업의 후반부) 그 추세가 계속된다. 종종 추세추종 기법으로 사용된다.

4. **타임 셋업**Time Setup: '신비한 우주의 질서'에 따라 특정 시기에 일정한 움직임이 일어나게 되어 있다고 믿는다. 셋업이 발생하는 시간이 바로 셋업이라고 할 수 있다.

5. **주가 데이터 연결 셋업**Price Data in Sequence Setup: 앞서 설명한 되돌림 셋업에서 예를 들었다. 물론 다른 유형의 셋업들도 다수 존재한다.

6. **펀더멘털 데이터 셋업**Fundamental Data Setup: 예를 들어 한 애널리스트가 상품에 억압 수요*가 있다고 결론을 내릴 수 있다. 수요가 있으면 대개 가격이 상승할 여지가 있으므로 수요가 증가한다고 판단되면 이것이 셋업이 된다.

7. **거래량 데이터 셋업**Volume Data Setup: 거래량 데이터를 포함하는 암스 지수Arms Index가 이 셋업에 해당된다.

8. **컴포넌트 데이터 셋업**Component Data Setup: S&P500 지수를 거래한

---

*pent-up demand; 경기 침체기에 소비자들이 억눌러 왔던 수요가 경기 침체에서 벗어나면서 소비심리 완화로 갑자기 늘어나는 수요 ─옮긴이

다면 일부 종목들의 주가 동향을 살펴서 지수의 동향에 따라 중요한 정보를 얻을 수 있다. 이밖에도 다양한 컴포넌트 데이터가 있다.

9. **변동성 셋업**Volatility Setup: 마치 스프링이 튀어 오르기 직전처럼 변동성이 크게 감소하면 셋업으로 간주된다.

10. **비즈니스 펀더멘털 셋업**Business Fundamentals Setup: 가치투자자는 여러 가지 방식으로 종목이 저평가되었는지 판단하는데 이것이 매수 신호인 셋업이 된다. 워렌 버핏은 주식을 매수하기 전 각 종목의 비즈니스 펀더멘털을 다각도로 분석했다. 이런 것들이 비즈니스 펀더멘털 셋업이다.

시장에 진입하기

나는 톰 바소와 함께 시스템 관련 워크숍을 개최하면서 심리, 청산, 포지션사이징의 중요성을 역설했다. 워크숍 참가자가 이렇게 말했다. "당신은 아무렇게나 진입해도 돈을 벌 수 있겠군요." 톰은 생각해본 적이 없다고 말했지만 집에 돌아가서 무작위 진입 시스템으로 청산과 포지션사이징을 테스트해보았다. 그랬더니 수익이 나는 게 아닌가.

나는 너무 놀라서 직접 테스트해보았다. 10년 동안 10개의 상품을 매매하는 시스템을 설계했고, 언제나 시장에서 10개의 포지션을 보유했다. 청산할 때는 반드시 동전 던지기를 통해 롱이나 숏포지션

사람들은 종목 선정을 잘해야 한다는
생각에 세뇌당하고 있다

에 진입하도록 설계했다. 주가가 지난 20일 동안의 ATR의 3배면 청산하고 포지션당 리스크는 100만 달러 계좌의 1%였다. 또한 100만 달러의 계좌로 10개의 상품 포지션을 늘 보유하도록 설계했다. 포지션당 체결오차^{slippage}와 수수료로 100달러를 추가했기 때문에 수익을 내려면 무작위 진입 외에도 엄청난 비용을 극복해야 했다.

무작위 진입의 경우 진입 기법이 가진 우위를 포기해야 한다. 수익을 내는 유일한 길은 때때로 강한 추세를 포착하고 너무 큰 손실을 피하고 적절한 포지션사이징을 실행해야 한다.

결과는 톰 바소와 같았다. 이 기법으로도 꾸준히 수익이 났다. 큰돈은 벌지 못했고 큰 손실을 볼 때도 있었지만 10년 동안 수익을 냈다.

진입 때문에 왜 골치를 썩는가? 셋업을 설명하면서 이 문제를 잠깐 언급한 바 있다. 투자나 트레이딩에 성공하려면 종목 선정이 모든 것이라고 세뇌를 당하는데, 전혀 그렇지 않다!

나는 16세에 주식을 처음 샀다. 종목은 1961년 《포춘^{Fortune}》지에 실린 '올해 결산'에서 전년도 주가수익률 최고를 기록한 종목으로 골랐다. 조사를 해서 고른 종목이었지만 아무 원칙도 없이 진입했다. 종목을 선정한 다음 800달러로 100주를 매수했다. 이것이 진입인 셈이었다. 그 후 주당 20달러씩 주가가 상승했다가 다시 하락했다. 그러다 결국엔 깡통주가 되었다. 많은 사람들이 이런 경험을 했을 것이다.

내가 종목을 잘못 골랐다고 말할지도 모르겠다. 초창기의 마이

크로소프트나 버크서 헤서웨이$^{Berkshire\ Hathaway}$ 주를 매수했다면 800 달러로 큰돈을 벌었을 것이다. 하지만 이와 같은 종목들도 결국엔 시장에서 사라지며 《포춘》지가 선정한 500대 기업도 예외는 아니다. 나는 내가 지금 사람들에게 가르치고 있는 중요한 규칙들을 모조리 무시했다. 과거엔 그저 종목만 제대로 고르면 성공할 수 있다고 믿었던 것이다. 25% 추적청산*을 설정했더라면 초기 리스크는 200달러(25% 하락시)였을 것이다. 25% 추적청산을 설정했다면 주가가 20달러가 되었을 때 15달러에 매도했을 것이고 700달러를 벌어 3.5R 수익을 얻었을 것이다. 나는 종목을 잘못 고른 게 아니었다. 돈을 버는 원칙을 몰랐던 것이다.

거듭 강조하는데, 성공을 좌우하는 건 종목 선정이 아니다. 다우존스산업평균에 처음 등록된 30개 종목 중 2009년까지 살아 남은 종목은 단 하나, GE뿐이다. 나머지는 모두 지수에서 퇴출되거나 파산했고, 혹은 다른 기업에 흡수합병되고 말았다. 대부분의 기업이 이런 운명을 맞는다. 종목을 잘 골라서 죽을 때까지 보유하는 건 결코 마법의 성공전략이 아니다. 억세게 운이 좋지 않는 한 말이다.

하지만 지금도 수많은 사람들이 이런 편견을 가지고 있다. 이들은 어떻게 제대로 된 종목을 고를까 골머리를 앓으며 언제 어떻게 매수할지 고민한다. 여기에 관심 있는 사람은 내가 집필한『돈 되는

---

*trailing stop; 고점 대비 하락률을 정해서 자동으로 손절매하는 것을 말한다. TS매도, 또는 추적손절매라고도 한다. —옮긴이

투자 시스템 만드는 법』을 참고하기 바란다. 진입에 관한 사항들이 상세히 기록되어 있으며, 채널 돌파, 이동평균, 패턴 식별, 예측, 변동성 돌파, 오실레이터 등이 논의되어 있다. 지난 수년간 수많은 진입 신호들이 개발되었다. 문제는 이것이 트레이딩에서 가장 중요하다고 착각하지 말아야 한다는 것이다. 사실이 아니기 때문이다. 앞서 입증해보였듯 무작위 진입으로도 돈을 벌 수 있다.

종목 선정이 중요하다?

많은 사람들이 종목 선정이 성공의 열쇠라고 믿고 있으므로 이 잘못된 통념이 어디에서 시작되었는지 살펴보고자 한다.

1. 뮤추얼펀드는 정관에 따라 전액투자해야 한다. 게다가 펀드 운용자의 임무는 수익을 내는 것이 아니라 시장 수익률을 상회하는 것이다. 그마저도 대부분은 실패한다. 뮤추얼펀드는 대개 벤치마크 지수(이를테면 S&P500)에 투자하므로 시장 수익률을 상회할 수 없고 자금 운용에 따른 수수료도 부과한다.

2. 전액투자를 해야 하면 포지션사이징나 적절한 위험관리를 할 수 없다. 포지션사이징라고 해봐야 자산 배분, 즉 어느 시점에

이익을 실행하자

어떤 자산에 투자할지를 결정할 수 있을 뿐이다.

3. 뮤추얼펀드매니저는 실적에 따라 돈을 버는 게 아니다. 뮤추얼펀드매니저는 운용하는 자산의 규모에 따라 돈을 번다. 달리 말하면 내 자금을 보유하고 있으면 돈을 받는다.

4. 상승장이 되면 펀드는 대부분 수익이 나고 모두 돈을 벌어 행복해진다. 펀드매니저들은 CNBC에 출연해 어떤 종목을 선호하는지 얘기한다.

5. 하락장이 되면 펀드는 대부분 손실이 난다.

6. 최고의 트레이더들은 진짜 트레이딩을 하기 위해 뮤추얼펀드를 그만두고 헤지펀드매니저가 되는데 대부분은 이런 사실을 모르고 있다. 헤지펀드매니저들은 종목 선정에 그다지 신경 쓰지 않는다. 이들은 손실을 줄이고 수익을 늘리며 적절한 포지션사이징을 통해 목표를 달성한다.

돈 버는 비결은 청산이다

앞서 밝혔듯 나는 무작위 진입으로도 돈을 벌 수 있다는 것을 입증해 보이기로 결심했다. 무작위 진입을 채택하면 셋업과 진입에서 취할 수 있는 우위를 포기해야 한다. 이때 돈을 버는 유일한 방법은 이따금 강한 추세를 포착해 대규모 손실을 막고 적절한 포지션사이징을 실행하는 것이다.

그렇다면 어떻게 청산으로 강한 추세를 포착한다는 말인가? 무작위 진입 시스템의 경우 청산하면 다시 진입하게 되어 체결오차와 수수료로 100달러 손실이 추가로 발생한다. 따라서 너무 자주 청산되지 않도록 초기 청산지점initial exit을 넓게 잡아야 한다. 또한 잘못된 방향으로 추세에 진입하면 큰 손실이 발생하므로 방향을 제대로 잡아야 한다. 따라서 무작위 진입 시스템이 적중하려면 초기 청산지점을 넉넉하게 잡아서 시장이 의미 없는 노이즈*를 만들 때 또는 횡보의 움직임을 보일 때 청산되지 않도록 해야 한다.

나는 주가가 20일 변동성 혹은 ATR의 3배가 되면 청산되도록 설계했다. 나는 단순한 걸 좋아하므로 강제종료 청산abort exit과 차익실현 청산profit-taking exit을 아주 비슷하게 만들었다. 종가가 20일 ATR

---

*추세에 속하지 않는 움직임 −옮긴이

의 3배가 될 때를 추적청산으로 설정했다. 따라서 주가가 유리한 방향으로 움직여주면 추적청산도 유리한 방향으로 움직이고 변동성이 감소하면 청산도 유리한 방향으로 움직였다. 청산은 내게 유리한 방향으로만 움직이며 불리한 방향으로는 결코 움직이지 않도록 설정했다.

이렇게 청산을 설정하자 횡보장에서 스탑에 걸려 청산되지 않고 오랫동안 시장에 남아 있을 수 있었다. 추세를 거스르는 방향으로 진입하면 스탑에 걸려 신속하게 청산되므로 무작위 진입 덕분에 추세의 방향으로 재진입하기를 기대했다. 다행히 추세의 방향으로 진입했다면 스탑 덕분에 오랫동안 추세에 편승할 수 있었다. 아주 쉬웠다. 청산을 단순하게 설정하면 무작위 진입 시스템으로 트레이딩의 황금률(손실은 빨리 자르고 수익은 불어나게 둔다)을 따를 수 있어 돈을 벌 수 있다.

트레이더가 가장 먼저 알아야 할 청산은 강제종료 청산으로, 이

타이트 스탑은 작은 R을 만든다

224

는 초기 리스크, 즉 1R을 규정하는 것이다.

초기 청산지점에는 두 종류가 있다. 좁은 것$^{narrow\ exit}$(1R이 작다)과 넓은 것$^{wide\ exit}$(1R이 크다) 둘 다 나름대로 장점이 있다.

청산 폭이 넓으면 시장에 오래 남아 있을 수 있으므로 큰 수익을 낼 기회를 잡을 수 있다. 따라서 판단이 옳았다는 것을 증명하고 싶다면 청산 폭을 넓히면 확률을 높일 수 있다. 앞서 언급한 무작위 진입 시스템의 3배 변동성 청산과 25% 되돌림 청산이 넓은 폭의 청산에 속한다. 25% 되돌림 청산은 주식시장에서 적중률이 높다. 주식을 매수한 다음 최대한 오래 보유하고 싶다면 25% 추적청산을 설정하고 주가가 신고점을 기록할 때마다 청산지점을 상향조정하라.

반면, 초기 청산지점 폭이 좁으면 1R은 작지만 툭하면 스탑에 걸려 청산되므로 판단이 옳다는 것을 증명하고 싶다면 이 청산지점을 설정하면 안 된다. 하지만 R-배수 수익을 크게 얻고 싶으면 초기 청산지점을 좁게 잡는 편이 유리하다.

예를 들어보자. 밀집구역^{consolidation}을 힘차게 돌파할 때 50달러 짜리 주식을 매수했다고 하자. 청산지점을 밀집구역보다 아래인 45 달러에 설정하면 판단이 옳았다는 것이 증명될 확률이 높다. 하지만 주가가 10달러 상승하면 리스크의 2배, 즉 2R만큼의 수익밖에 얻지 못한다.

반면, 청산지점을 1달러만 차이가 나도록 49달러로 설정했다고 해보자. 주가가 상승 탄력을 받아 계속 오르면 청산되지 않는다. 게 다가 주가가 10달러 상승하면 10R 수익, 즉 초기 리스크의 10배에 이르는 수익을 거두게 된다. 사실 3번 연속 청산지점에 걸려 1R의 3배에 이르는 손실을 입고 다시 10R 수익을 거둘 수도 있다. 이 경우 적중률은 25% 밖에 안 되지만 총 수익은 7R이 된다.

이쯤에서 '7R을 벌었지만 처음에 리스크를 너무 적게 잡았다'는 생각이 들 것이다. 이 시점에서 포지션사이징이 필요하다. 트레이딩 1회당 리스크를 계좌의 1%로 잡으면 어떻게 될까? 트레이딩 1회당 R을 얼마나 크게 혹은 작게 잡든 7R 상승하면 계좌는 7% 불어난다.

초기 스탑을 뛰어넘어 청산하기

시스템의 청산을 설계할 때 고려해야 할 핵심 사항 중 하나는 청산의 목적이다. 청산에는 네 가지 목적이 있다.

1. 손실을 감수하되 초기 리스크를 줄인다.
2. 수익 극대화
3. 수익을 너무 많이 시장에 되돌려주는 것을 방지한다.
4. 심리적 이유

각각의 이유를 전부 살펴보는 대신 한 가지 구체적인 목표를 중심으로 목표 달성을 위해 어떻게 청산을 활용하는지 설명하겠다.

추세가 지속되는 기간 동안 최대한 추세를 따르는 것이 목표라고 하자. 그러나 '시장 진입 후 초기 청산지점을 넓게 잡아서 속임수 신호에 걸리는 것을 피하고 싶다' '포지션이 움직일 공간을 넉넉하게 두고 싶다' '마지막으로 목표수익인 4R에 도달하면 수익을 극대화하고 싶다' 이런 목표들이 시장에 대한 신념들과 어떻게 맞아떨어지는지 주목하라. 시스템은 시장에 대한 자신의 신념과 일치해야 한다. 그렇지 않다면 트레이딩을 할 수 없다.

추세가 지속되는 기간 동안 최대한 추세를 따르려면 청산지점이 넓어야 한다. 앞서 무작위 진입 시스템에서 설명한 것처럼 20일 변동

어떤 출구는 이익을 극대화하는 데
도움을 준다

성의 3배로 설정했다고 하자. 이렇게 설정하면 폭이 여유가 있어서
시장의 임의 노이즈$^{random\ noise}$에 포지션을 청산하지 않게 된다.

둘째, 주가가 상승할 때 포지션이 움직일 공간을 넉넉하게 주고
싶을 것이다. 이 목표를 달성하려면 3배 변동성 추적청산을 쓰면 된
다. 따라서 신고점에 도달할 때마다 청산지점이 신고점을 추격해 위
로 움직이게 된다.

셋째, 4R에 도달하면 수익을 도로 뺏기기 싫을 것이다. 따라서
목표가에 도달하면 변동성 3배에서 1.6배로 청산지점을 좁힌다. 간
단하지 않은가. 이 시점에서 최악의 경우는 시장이 즉시 되돌림해서
청산지점에 걸리는 것이다. 하지만 새로 설정한 청산지점은 0.5R 정

도에 있으므로 바로 청산되더라도 여전히 3.5R 수익을 얻을 수 있다. 물론 시장이 계속 상승하면 10R이 넘는 수익도 거둘 수 있다.

지금까지 설명한 청산지점들은 모두 단순하다. 앞서 말한 목표들을 달성하려면 청산지점의 폭을 어떻게 해야 할까 고민하다가 생각해낸 것들이다. 따로 테스팅을 거치지 않았으므로 과도하게 최적화되지도 않았다. 거창한 전문지식을 동원한 것도 아니다. 그저 논리적이며 목표달성에 합당할 뿐이다. 당신이 세 가지 청산지점을 갖고 있더라도 한 번에 단 하나의 청산신호만 작동된다는 것에 유의하라. 바로 시장 가격에 가장 가까운 청산지점이다.

자신의 트레이딩 시스템에 맞는 청산지점을 자유자재로 구사하려면 활용 가능한 다양한 유형을 익혀야 한다. 각각의 청산지점이 어떤 목표에 맞춰 설계되었는지 유의하라. 그런 다음 시스템의 작동원리를 결정하면 목표에 적합한 청산방식을 쉽게 개발할 수 있다.

트레이딩 시스템을 설계할 때 명심해야 할 것이 있다. 바로 하나 혹은 두 가지 이상 시장유형에서 적중률이 높은 트레이딩 시스템을 개발하는 것이 진짜 목표라는 사실이다. 이렇게 하면 아주 쉽다. 온갖 시장유형에 다 맞는 시스템을 개발하려는 것, 이것이 누구나 저지르는 실수다. 그럴 필요가 전혀 없다.

보상과 위험의 관점에서 생각하라

트레이딩에서 성공하기 위해 지켜야 할 절대 규칙은 언제나 트레이딩에 진입하기 전에 청산지점을 결정해야 한다는 것이다. 청산지점이란 최악의 경우에 감수해야 하는 위험이다. 다시 말하면 이렇게 말하게 되는 지점이다. "이번 트레이딩은 꼬이는군. 자본을 지키려면 빠져나와야겠어."

노련한 트레이더들은 각자 선호하는 청산기준이 있다. 하지만 초보자라서 청산기준을 찾기 어렵다면 이렇게 해보라. 주식을 매매한다면 진입가의 75%를 청산기준으로 설정하라. 즉 주식을 40달러에 매수했다면 30달러 이하로 하락할 때 청산하라. 선물 트레이더라면 지난 20일 동안의 ATR을 산출해 3을 곱하라. 선물가격이 그 수준으로 하락하면 포지션을 청산해야 한다.

초기 청산지점이 초기 리스크를 규정한다. 주가 40달러, 주당 초기 리스크가 10달러라면 이를 위험 1R이라고 하며 R은 위험을 의미한다. 자신의 초기 리스크를 알고 있으면 결과는 초기 리스크의 관점에서 분석할 수 있다.

초기 리스크가 주당 10달러라고 하자. 주당 40달러의 수익을 거두면 수익은 4R이다. 주당 15달러의 손실이 발생하면 손실은 1.5R이다. 시장이 갑자기 큰 폭으로 불리하게 움직이면 1R 이상의 손실이 발생한다.

몇 가지 예를 더 들어보자. 주가가 10달러에서 110달러로 상승했을 때 수익을 R로 표시하면? 수익은 100달러, 초기 리스크는 10달러, 따라서 10R 수익이다. 포트폴리오 매니저들은 흔히 10배 수익률 종목*이라는 말을 자주 한다. 10배 수익률 종목이란 주당 10달러짜리 주식이 100달러로 오르는 경우, 즉 주가가 10배 상승하는 경우를 가리킨다. 하지만 10R 수익이 훨씬 유용하고 달성하기도 쉽다.

1R 손실이 주당 10달러라면 10R 수익을 얻으려면 주가가 100달러 상승해야 한다. 하지만 포트폴리오 매니저들이 말하는 10배 수익률을 달성하려면 매수 주가의 10배, 즉 주당 40달러에서 400달러로 상승해야 한다. 초기 리스크가 10달러일 때 360달러 수익을 R-배수로 표시하면? 36R 수익이다.

지난해 마감한 트레이딩을 R-배수로 표현해 연습해보라. 초기 리스크는? 총수익과 총손실은? 초기 리스크 대비 수익률 혹은 손실률은? 지난해에 초기 리스크를 설정하지 않았다면 평균 손실을 초기 리스크로 활용하라. 열 번의 트레이딩을 초기 리스크 대비 비율로 표현해보라. 표 3-1을 살펴보면 3회에 걸쳐 손실이 발생했다 (567달러, 1,333달러, 454달러). 평균 손실은 785.67달러이므로 이를 초기 리스크로 설정하면 된다. 앞으로는 초기 리스크를 익혀서 평균 손실을 활용할 필요가 없게 되기를 바란다.

---

*10-bagger; 10루타 종목 −옮긴이

표 3-1 R-배수로 나타낸 수익과 손실

포지션	수익 또는 손실(달러)	R-배수
1	678	0.86R
2	3,456	4.40R
3	(567)	−0.72R
4	342	0.44R
5	1,234	1.57R
6	888	1.13R
7	(1,333)	−1.70R
8	(454)	−0.58R

우리가 산출하려는 비율은 트레이딩 시스템의 R-배수다. R-배수 산출 결과는 표 3-1에 표시해 두었다.

트레이딩 시스템을 위한 안전한 R-배수 분산을 보유하고 있다면 활용법은 무궁무진하다. 우선 R-배수의 평균을 산출할 수 있다. R-배수의 평균, 즉 기대수익은 다수의 트레이딩에서의 시스템을 통해 기대할 수 있는 평균 기대수익을 R로 표시한 것이다.

R-배수를 결정하기 전에 최소한 30회의 트레이딩을 살펴보기를 권하지만 표 3-1을 토대로 8회의 트레이딩을 활용해보겠다. 표 3-1의 R-배수 평균은 0.68R이다. 이것은 무엇을 의미하는가?

기대수익이란 트레이딩 1회당 얻는 평균 수익이며 이 경우 평균 0.68R의 수익을 기대할 수 있다는 뜻이다. 따라서 100회의 트레이딩으로 68R의 수익을 거두게 된다.

표준편차는 시스템을 운용할 때 어느 정도의 편차를 기대할 수 있는지 표시한다. 표 3-1의 경우 표준편차는 1.86R이다. 기대수익과

'R'의 평균은 기대수익이다

표준편차의 비율로 시스템의 품질을 결정할 수 있다. 작은 표본인 표 3-1의 경우 이 비율은 0.36이며 이 정도면 아주 훌륭하다. 100회 이상의 트레이딩이라면 이 비율은 훨씬 작아진다. 100회 이상의 트레이딩으로 이 비율이 0.25 이상이라면 수용 가능한 시스템이다.

손꼽히는 주요 과제: R-배수를 추적하라 ○

트레이딩 시스템과 기대수익에서 R-배수를 추적하는 가장 쉬운 방법 중 하나는 매일 R-배수를 계산하는 것이다. 스프레드시트에 매일 간단한 정보를 입력하라. 다섯 칸만 있으면 된다.

1. 트레이딩 식별 칸(트레이딩 종류 및 매수 일자)
2. 진입 위험(진입 가격과 초기 청산지점의 차에 매수 주식의 수를 곱한다)
3. 주식 수
4. 주식 매도시 총수익 혹은 총손실
5. R-배수(4번째 칸 나누기 2번째 칸)

여기에 더하여 진입 가격, 롱 혹은 숏, 청산 가격, 리스크 비율 등의 정보를 적어둘 수 있다. 그러나 이런 정보들은 R-배수와 기대수익을 구하는데 필수 요소는 아니다. 표 3-3에 R-배수를 표시해두었다. 이 과정을 연습하다보면 중요한 정보를 입수하게 된다.

첫째, 초기 청산지점을 기록하고 알게 된다. 이렇게 하면 초기 리스크를 모를래야 모를 수가 없다. 이 훈련을 하는 것만으로 자본을 지킬 수 있다. 이 훈련을 하려면 초기 리스크를 두어야 하기 때문에 초기 리스크에 유의하는지 여부를 알 수 있다. 손실 대부분이 1R보다 작다면 초기 리스크에 유의하고 있다. 손실 대부분이 1R보다 크다면 초기 리스크를 무시하고 있거나 매매 대상의 변동성이 커서 청산지점에서 청산하지 못하고 있다는 의미다.

둘째, 이 훈련을 하다 보면 각 트레이딩의 1R을 가장 간단한 방식으로 규정하게 된다 "이번 트레이딩에서 최악의 경우 총 리스크를 얼마로 잡아야 하나?" 이렇게 묻고는 답을 적어야 한다. 다시 한번 말하지만 이는 진입 가격에서 청산 가격을 차감한 값에 총 매수 주식수를 곱한 것이다.

셋째, 이 훈련을 하다 보면 매 거래시 반드시 R-배수를 산출하게 된다. 청산하면 R-배수를 초기 리스크와 비교한다. R-배수가 초기 리스크보다 큰지, 작은지, 어느 정도 차이가 나는지 계산하게 된다. 이 정보는 아주 요긴하다.

넷째, 이 과정을 거치면 트레이딩을 할 때마다 위험보상비율에 대해 생각하게 된다. 최소한 잠재 보상$^{potential\ reward}$이 잠재 위험$^{potential\ risk}$의 3배가 되지 않으면 절대 트레이딩을 하면 안 된다는 것을 배우게 된다.

다섯째, 이 훈련을 거치면서 지속적으로 시스템의 기대수익을 산출하는 손쉬운 방법을 익히게 된다. 모든 트레이딩의 R-배수를 더해서 총계를 매매 횟수로 나누면 된다. 산출된 값이 시스템의 현재 기대수익이다. 이 훈련을 매일 하면 시스템의 기대수익, 즉 1회 매매당 평균수익(초기 리스크와 비교해 매매 1회당 어느 정도의 수익을 올렸는지)을 알게 되고 평균 수익이 변하는 이유를 알게 된다.

예를 들어보자. 고객의 트레이딩이 고객의 말과 달리 영 신통치 않아 보여서 고객에게 스캘핑*의 스프레드시트를 보내달라고 요청했다. 트레이딩 결과를 표 3-2에 표시했다. 고객은 1,000주 거래에 리스크 몇 센트, 승률 60%의 시스템을 설계했다. 즉 포지션 방향이 옳든 그르든 수익 혹은 손실 모두 1R인 승률 60% 시스템이다. 이 고객이 R-배수 분산을 몰랐다는 사실을 볼 때 이 훈련이 얼마나 중요한지 알 수 있다. 그런데 트레이더 대부분이 R-배수 분산에 대해 모르고 있다. 승률 60%의 시스템을 만든 것은 옳았지만 R-배수 설정이 틀렸다. 수익의 절반이 단 1회의 거래(트레이딩 7)에서 나왔다. 표 3-2에는 40회의 거래만 표시되어 있지만 이 고객의 트레이딩은 대체로 이런 식이었을 것이다.

표 3-2 **어떤 고객의 스캘핑 스프레드시트**

트레이드	티커	전략	수량	가격	초기 리스크	수익 (손실)	R-배수	승률
1	XCIT	숏	400	44.375	100	550.00	5.50	1.000
2	XCIT	숏	400	40.688	100	125.00	1.25	1.000
3	XCIT	숏	400	40.188	100	400.00	4.00	1.000
4	XCIT	숏	400	40.375	100	200.00	2.00	1.000
5	XCIT	숏	400	34.500	100	275.00	2.75	1.000
6	XCIT	롱	500	35.500	125	−156.25	−1.25	0.833
7	XCIT	숏	500	28.500	125	1906.25	15.25	0.857
8	XCIT	숏	500	30.125	125	−531.25	−4.25	0.750
9	XCIT	숏	500	26.625	125	−125.00	−1.00	0.667
10	XCIT	숏	300	23.563	75	150.00	2.00	0.700

---

*scalping trade; 아주 작은 수익을 목적으로 매매하는 투기성 초단타 매매. 포지션 보유기간이 대개 하루를 넘기지 않는다. ―옮긴이

트레이드	티커	전략	Qty	가격	초기 리스크	수익 (손실)	R-배수	승률
11	XCIT	롱	400	28,000	100	125.00	1.25	0.727
12	XCIT	롱	400	30,000	100	−450.00	−4.50	0.667
13	XCIT	롱	961	26,297	240.25	480.50	2.00	0.692
14	XCIT	숏	400	27,625	100	−200.00	−2.00	0.643
15	XCIT	롱	1000	27,813	250	−62.50	−0.25	0.600
16	XCIT	롱	300	41,906	75	−121.88	−1.63	0.563
17	XCIT	숏	500	40,625	125	31.25	0.25	0.588
18	XCIT	숏	500	42,000	125	−31.25	−0.25	0.556
19	XCIT	숏	300	37,563	75	0.00	0.00	0.526
20	XCIT	숏	500	38,496	125	−60.55	−0.48	0.500
21	XCIT	숏	300	35,125	75	9.38	0.13	0.524
22	XCIT	숏	300	34,000	75	412.50	5.50	0.545
23	XCIT	숏	300	33,250	75	−93.75	−1.25	0.522
24	XCIT	롱	300	37,875	75	−37.50	−0.50	0.500
25	XCIT	롱	400	29,188	100	175.00	1.75	0.520
26	XCIT	롱	400	28,313	100	200.00	2.00	0.538
27	XCIT	롱	400	29,484	100	−193.75	−1.94	0.519
28	XCIT	롱	400	31,188	100	−200.00	−2.00	0.500
29	XCIT	숏	100	35,063	25	−37.50	−1.50	0.483
30	XCIT	롱	400	33,813	100	−200.00	−2.00	0.467
31	XCIT	롱	400	33,000	100	75.00	0.75	0.484
32	XCIT	숏	500	34,063	125	125.00	1.00	0.500
33	XCIT	롱	500	35,625	125	125.00	1.00	0.515
34	XCIT	숏	500	35,125	125	156.25	1.25	0.529
35	XCIT	롱	500	35,563	125	187.50	1.50	0.543
36	XCIT	숏	500	33,875	125	281.25	2.25	0.556
37	XCIT	숏	600	32,188	150	262.50	1.75	0.568
38	XCIT	숏	450	34,000	112.5	84.38	0.75	0.579
39	XCIT	롱	600	34,125	150	150.00	1.00	0.590
40	XCIT	숏	500	33,184	125	−169.92	−1.36	0.575
기댓값						3815.66	0.75	
총수익(총손실)								

고객의 거래에서 흥미로운 점이 또 있다면 4번에 걸친 연속 손실이 모두 1.5R 이상의 손실이었다. 또한 8회의 거래 중 6번의 손실이 발생했다. 적중률 60% 시스템이라도 이런 시스템으로 거래하면

표 3-3 정렬한 R-배수

R-배수
−4.50
−4.25
−2.00
−2.00
−2.00
−1.94
−1.63
−1.50
−1.36
−1.25
−1.25
−1.00
−0.50
−0.48
−0.25
−0.25
0.00
0.00
0.13
0.25
0.75
0.75
1.00
1.00
1.00
1.25
1.25
1.25
1.50
1.75
1.75
2.00
2.00
2.00
2.00
2.25
2.75
4.00
5.50
5.50
15.25
0.75

이렇게 참담한 결과가 나올 수 있다. 또한 2R 이상 손실이 난 거래도 수차례 보인다. 이렇게 큰 손실은 심리적 문제(실수)에서 기인한다는

것이 내 의견이다. 이런 실수를 없애야 거래에 성공할 수 있다.

이 R-배수들을 모두 마스터 트레이딩 게임^{Masters Trading Game} 같은 시뮬레이터에 입력해 실제 트레이딩 결과가 어떻게 될지 살펴볼 수 있다. 시뮬레이션을 거치면 이 시스템으로 트레이딩할 경우 어떤 결과를 얻을지 정보를 얻을 수 있다.

- 표 3-2와 비슷한 표를 만들면서 매매할 때마다 최악의 경우에 발생할 리스크를 기입해보라. 청산지점에 걸려 청산될 경우 손실은 얼마인가? 이 손실액이 1R이다.
- 포지션을 매도할 때는 총수익 혹은 총손실을 기록하라. 이 값을 1R로 나누면 해당 거래의 R-배수가 산출된다.
- 지속적으로 R-배수의 총합을 구해 트레이딩 횟수로 나누어라. 이렇게 하면 시스템의 지속적 기대수익을 알 수 있다.
- 매 트레이딩이 기대수익에 어떤 영향을 미치는지 점검하라.
- 대체로 100~200회의 트레이딩으로 산출하라. 이 정도면 시스템의 기대수익을 알 수 있다. 또한 시뮬레이션을 통해 시스템의 R-배수의 분산에 대한 꽤 정확한 그림을 얻을 수 있다.
- 시장유형을 살펴보고 시스템 설계시 목표로 삼은 시장유형일 경우에만 매매하라.

탁월한 시스템을 구축하기 위한 핵심 요소 ○

트레이딩에 대해 배우기 시작할 때는 잘못된 정보를 수없이 접하게 된다. 마치 평범한 사람은 수익을 얻지 못하도록 정보기관이 거짓 정보라도 흘리는 것 같다. 사정이 이러므로 반드시 탁월한 트레이딩에 필요한 여섯 가지 요소를 숙지해야 한다.

1. **승률(적중률):** 돈을 버는 승률은? 대부분 승률에 목을 맨다. 학교에서 70% 이하면 낙제라고 배웠기 때문에 모두들 매매할 때마다 이기길 바란다. 하지만 승률 30%로도 돈을 벌 수 있다.

2. **손실 대비 수익:** 앞서 트레이딩을 R-배수의 관점에서 사고하는 것에 대해 논의했다. 손실은 1R 이하, 수익은 R의 몇 배가 되었으면 할 것이다. 손실은 빨리 자르고 수익은 불어나게 두라. 이것이 트레이딩의 황금률이다.

3. **트레이딩 비용:** 처음 트레이딩을 시작할 때 나의 진입과 청산 비용은 약 65달러였다. 트레이딩 비용이 어마어마했다. 지금은 주당 1페니 정도면 진입하고 청산할 수 있다. 하지만 거래가 활발한 계좌라면 트레이딩 비용이 상당액에 이르게 된다. 어떤 해는 수익이 30%였는데 트레이딩 비용이 수익을 초과하기도 했다. 요즘은 대폭 할인을 해주기는 하지만 여전히 비용이 꽤 든다.

4. **매매 기회:** 이를테면 트레이딩 1회당 평균 수익이 1R이고 1년에 50회 매매한다면 수익은 50R이다. 하지만 500회 매매하면 수익은 500R이 된다.

5. **트레이딩 자금의 규모:** 자본이 적으면 큰 수익을 얻기 힘들지만 어느 정도 계좌가 불어나면 큰 수익을 얻기가 훨씬 쉬워진다. 자본이 너무 적어도 트레이딩을 할 수 없지만 자본이 너무 커도 트레이딩할 수가 없다. 자본이 너무 커서 진입과 청산만으로도 시장을 움직인다면 이 경우 역시 큰 수익을 얻기 힘들다.

6. **포지션사이징:** 포지션사이징은 트레이딩 과정에서 '얼마나' 투자할지 결정하는 것이다. 포지션사이징은 투자 실적의 90%를 좌지우지한다. 포지션사이징은 그만큼 중요하다.

누구나 승률에 목을 맨다. 하지만 99%의 승률이라도 깡통계좌만 쥔 채 시장에서 퇴출될 수도 있다. 다음 세 가지 시나리오 중 하나에 해당한다면 이런 최후를 맞게 된다.

1. 트레이딩 자금이 얼마 없다면 단 한 번의 실수로도 깡통계좌만 남게 된다.

2. 포지션사이징이 너무 크면 단 한 번의 실수로도 깡통계좌만 남게 된다.

3. (포지션사이징과 관계없이) 손실이 너무 커서 수익을 전부 날려버릴 때(small stop을 사용해 손실이 100R인 경우)

성공의 공통분모

사람들이 잘 모르는 사실이 있다. 어느 순간 네댓 명이 롱포지션을 취하면 다른 네댓 명은 숏포지션을 취하거나 포지션을 청산한다는 것이다. 이들은 모두 다른 시스템과 철학을 가지고 있다. 그러나 누구나 수익을 올릴 수 있다. 또한 시장에 대한 생각은 제각각이지만 각자 가진 생각이 저위험이라는 것을 확인했기에 그 생각을 트레이딩한다. 저위험이란 포지션사이징 수준에서 양의 기대가 있는 상태를 말한다. 여기서 포지션사이징 수준이란 단기적으로는 최악의 경우에도 살아남을 수 있고 장기 기대수익^{long-term expectancy}을 실현할 수 있는 수준이다. 덧붙여 이런 생각은 거기에 맞게 고안된 시장유형에서 매매될 때라야 저위험이라고 할 수 있다.

누구나 수익을 올릴 수 있다. 생각이 다르고 시스템이 다르고 설사 정반대의 포지션을 취하고 있다고 해도 말이다. 단 다음과 같은 열 가지 공통분모가 있는 시스템을 사용해야 한다.

1. 모두가 시스템 설계시 목표로 한 시장유형에서 검증되고 양의 기대 시스템을 보유하고 있을 때. 이제까지 논의한 바 있다.
2. 모두 자신과 그리고 자신의 신념에 맞는 시스템을 보유하고 있을 때. 자신에게 맞는 시스템이므로 그 시스템으로 수익을 올릴 것이라는 것을 이해하고 있을 때.

3. 자신이 어떤 개념을 가지고 매매하고 있는지 충분히 이해하며 이 개념이 저위험을 창출하는 방식을 숙지할 때.

4. 트레이딩에 진입할 때 잘못되어서 손절매해야 될 때가 언제인지 알고 있을 때. 앞서 살펴본 대로 이것이 1R이다.

5. 매매 1회당 위험보상 비율을 진단할 때. 온전히 시스템에 맡기는 기계적인 트레이더라면 위험보상 비율 측정은 시스템의 한 요소로 포함된다. 자유재량 트레이더는 트레이딩 전에 직접 위험보상 비율을 진단한다.

이 다섯 가지 요소가 어떻게 성공을 이끌어내는지 이제 감이 오는가? 하지만 지금까지 열거한 이 다섯 가지 만큼이나 중요한, 아니 경우에 따라서는 더 중요한 다섯 가지 요소가 있다. 다음 부분을 읽기 전에 앞부분을 다시 읽고 이 다섯 가지 요소가 무엇일지 한 번 생각해보라.

6. 트레이딩의 지침이 되는 사업 계획이 있어야 한다. 나는 오랫동안 사업계획이 얼마나 중요한지 역설해왔다. 기업에 이익을 내기 위한 계획이 있듯 트레이딩에는 트레이딩을 사업으로 운영할 수 있도록 도와주는 계획이 필요하다.

7. 모두 포지션사이징을 활용한다. 그리고 분명한 목표를 기록해두고 있다. 이 일은 대부분의 트레이더가 간과하는 일이다. 모두 목표달성을 하려면 포지션사이징이 핵심이라는 사실을

알고 있으며 목표달성을 위해 포지션사이징 알고리즘을 실행하고 있다. 이 문제는 차후 논의하겠다.

8. 실적은 개인의 심리에 따라 좌우된다는 사실을 이해하고 있으며 자기혁신에 많은 시간을 할애하고 있다. 나는 오랫동안 이 분야에 주력해왔다. 바로 트레이더들이 능률적으로 의사결정을 하도록 가르치는 것이다.

9. 전적으로 결과에 대해 책임진다. 다른 사람, 혹은 다른 어떤 것의 탓으로 돌리지 않는다. 결과에 대해 이러쿵저러쿵 변명을 늘어놓지 않지만 결과에 대해 죄책감을 느끼거나 수치심을 느끼지도 않는다. 그저 자신이 만든 결과이며 실수를 없애면 더 좋은 결과를 얻으리라 생각한다.

10. 시스템과 사업계획의 규칙을 따르지 않으면 일을 그르친다는 사실을 깨닫는다. 이것이 열 번째 열쇠다. 평균적인 실수를 범하면 손실이 4R에 이를 수도 있다는 것, 더욱이 아무리 수익성이 좋은 시스템이라도 한 달 한 번의 실수로도 재앙을 맞을 수 있다는 사실을 알고 있다. 따라서 능률성의 열쇠는 실수를 없애는 것이다.

"안 통하던걸!"

시장 조사를 하는데 가장 큰 걸림돌은 이런 태도다. "안 통하던걸, 뭐!" 나는 종종 고객들에게 조사 분야를 지정해주면서 지시한다. 그런데 몇 달 뒤에 보면 전혀 다른 분야를 연마하느라 비지땀을 흘리고 있다. 조사 분야를 지정해주었는데 어찌된 일이냐고 물어보면 으레 이렇게 말한다. "소용없던걸요."

이런 태도를 보이면 생산적인 분야에 관한 조사는 원천봉쇄된다. "……때문에 망했어"라고 말하는 편이 백번 낫다. 이런 반응은 왜 통하지 않았는지, 그리고 대안은 무엇인지 암시하기 때문이다.

'안 통하던걸'이라고 말하는 심리

이런 심리가 어떻게 매우 생산적인 연구 분야를 봉쇄하는지 몇 가지 예를 들어 설명하겠다.

한 번은 고객이 차익실현 청산 방식을 고안해냈는데 내가 보기에 아주 생산적인 청산 방식이었다. 처음에는 청산지점을 넓게 잡아서 시장이 힘차게 움직이는 동안은 청산의 폭이 계속 넓게 유지된다. 그러나 시장이 횡보로 돌아서거나 행보가 주춤하면 그 폭이 좁혀진다. 그 결과 큰 수익을 시장에 빼앗기는 일이 거의 없었다. 이만하면 괜찮지 않은가? 더구나 시장이 다시 움직이기 시작하면 항상 재진입 신호를 내는 시스템이었으므로 나 역시 탁월하다고 생각했다. 그런데 9개월 뒤 이 트레이더는 손실을 보기 시작했다. 청산이 잘 되고 있느냐고 묻자 그 트레이더는 폐기해버렸다고 대답했다. 이유를 묻자 이렇게 말했다. "포지션사이징을 더하니 통하지 않더군요." 왜 통하지 않았는지는 설명이 없었다. 이유를 설명하면 대안을 찾을 수도 있을 텐데 말이다. 그 트레이더는 그저 "안 통했어" 하고는 폐기해버렸다.

다른 고객과 함께 시스템을 개발할 때의 일이다. 우리는 고^{高} R-배수 트레이딩 시스템에 대해 논의했고 고객은 활용 가능한 셋업이 있다고 했다. 이 셋업은 수익이 리스크의 5배에 달할 때 신호를 낸다고 말했다. 게다가 40~50%의 승률을 가진 신호라고 했다. 나는 당분간은 이 신호만 받으라고 했다. 또한 그는 언제 신호를 내는지 정확하게 파악해서 나에게 이메일을 보내주겠다고 했다. 결과는? 단 한 번의 신호도 받지 못했다. 그는 이메일을 중단했고 신호가 통하지 않는다고 말했다. 나는 왜 신호가 통하지 않는지 보여주는 데이터를 보내달라고 요청했다. 그는 언젠가는 알아보겠지만 당분간은 귀찮게 하지 말라고 부탁했다. 그가 말했다. "내가 안 통한다고 얘기했잖아요."

다시 말하지만 탁월한 발상이 될 수도 있었는데 단 한 마디에 질식하고 만 것이다. "안 통해."

이 밖에도 수많은 사례가 있는데 모두 한 가지 중요한 사실을 입증한다. 즉 생각하기에 따라서 하나의 개념과 완전히 다른 관계를 맺을 수 있다는 것이다. 에디슨은 전구를 발명하기 전까지 1만 번의 실패를 거쳤다고 한다. 에디슨 역시 "틀렸어!"라고 말했을지 모르지만 에디슨은 거기서 멈추지 않았다. 에디슨은 왜 그 방식이 틀렸는지 판단하고 그 정보를 이용해 더 나은 발상을 얻어냈다.

언제 통하지 않는지 식별하라

어떤 시스템이나 개념이 있다면 그 시스템이나 개념이 통하지 않는 시점을 알아야 한다. 좋은 발상이라도 통하지 않으면 포기해야 한다. 어떤 시스템이나 개념이 통하지 않는다는 것은 원하는 수준의 실적을 창출하지 못한다는 것이다. 그렇다면 그 이유를 알아야 한다. 시스템이나 개념이 통하지 않는 이유를 안다면 어떤 수순을 밟아야 하는지 방향감각을 잡을 수 있다.

가령 MAE*를 보자. MAE는 손실이 나는 매매라도 손실폭이 일정 한도를 넘지 않는다는 개념이다. 이 개념을 토대로 손절매 수준을 제한하게 되면 수익이 늘어날 수 있다. 하지만 MAE를 도입하면 시스템이 복잡해지므로 이 개념을 트레이딩에 그대로 적용하면 곤란하다. 다음은 MAE가 통하지 않는 이유다. 첫째 손절매 수준을 여유 있게, 넓게 잡으면 훨씬 적은 손실을 입고 빠져나올 수 있는데 MAE에 청산하면 손실이 크다. 둘째 R-배수가 큰, 즉 수익이 큰 거래가 봉쇄되고 오히려 손실로 전환된다. 재진입이 허용되지 않으므로 수익이 큰 거래가 실현되지 않는다. 이 두 가지 이유 때문에 수익이 나는 트레이딩의 R-배수를 증가시키는 효과가 무산된다.

당신이 MAE 개념을 취하여 통하지 않았더라도 그 이유를 알았다면 된 것이다. '실패'를 발판삼아 리서치에 나설 수도 있다. 이를테면 R-배수가 큰 거래가 봉쇄될 경우 재진입 신호가 이 거래를 추적하는 일은 극히 드물다. 트레이딩 리서치를 해서 어떤 시스템이나 개념이 왜 통하지 않는지 살펴보면 언제나 이유를 알게 된다. 이처럼 이유를 알면 수익을 크게 늘릴 수 있다.

---

*Maximum adverse excursion; 매수가 대비 최대 역행폭, 매수가 대비 최대 순행폭은 MFE, Maximum favorable excursion이다. —옮긴이

트레이딩 현실을 점검하라

트레이딩 절차, 시스템 설계, 포지션사이징 이해 및 활용, 자산 중식 등 다양한 분야에서 성공 사례를 모델링하다 보니 놀라운 점이 발견되었다. 인간의 본성에는 오류를 범하도록 DNA가 각인되어 있는 것 같다. 인간은 마치 얼마나 다양한 방식으로 인생을 망칠 수 있는지 알아보려고 지구에 태어난 존재 같다. 손실이 났을 때 어떻게 반응하는가? 모의 트레이딩을 해보았는가? 자기혁신을 하고 모든 것

당신의 트레이딩 현실을 점검해보라

이 내 책임이라고 인정했는가? 트레이딩을 어떻게 하겠다고 결심했는가?

간단한 예를 들어보자. 지금까지 이 책을 읽으면서 트레이딩을 향상시키기 위한 여러 가지 아이디어를 얻었을 것이다. 그렇다면 훌륭한 사업계획을 짜고 지금까지 얻은 아이디어를 실행하는데 한 달(혹은 여섯 달)을 보내면 안 되는 이유라도 있는가? 물론 핑계거리가 있을 것이다. 당신의 앞길을 가로막는 핑계는 무엇인가?

이 일에 당장 착수하고 싶은 마음이 들지 않는다면 시간을 내서 숙제를 해보아야 한다. 바로 자멸하고 마는 패턴과 핑계거리가 무엇인지 알아내는 것이다. 자리에 앉아서 '트레이딩과 나 자신에 의미 있는 변화를 도출하지 못할 경우에 나 자신에게 들려줄 이야기'라는 주제로 몇 문단을 적어보라. 스스로에게 정직하라. 당신이 항상 늘어놓는 변명들은 무엇인가?

아마 이런 변명도 할 것이다. "너무 사정이 절박했어. 돈이 다 떨어져가니 당장 뭐라도 해야 했지. 다시 연구를 하고 싶진 않았어. 당장 돈을 벌어야 했으니까. 당연히 사업계획을 제대로 손질할 시간이 없었어. 그냥 시장에서 매매했지."

또한 행동양식, 실패 혹은 어떤 일을 하지 않은 것에 대한 합리화, 내 상태에 대한 합리화 등등 변명을 늘어놓을 것이다. 자, 어떤 변명인가? 이런 식으로 합리화할 수도 있을 것이다. "타프 박사의 『슈퍼 트레이더Super Trader』라는 책을 읽었지만 …… 때문에 트레이딩에 의미 있는 변화를 만들지 못했어." 아니면 더 상황이 나쁠 수도 있다. "트레이딩을 향상시키려고 책을 20권이나 샀지만 전혀 읽지 못했어. …… 때문에."

계획조차 세우지 않거나 무엇을 해야 하는지 결정하지도 않는 식으로 자기 태업을 하면서 빠져나갈 수도 있다. 하지만 이 훈련에 필요한 건 딱 30분이다. 잠시 일손을 놓고 자신에게 정직해져보라. 스스로 알고 있을 것이다. 앞으로 전진하는 게 싫어서 스스로를 속이리라는 것을. 이 훈련을 통해 어떻게 스스로를 속이는지 정확히 검증해보라. 정직하게 있는 그대로를 말할 수 있는가? 아니면 변명을 늘어놓으며 실패하는 게 더 중요한가?

당장 30~60분 정도 시간을 내서 당신의 변명을 적어보라.

무엇을 적었는가? 스스로를 정직하게 평가했다면 자신의 한계를 합리화했을 것이다. 아마도 적어놓은 변명에는 행동을 결정하는 중요한 사고와 신념들이 포함되어 있을 것이다. 정직하면 할수록 이 훈련은 보람이 있을 것이다.

확신을 가지려면 무엇이 필요한가

고객에게 받은 이메일을 한 통 소개하겠다.

반 타프 박사님께,

트레이딩을 하면서 '자신감'을 갖는다는 건 사실 너무나 어려운 문제입니다. 자신감이 넘치지 않으면 큰돈을 벌지 못하고 성공할 수도 없습니다. 그런데 자신감이 가장 넘칠 때, 아무런 두려움이 없는 바로 그때 가장 큰 손실을 맛봅니다. '큰돈을 걸' 정도로 자신감을 유지하면서 두려움도 적당히 유지할 방법이 없을까요?

먼저 자신을 알아야 한다. 이건 결코 사소한 문제가 아니다. 사람들은 대개 자신의 내면을 들여다보기를 두려워한다. 왜냐하면 그 안에서 무엇을 발견하게 될지 두렵기 때문이다. 사람들은 이렇게 말한다. "내가 누군지 이미 알고 있어." 하지만 무한한 가능성이 있는데도 불구하고 어떻게 자신의 손발을 묶어놓고 있는지 알아보기가 두려워서 가능성을 끌어내지 못해서는 안 된다.

스스로를 알면 자신에게 편안하게 맞는 목표를 설정할 수 있고 자신에게 맞는 트레이딩 시스템을 만들 수 있다. 시스템을 통해 트레이딩할 때 자신감을 갖기 위해 필요한 부분이다.

다음은 당신 자신에게 필요한 시스템을 보유하기 위해 반드시 필요한 질문들이다.

- 시장의 큰 그림에 대한 당신의 신념을 적어두었는가? 트레이딩 시스템이 이 큰 그림에 적합한가?
- 시장에 관한 당신의 신념(어떤 것이 통하고 어떤 것이 통하지 않는지)을 적어두었는가? 트레이딩 시스템이 신념과 일치하는가?
- 트레이딩 시스템의 각 부분에 대한 신념을 적어두었는가? 트레이딩 시스템이 당신의 신념에 부합하는가?
- 목표가 분명한가? 목표를 달성하기 위해 고안된 포지션사이징 알고리즘을 가지고 있는가?

당신이 이 모든 단계를 수행하면
트레이딩에 자신감이 넘칠 것이다.

- 시스템이 어떤 시장유형에 적중하며 어떤 시기에 시스템이 실패하는지 알고 있는가?

트레이딩 시스템이 이 모든 기준들을 충족한다면 자신감을 갖고 트레이딩을 할 수 있을 것이다. 만약 아니라면 다음의 질문들에도 대답해야 한다.

- 트레이딩 시스템에 확신을 가지려면 어떤 기준이 필요한가?
- 여섯 가지 시장유형(이후 상세히 설명하겠다) 안에서 당신의 시스템이 어떤 실적을 낼지 이해하고 있는가? 여기서 실적이란 단순히 평균 실적이 아니라 통계학적 예외(즉 중간값에서 2배가 되는 표준편차)가 되는 실적이다. 이에 만족하는가? 당신의 시스템이 평균을 훨씬 웃도는 실적을 올리고 있다면 평균을 밑도는 실적도 뒤따른다는 사실을 알고 이해하고 있는가?
- 최악의 경우에 대비한 계획을 갖고 있는가? 재앙에 휩쓸려 빈털터리가 되지 않는 방법을 알고 있는가? 자신감을 가지려면 이러한 요소도 충족해야 한다. 이런 요소가 충족되지 않는다면 매매하지 말아야 한다.
- 마지막으로 일탈을 방지할 수 있는 매일의 일과를 갖고 있는가? 일과는 (1) 일탈을 방지하고 더 중요하게는 (2) 실수를 방지하거나 적어도 실수를 반복하는 일을 방지한다. 이러한 과정들 중 하나는 이 책의 마지막 장에서 설명하겠다.

트레이딩은 사업이다. 사업이 실패하는 원인은 대개 계획이 없기 때문이다. 취미 생활하듯 트레이딩하지 말고 사업으로 생각하라. 앞서 설명한 것들을 실천하지 않는다면 연승한 뒤 의기양양하다가 참담한 실패를 맛보게 될 것이다. 앞서 설명한 것들을 실천한다면 당신에게 맞는 큰 그림을 이해하게 되어 꾸준히 실적이 향상될 것이다.

대형 증권회사들은 이런 요소들 중 많은 것을 간과하고 있다. 이들의 실적은 대개 형편없으며 결국 실패하고 만다. 내가 회사나 개인을 상대로 하여 이런 요소를 포함시키도록 가르치자 그들의 실적은 훨씬 향상되었다. 당신은 어떤가?

Part 4

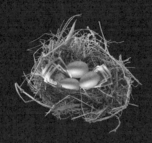

제4부

포지션사이징 전략 개발:

Understanding
the Importance of
Position Sizing

Super Trader
Make Consistent Profits In
Good and Bad Markets

시스템의 품질과 포지션사이징

포지션사이징의 목적은 무엇인가? 포지션사이징은 목표달성을 위해 활용하는 시스템의 일부다. 세계 최고의 시스템(95% 승률에 평균 수익이 평균 손실의 2배)을 보유하고 있다고 하자. 하지만 손실이 나는 트레이딩에 100%를 건다면 제 아무리 세계 최고의 시스템이라도 파산할 수 있다. 이것이 바로 포지션사이징 문제다.

시스템의 목적은 포지션사이징을 통해 수월하게 목표를 달성하도록 돕는 것이다. 시스템이 산출하는 기대수익과 R-배수 분산의 비율을 살펴보면 포지션사이징을 활용해 목표를 이루는 것이 어느 정도 쉬운지 판단할 수 있다. 표 4-1에 대략적인 가이드라인이 제시되어 있다.

시스템이 별 볼일 없어도 목표달성에 성공할 수 있다. 하지만 시스템이 별 볼일 없으면 일이 힘들어진다. 물론 '마법의 잔' 같은 시스템을 보유한다면 극단적인 목표도 수월하게 달성할 수 있다.

기대수익과 R 표준편차의 비율(표 4-1 참고)이 0.75지만 1년에 한 번만 거래 신호를 내는 시스템이라면, 즉 기회를 충분히 주지 않는다면 '마법의 잔' 시스템이 될 수 없다. 반면 승률은 0.5지만 한 달에 20번의 거래 신호를 내는 시스템은 돈을 벌 수 있는 기회를 더 많이 제공하므로 '마법의 잔' 시스템이다.

표 4-1 시스템의 품질

기대수익과 R 표준편차의 비율	시스템의 품질
0.16-0.19	별 볼일 없지만 거래 가능
0.20-0.24	보통
0.25-0.29	좋음
0.30-0.50	훌륭함
0.50-0.69	아주 훌륭함
0.70(이상)	마법의 잔

나는 트레이딩 횟수를 고려한 시스템 검증 방식인 SQN^{System} $^{Quality\ Number}$이라는 특허기법을 개발했다. 우리는 트레이딩 횟수를 고려한 SQN을 고찰하면서 다음과 같은 몇 가지 중요한 사실을 알게 되었다.

- R 평균과 R 표준편차의 비율이 0.7 만큼 높은 시스템을 고안하는 건 아주 어렵다 예를 들어 비율 0.4의 시스템을 취해 30R 수익 1회를 추가하면 R의 표준편차가 평균보다 더 상승하므로 비율은 낮아진다. '마법의 잔'이 되려면 R-배수가 큰 수익 거래가 다수 있고 수익액과 손실액의 편차가 적어야 한다.

- 시스템을 특정 시장유형에 한정하면 '마법의 잔' 시스템을 고안하는 게 그다지 어렵지는 않다 그러나 명심하라. 특정 시장유형(이를테면 변동성이 작은 강세장)에만 해당되는 '마법의 잔'임을.

- 다양한 시장유형에서 시스템이 어떻게 작동하는지 이해해야 하며, 시스템을 고안할 때 목표로 한 시장유형에서만 시스템을 활용해야 한다 앞서 설명했듯이 시스템을 고안할 때 이 점을 반

드시 유념해야 한다. 시스템을 고안할 때 대개 모든 시장조건에 맞는 시스템을 찾으려고 하는데 이것이 실수다. 그건 미친 짓이다. 대신 각 시장유형에 맞는 시스템으로 '마법의 잔' 수준에 근접한 다양한 시스템을 개발해야 한다.

외환거래를 하는 한 트레이더로부터 2008년 7월 28일부터 10월 12일까지 거래 현황을 적은 보고서를 받았다. 그 기간에는 대부분이 큰 손실을 보고 있었다. 고객의 계산에 따르면 시스템의 기대수익과 표준편차의 비율은 1.5로, '마법의 잔' 시스템의 두 배에 이르렀다. 얼마나 탁월한 시스템인지 확인하자 고객은 포지션사이징을 '마법의 잔' 시스템에만 적용될 수 있는 수준으로 맞추었다.

조용한 황소시장(강세장)

표 4-2 '마법의 잔' 시스템의 결과들(미감사)

일수(역일-자정에서 다음 자정까지의 24시간)	107(15.3주)
최초 계좌 잔고	13,688.14달러
마지막 계좌 잔고	2,234,472.78달러
총이익 수준	계좌 잔고 중 리스크 금액의 30% 이하(평균)
레버리지/손실 규모	100:1/표준 거래단위(10만 달러)
총매매횟수	103(1,305 표준 거래단위)
수익이 발생한 총매매횟수	91(1,090 표준 거래단위)
손실이 발생한 총매매횟수	12(215 표준 거래단위)
1주일당 종결된 평균 매매횟수	6.7(거래일 당 0.96)
총수익	2,232,875.93달러
총손실	12,091.29달러
순수익	2,220,784.64달러 (130,500,000달러에 대하여 1.70% 수익(통화 규제))
수익이 발생한 매매	88.3%(목표 40%)
손실이 발생한 매매	11.7%
수익이 발생한 매매의 평균 규모	12.0 표준 거래단위
손실이 발생한 매매의 평균 규모	17.9 표준 거래단위
수익이 발생한 매매의 평균 금액	$24,527.10/매매 $2,048.51/거래단위
손실이 발생한 매매의 평균 금액	$1,007.61/매매 $56.24/거래단위
평균 매매 시간(역일)-종결된 각 매매 안의 포지션들의 가중 평균과 각 매매 가중평균의 평균	
수익이 발생한 날	3.66일
손실이 발생한 날	9.89일
승률(Profit Factor)	184.7(목표: >3.0)
위험보상비율(매매 기준)	24.4(목표: >2.0)
연간으로 환산한 ROI	55,344.1%
최대 연속 수익일	32일
최대 연속 손실일	2일
기대수익/표준편차 비율	1.53

표 4-2는 고객이 내게 보내준 결과들이다.

전에도 연수익 1,000%를 올리는 사람을 본 적이 있지만 이런 건 처음이었다. 하지만 고객이 보내준 자료처럼 R의 기대수익과 R 표준편차의 비율이 1.53이 되는 시스템이라면 가능하다고 믿는다. 하지만 고객이 이런 수익을 올릴 수 있었던 것은 시스템에 적합한 포지선사이징을 활용했기 때문이다. 1회 거래당 막대한 위험에 노출되어 있어 트레이더 대부분이 파산하기 십상이다.

다시 말하지만 고객이 보낸 정보가 정확한지 확인할 길은 없다. 나의 일은 트레이더들을 가르치는 것이다. 이 이메일은 고객이 나의 조언에 대해 보낸 감사의 메모였다.

포지션사이징은 생각보다 훨씬 중요하다 🎧

좋은 기업을 찾아내 오랫동안 주식을 보유하는 것이 대박 투자의 비결이라고들 생각한다. 물론 이것은 워렌 버핏의 투자원칙이기도 하다. 뮤추얼펀드 전략은 좋은 투자처를 찾아서 매수한 다음 보유하는 것이며 목표는 시장 지수를 웃도는 수익이다. 시장이 40% 하락할 때 39% 하락하면 성공한 것이다.

학계를 둘러보면 투자자들의 최대 관심사는 자산 배분*이다. 게리 브린슨**과 동료들은 1991년 〈Financial Analysis Journal〉에 발표한 연구논문에서 10년 동안 82명의 포트폴리오 매니저들의 실적을 분석한 결과, 실적 편차의 91%가 자산 배분에 의해 결정되었다고 밝혔다. 논문 발표자들의 표현에 따르면 자산 배분이란 펀드매니저들이 '주식, 채권, 그리고 현금을 어느 정도 보유하고 있는가'를 나타낸다. 진입도, 어떤 종목을 보유하느냐도 아니다. 그들이 말하는 자산 배분이란 '얼마나' 라는 말로 정의되는 신비한 변수였다.

나는 최근 자산 배분에 관한 데이비드 다스트***의 책을 읽었다. 뒷 표지에는 CNBC 짐 크레이머Jim Cramer의 말이 인용되어 있다.

---

*asset allocation; 자산의 안전과 고수익을 위해 최적의 자산에 배분 투자하는 포트폴리오 전략 −옮긴이
**Gary P. Brinson; 자산 배분 전문가이자 전설적인 펀드매니저로 Brinson Partners를 창립했다. −옮긴이
***David Darst; 모건 스탠리 글로벌 웰스 경영그룹의 수석 투자전략가 −옮긴이

"데이비드 다스트는 쉬운 영어로 자산 배분을 이해할 수 있도록 해준다. 자산 배분은 성공 투자에서 가장 중요한 요소다." 이쯤 되니 책에는 포지션사이징에 관한 설명이 많을 것 같지 않은가?

책을 보면서 이런 의문이 들었다.

- 다스트는 자산 배분이 포지션사이징라고 생각했을까?
- 자산 배분이 왜 그렇게 중요한지 설명할까? (자산 배분에 대해 이해하고 있을까?)
- 책에서 포지션사이징을 언급이나 할까? (어느 정도나 언급할까?)

책에는 자산 배분에 대한 정의도 없었고 '얼마나 많이'라는 문제, 자산 배분이 중요한 이유에 대한 설명도 없었다. 포지션사이징, '얼마나 많이', 자금관리 같은 주제는 언급조차 없었다. 그 책에는 투자할 수 있는 다양한 자산에 대한 논의, 각 자산의 잠재수익과 리스크, 그리고 잠재수익과 리스크를 변동시킬 수 있는 변수들에 대한 설명뿐이었다. 최고 수준의 프로들이 성공 투자에서 가장 중요한 요소인 포지션사이징을 이해하지 못한다는 방증이었다. 비단 이 책만을 꼬집어서 말하는 건 아니다. 자산 배분 문제라면 내가 읽어본 책들 모두 마찬가지였다.

현재 전 세계의 은퇴연금 대부분이 뮤추얼펀드에 묶여 있다. 2000~2002년, 2008년부터 지금까지와 같은 무시무시한 급락장에서도 뮤추얼펀드는 95~100%를 투자해야 한다. 펀드매니저들은 성공 비결이 자산 배분이라고 생각하지만 진짜 비결은 '얼마나 많이'라는 사실을 이해하지 못하고 있다. 사정이 이렇기 때문에 나는 장기 약세장이 끝날 무렵, 즉 S&P500의 PER가 한 자릿수로 들어갈 무렵이면 뮤추얼펀드 대부분이 사라지리라 예상한다.

수조 달러의 외환을 정기적으로 거래하는 은행들도 리스크에 대한 개념이 전혀 없다. 은행 트레이더들은 자신들이 어느 정도의 자금을 거래하는지 알 수 없기 때문에 포지션사이징을 실행할 수 없다. 이들은 해고당하기 전까지는 얼마나 손실을 볼지도 알지 못한다. 시장 조성자들이 외환 투자로 돈을 벌듯이 은행도 돈을 번다. 또한 은행은 트레이더들이 외환시장에서 거래하도록 승인하고 외환시장에서 거래하기를 기대하기 때문에 손실을 본다. 지난 10년 동안 악덕 중개업자(일명 로그 트레이더, rogue trader) 때문에 은행들은 10억 달러의 손실을 입었다. 트레이더들이 각자 자기 계좌로 거래한다면 악덕 중개업자는 존재할 수 없으리라.

앨런 그린스펀은 "연방준비제도위원회 의장 재임시 저지른 최대의 실수는 대형 은행들이 리스크를 스스로 감시감독하리라고 오판한 것이었다"라고 말했다. 나는 그린스펀의 말을 듣고 놀랐다. 대형 은행들은 리스크와 포지션사이징을 이해하지 못했어도 정부로부터 엄청난 구제금융을 받았다.

이제 당신은 내가 포지션사이징의 중요성을 어떻게 확신하게 되었는지 궁금할 것이다. 단순한 트레이딩 시스템 하나를 제시하겠다. 트레이딩의 20%가 10R의 수익을 올렸고 나머지 트레이딩은 손실이 발생했다. 손실이 발생한 트레이딩 중에 70%는 1R 손실, 나머지 10%는 5R 손실이다. 좋은 시스템인가? 승률이 높은 시스템을 바란다면 승률이 고작 20%이므로 좋은 시스템이 아니다. 그러나 시스템의 평균 R을 살펴보면 0.8R이다. 그렇다면 트레이딩 횟수가 쌓이면 트레이딩당 평균 0.8R의 수익을 얻게 된다. 따라서 기대수익의 관점에서 보면 승산이 있는 시스템이다. 분산은 기대수익 0.8R의 R-배수 시스템을 보여준다. 여기서 말하는 분산은 기대수익 0.8R인 트레이딩 시스템의 R-배수 분산이라는 점을 명심하라.

한 해 동안 이 시스템으로 80회의 거래를 했다고 하자. 연말이면 평균 64R의 수익을 올리게 되는데 이 정도면 탁월한 실적이다. R을 자산의 1%로 설정했다면(이것이 한 가지 포지션사이징 방식이다) 연말에 64%의 수익을 올리는 것이다. 앞서 설명했듯이 나는 종종 워크숍에서 마블 게임을 이용해 R-배수 분산을 가르친다. R-배수 분산을 표시한 마블을 주머니에 넣어두고 한 번에 마블 하나를 꺼낸 다음 다시 주머니에 넣는다. 워크숍 참가자들에게 10만 달러를 주고 30회의 동일한 거래 후 표 4-3의 결과를 얻었다고 하자.

맨 아랫줄은 10회 거래의 R-배수 분산의 총계다. 첫 번째 10회 트레이딩 후 R-배수 분산의 총계는 +8R이며 이후 연달아 12번 손실을 입으면서 두 번째 10회 트레이딩 후 -14R이 된다. 마지막 10회에는 4차례의 수익으로 30R의 실적을 올린다. 30회 거래 실적은 24R이다. 24R을 30으로 나누면 표본 기댓값은 0.8R이다.

표본의 기댓값이 마블 주머니의 기댓값과 일치한다. 확률은 낮

표 4-3 30회 게임 동안의 R-배수

1	−1R	11	−5R	21	−1R
2	−1R	12	−1R	22	−1R
3	−1R	13	−1R	23	+10R
4	−5R	14	−1R	24	−1R
5	−1R	15	−1R	25	+10R
6	+10R	16	−1R	26	−1R
7	−1R	17	−1R	27	−1R
8	−1R	18	−1R	28	−5R
9	−1R	19	−1R	29	+10R
10	+10R	20	−1R	30	+10R
총	**+8R**	**총**	**−14R**	**총**	**+30R**

지만 표본과 모집단의 기댓값이 일치하기도 한다. 그림 4-1에서 보듯 표본의 절반이 기댓값을 웃돌고 나머지 절반은 기댓값을 밑돈다. 그림 4-1은 표본 R-배수 분산을 마블로 넣은 다음 30회 거래를 무작위로 뽑은 것을 (뽑은 다음 다시 주머니에 넣음) 1만 회 실시한 표본이다. 평균 기대수익과 중간 기대수익은 모두 0.8R이다.

이 게임을 하면서 내가 할 일이란 각 거래에서 어느 정도의 리스

그림 4-1 30회 무작위 거래를 1만 회 실시한 표본

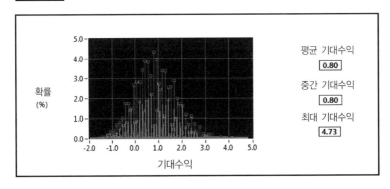

크를 감수할 것인가, 즉 포지션사이징을 어떻게 설정할 것인가 뿐이라고 하자. 어느 정도의 수익을 얻을 것 같은가? 혹은 어느 정도의 손실을 볼 것 같은가? 이런 게임에서는 대개 수강생의 3분의 1이 파산한다(즉 처음 5번의 손실을 견디지 못하고 파산하거나 12번 연속 손실을 견디지 못하고 파산한다). 3분의 1은 손실을 보고 3분의 1은 큰돈을 버는데 가끔 100만 달러가 넘는 수익을 올리기도 한다. 수강생이 100명이면 33명 정도는 깡통계좌만 남고 나머지 67명의 잔고는 제각각이다.

이 사실은 포지션사이징의 위력을 보여준다. 수강생들은 모두 동일한 거래, 즉 표 4-3과 같은 거래를 했다. 따라서 유일한 변수는 리스크의 규모(즉 포지션사이징)다. 이 한 가지 변수 때문에 깡통계좌에서 백만 달러가 넘는 계좌까지 천차만별의 결과가 도출된다. 포지션사이징은 이만큼 중요하다.

나는 이 게임을 수백 번 해보았는데 매번 비슷한 결과가 나왔다. 대개 파산하는 경우를 제외하면 게임이 끝나면 수강생들의 잔고는 천차만별이다. 모두 동일한 거래를 하는데도 말이다. 은퇴연금을 관리하는 펀드매니저 82명의 실적이 다른 이유는 91%가 포지션사이징 때문이라는 연구 결과를 상기하라. 워크숍에서 실시한 마블 게임도 마찬가지다. 모두 동일한 거래를 하고 심리를 제외한 변수는 거래당 리스크뿐이었지만 결과는 천차만별이었다.

학계나 주류 금융계에서 이 학설을 수용하면 금융계는 영원히 바뀔 것이다. 이 정도로 중요하다.

포지션사이징의 3요소

포지션사이징에 따른 실적 편차에는 그림 4-2에서 보여지는 것처럼 세 가지 요소가 있다. 이 세 가지 요소는 서로 긴밀하게 연관되어 있어서 따로 분리해내기 어렵다.

첫 번째 요소는 트레이더의 목표다. '파산은 절대 당하지 말아야지'라고 마음먹는 사람과 어떤 대가를 치르더라도 반드시 이기고야 말겠다고 생각하는 사람은 결과가 크게 다를 수밖에 없다. 수강생을 세 집단으로 나누고 마블 게임을 해본 결과 세 집단 모두 목표가 달랐고 목표달성을 위한 '보상 체계'도 달랐다. 물론 같은 집단 내에서도 잔고에 상당한 차이가 있었지만 서로 목표가 다른 집단 사이에는 통계학적으로 의미 있는 차이가 발생했다.

그림 4-2 **포지션사이징의 3요소**

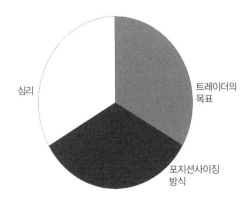

두 번째 요소는 첫 번째 요소에 상당한 영향을 미치는 것으로 바로 개인심리다. 어떤 신념이 작동하여 그 개인의 현실을 구성하고 있는가? 어떤 감정이 불거지는가?

개인의 심리상태는 어떠한가? 파산만은 당하지 않겠다고 마음먹은 사람이 있다고 하자. 이 사람이 속한 집단은 파산에 대한 인센티브를 주어도 파산하지 않을 것이다. 한편, 목표도 없고 포지션사이징 지침도 없는 사람은 전적으로 감정에 휘둘리는 포지션사이징을 실행하게 된다.

세 번째 요소는 포지션사이징 방식이다. 포지션사이징 방식은 직관에 따를 수도 있고, 특별한 알고리즘을 따를 수도 있다. 각 모델마다 에쿼티 산출 방식 등 다양한 변수가 있다. 이 문제는 차후 다시 논의하겠다.

CPR 모델 포지션사이징

'얼마나 많이?'를 결정하는 아주 단순한 방법이 있다. 매 거래마다 잔고의 일정 비율만큼을 리스크로 설정하는 것이다. 이 책을 통해 계속 '얼마나'를 결정하는 일이 중요하다는 점을 시사한 바 있지만 정확히 어떻게 결정해야 할까?

- **잔고에서 어느 정도의 자본을 리스크할 것인가?** 이것이 총 리스크인데 이를 줄여 현금 C^{Cash}라고 부르기로 하자. CPR에서 C를 가리킨다. 이를테면 리스크가 자본의 1%라면 C는 자본의 1%가 된다. 계좌에 5만 달러가 있다면 C는 잔고의 1%, 즉 500 달러가 된다.

트레이더를 위한 CPR 포지션사이징

- **몇 단위를 살 것인가?** 즉 포지션사이징을 말한다. 이 변수를 포지션사이징의 첫 글자를 따서 P라고 하겠다.
- **매수 단위당 얼마를 리스크할 것인가?** 이 변수를 리스크의 첫 글자를 따서 R이라고 부르자. 앞서 기대수익을 설명하면서 R에 관해 설명했다. 이를테면 50달러짜리 주식을 매수하고 주당 리스크를 5달러로 설정하면 리스크 R은 주당 5달러가 된다.

매수량을 결정하려면 기본적으로 다음 공식을 활용하라.

$$P = C/R$$

몇 가지 예를 살펴보면 이 공식이 얼마나 쉬운지 알 수 있다.

예 1) 주당 5달러의 리스크로 50달러짜리 주식을 매수하려고 한다. 총자산 3만 달러에 대한 리스크는 2%로 설정하려고 한다. 몇 주를 매수해야 할까?

답 1) R = $5/share

C = $30,000의 2%, 즉 $600

P = 600/5 = 120주

따라서 50달러짜리 주식을 120주 매수한다. 매수 금액은 6,000달러지만 총 리스크는 매수금의 10%(5달러 스탑을 유지한다고 가정하면), 즉 600달러밖에 되지 않는다.

예 2) 30달러짜리 주식을 데이 트레이딩하면서 30센트 스탑으로 포지션에 진입한다. 리스크는 총자산 4만 달러의 0.5%로 설정하려고 한다.

몇 주를 매수해야 하는가?

답 2) R = 30센트/share

C = 0.005×\$40,000, 즉 \$200

P = 200/0.3 = 666.67주

따라서 주당 30달러 주식 666주를 매수해야 한다. 총 투자금은 19,980달러, 즉 총 자산가치의 2분의 1에 가깝다. 하지만 총 리스크는 주당 30센트, 즉 199.80달러(30센트 스탑을 유지한다고 가정하면)밖에 되지 않는다.

예 3) 20센트 스탑으로 콩을 거래하고 있다. 이 거래에서 리스크를 500달러로 설정하고자 한다. 이 경우 적절한 포지션사이징은? 콩 1계약은 5,000부셸이며 콩 거래가격은 6.50달러다. 포지션사이징을 얼마로 설정해야 하는가?

답 3) R = 20센트×1계약 당 5,000부셸 = \$1,000

C = \$500

P = \$500/\$1,000, 즉 0.5주

절반계약을 매수할 수는 없다. 따라서 포지션을 취할 수 없다. 어려운 문제지만 과도한 리스크를 감수하지 않으려면 반드시 알아야 한다.

예 4) 달러–스위스 프랑 외환거래를 하고 있다. 스위스 프랑은 1.4627, 스탑을 1.4549에 설정하고자 한다. 즉 매수주문가 ^bid가 이 수준에 도달하면 시장에 주문을 내게 되어 스탑에 걸려 청산된다. 계좌에 20만 달러가 있고 리스크는 2%로 설정하려고 한다. 매수 가능한 계약수는?

답 4) R 가치는 0.0078이다. 그러나 통상 외환은 10만 달러 단위로 거래되므로 스탑은 780달러. C는 20만 달러의 2%, 즉 4,000달러다. 따라서 포지션사이징은 $4,000÷$780, 즉 5.128계약이다. 반올림해서 5계약을 매수하면 된다.

시스템을 확실히 익히기 전까지는 리스크를 자본의 1%로 설정하라. 즉, 1R을 자본의 1%에 해당하는 포지션사이징으로 설정하라. 자본이 10만 달러라면 1회 거래당 리스크는 1,000달러가 된다. 첫 번째 거래의 주당 리스크가 5달러라면 200주를 매수한다. 두 번째 주당 리스크가 25달러라면 40주만 매수한다. 따라서 각 포지션의 총 리스크는 자본의 1%가 된다.

이런 방식으로 연속으로 거래한 예를 보자. 첫 번째 거래에서 자본 10만 달러이므로 리스크는 1,000달러다. 표 4-4에서 보듯 손실이 났으므로 다음 거래는 잔고의 1%, 즉 990달러가 된다. 두 번째 거래에서도 손실이 나서 리스크는 잔고의 1%인 980이 된다. 이렇게 늘 잔고의 1%를 리스크로 잡는다. 이러한 방식으로 표 4-3의 표본 거래한 모습이 바로 표 4-4이다.

이 표본 거래에서 게임의 결과는 총 24R이었다. 즉 게임 후 24%의 수익을 달성했다. 이번 결과는 22.99%이므로 표본에 육박하는 수익이다. 잔고가 가장 높을 때를 굵은 글씨로 표시했고 잔고가 가장 낮을 때를 이탤릭체로 표시했다.

초반에 손실이 났기 때문에 살아남을 수 있었다. 연속 손실 후 잔고는 약 9만 1,130.99달러로 줄었지만 여전히 게임에서 퇴출되지는 않는다. 게임 후에는 약 23%의 수익을 거머쥔다. 거래당 리스크

표 4-4 리스크를 1%로 설정했을 때 게임의 결과

자본	거래	1% 리스크	R-배수	잔고
100,000	1	1000	−1	99,000
99,000	2	990	−1	98,010
98,010	3	980.1	−1	97,029.9
97,029.9	4	970.299	−5	92,178.41
92,178.41	5	921.7841	−1	*91,256.62*
91,256.62	6	912.5662	10	**100,382.3**
100,382.3	7	1003.823	−1	99,378.46
99,378.46	8	993.7846	−1	98,384.68
98,384.68	9	983.8468	−1	*97,400.83*
97,400.83	10	974.01	10	**107,140.9**
107,140.9	11	1071.41	−5	101,783.9
101,783.9	12	1017.84	−1	100,766
100,766	13	1007.66	−1	99,758.37
99,758.37	14	997.58	−1	98,760.78
98,760.78	15	987.61	−1	97,773.18
97,773.18	16	977.73	−1	96,795.45
96,795.45	17	967.95	−1	95,827.49
95,827.49	18	958.27	−1	94,869.22
94,869.22	19	948.69	−1	93,920.52
93,920.52	20	939.21	−1	92,981.32
92,981.32	21	929.81	−1	92,051.51
92,051.51	22	920.52	−1	*91,130.99*
91,130.99	23	911.31	10	100,244.1
100,244.1	24	1002.44	−1	99,241.65
99,241.65	25	992.42	10	**109,165.8**
109,165.8	26	1091.66	−1	108,074.2
108,074.2	27	1080.74	−1	106,993.4
106,993.4	28	1069.93	−5	*101,643.7*
101,643.7	29	1016.44	10	**111,808.1**
111,808.1	30	1118.08	10	**122,988.9**

는 1%였고 게임의 결과는 24R이었지만 실제로 잔고가 24% 늘어나는 건 아니다. 매 거래시 리스크를 초기 자본의 1%로 했을 때, 즉 포지션사이징 알고리즘을 달리했을 때만 이런 수익을 올릴 수 있다.

누군가 6회 거래에서 엄청난 리스크를 감수했다면 이 사람이 우승자가 되었을 것이므로 전략으로 게임의 승자가 될 수 없을지도 모른다. 그러나 중요한 것은 살아남는 것, 그리고 손실이 크지 않아야 한다는 점이다.

에쿼티 모델의 유형

이 책에서 배우게 될 모델은 모두 계좌의 에쿼티와 관련된 것이다. 모델들은 자본을 결정하는 세 가지 방식을 도입하면 별안간 아주 복잡해진다. 각 방식에 따라 시장에서 어느 정도 위험에 노출되는지, 수익은 어느 정도인지가 달라진다. 세 가지 방식으로는 코어 에쿼티 방식, 토털 에쿼티 방식, 리듀스드 토털 에쿼티 방식이 있다.

코어 에쿼티 방식

코어 에쿼티core equity 방식은 간단하다. 새로운 포지션에 진입하

에쿼티를 계산하는 방법은 많다

면 포지션사이징 방식에 따라 포지션에 어느 정도 자본을 배분할지만 결정하면 된다. 따라서 오픈 포지션이 4개라면 자본금에 각 오픈 포지션에 할당된 만큼의 자본을 차감한 만큼 코어 에쿼티가 된다.

5만 달러의 자본으로 시작해서 거래당 10%를 할당한다고 하자. 5만 달러 포지션사이징 분배에 따라 포지션을 오픈했다. 포지션사이징 분배 방식은 후에 다시 설명하겠다. 이제 코어 에쿼티는 4만 5,000달러가 되었다. 다음에는 4,500달러 포지션사이징 분배로 포지션을 오픈하게 된다. 따라서 코어 에쿼티는 4만 500달러가 된다. 세 번째 포지션에는 4,050달러가 할당되면 코어 에쿼티는 3만 6,450달러가 된다. 따라서 3개의 오픈 포지션과 3만 6,450달러의 코어 에쿼티가 남는다. 다시 말하면 코어 에쿼티 방식이란 포지션 하나의 최초 배분액을 차감한 다음 포지션을 청산할 때 조정하는 것이다. 새로운 포지션은 항상 현재의 코어 에쿼티에 따라 할당된다.

나는 '시장의 돈'을 활용하는 한 트레이더로부터 코어 에쿼티라는 용어를 처음 접했다. 이 트레이더는 처음에는 자기 자본에서 최소한도의 리스크를 감수하지만 수익이 나면 수익을 '시장의 돈'이라고 부르면서 그 수익에 대해 리스크를 훨씬 더 큰 비율로 설정했다. 그는 포지션사이징에서 항상 코어 에쿼티 모델을 활용했다.

토털 에쿼티 방식

토털 에쿼티total equity 방식 역시 아주 간단하다. 계좌의 현금과 오픈 포지션의 가치를 합한 것이 계좌 자본의 가치다. 예를 들어 현금

4만 달러를 보유하고 오픈 포지션 하나의 가치가 1만 5,000달러, 두 번째 오픈 포지션 하나의 가치가 7,000달러, 세 번째 오픈 포지션의 가치가 −2,000달러라고 하자. 토털 에쿼티는 현금에 오픈 포지션의 가치를 더한 총합이다. 따라서 토털 에쿼티는 6만 달러다.

리스크와 변동성을 일관되게 유지하는 방법을 가르쳐준 톰 바소는 언제나 토털 에쿼티 모델을 활용했다. 그럴 만도 하다! 포트폴리오 총 가치의 일정 비율을 리스크하면 리스크의 일관성을 유지할 수 있으니 말이다.

리듀스드 토털 에쿼티 방식

리듀스드 토털 에쿼티^{reduced total equity} 방식은 앞서 설명한 두 가지 방식을 결합한 것이다. 포지션에 진입할 때 리스크를 자본에서 차감해 나간다는 점은 코어 에쿼티 모델과 동일하다. 그러나 다른 점은 수익을 더하거나 스탑을 유리한 방향으로 옮길 때 줄어든 리스크만큼을 더한다는 것이다. 따라서 리듀스드 토털 에쿼티는 코어 에쿼티에 스탑으로 확보된 오픈 포지션의 수익을 더하거나 스탑을 올릴 때 발생하는 리스크의 축소분 만큼을 더한 값이다(이를 리듀스드 코어 에쿼티 방식이라고 부르기도 한다. 그러나 이 이름은 적절하지 않다고 생각해 저자가 이름을 고쳤다).

예를 들어 살펴보자. 투자금이 5만 달러라고 하자. 5,000달러의 포지션사이징 배분으로 포지션을 오픈한다. 따라서 코어 에쿼티(그리고 리듀스드 토털 에쿼티)는 4만 5,000달러가 된다. 대상 포지션^{underlying}

^{position}의 가치가 상승해 추적청산을 활용한다. 스탑을 새로 조정하면 리스크는 3,000달러가 된다. 이 시점에서 리듀스드 토털 에쿼티는 5만 달러에서 새로운 리스크 3,000달러를 차감한 4만 7,000달러가 된다.

다음 날 포지션의 가치가 1,000달러만큼 하락해도 리듀스드 토털 에쿼티는 여전히 4만 7,000달러다. 리듀스드 토털 에쿼티는 스탑을 옮겨서 리스크가 줄어들 때, 더 많은 수익을 거둘 때, 포지션을 청산할 때만 변한다.

다음 장에서 간단히 설명할 모델들은 대체로 에쿼티에 따라 포지션사이징을 설정한다. 따라서 에쿼티를 산출하는 방식에 따라 각 모델의 포지션사이징 산출 방식도 달라진다.

다양한 포지션사이징 모델

내가 집필한 책에는 대부분 백분율 포지션사이징 모델이 언급되고 있다. 백분율은 활용하기도 쉽고 1% 리스크면 대체로 안전하다. 『포지션사이징 완벽 가이드Definitive Guide to Position Sizing』에서는 다양한 포지션사이징 모델을 언급했는데 모두 목표달성에 활용할 수 있는 모델들이다. 여기서는 몇 가지 방식을 나열해 얼마나 다양하게 포지션사이징을 설정할 수 있는지 보여주겠다. 백분율 리스크 모델, 즉 트레이더와 투자자를 위한 CPR에서는 자본의 일정 비율을 리스크로 설정한다. 다른 방식으로는 '얼마나' 거래할 것인가를 달리 설정할 수 있다.

포지션사이징, 즉 자산 배분을 활용하는 다양한 방식을 예로 들어보겠다.

1. **일정 금액당 단위 매수:** 자본 10,000달러당 100주 매수 혹은 10,000달러당 1계약 매수

2. **단위당/레버리지당:** 단위당 상품(주식 혹은 계약) 100,000달러어치 매수

3. **백분율 수익:** 리스크 대신 1계약의 수익을 토대로 에쿼티의 백분율 활용

4. **백분율 변동성:** R로 결정하는 리스크 대신 대상 자산*의 변동

성을 토대로 자본의 백분율 활용

5. **그룹 리스크:** 자산 범주당 총 리스크를 제한

6. **포트폴리오 히트:** 각각의 리스크에 관계없이 포트폴리오의 총 공개를 제한

7. **롱포지션 대 숏포지션:** 롱포지션과 숏포지션이 서로 리스크를 상쇄하도록 리스크를 분배

8. **에쿼티 크로스오버 방식:** 에쿼티가 일정 문턱을 넘을 때만 배분

9. **하나의 자산 범주에만 투자할 때 자산 배분:** 특정 유형의 자산에 자산의 일정 비율, 이를테면 10% 투자

10. **비중 확대, 비중 축소:** 벤치마크**를 매수하고 롱포지션이면 비중 확대^{overweighting}, 숏포지션이면 비중 축소^{underweight}로 간주

11. **고정비율 포지션사이징:** 라이언 존스$^{Ryan\ Jones}$가 개발한 포지션사이징으로, 다소 복잡하므로 긴 설명이 필요하다.

12. **2단계 포지션사이징:** 자본이 일정 수준에 이를 때까지 1% 리스크, 그 후 두 번째 수준에서는 리스크의 비율을 달리 설정

13. **다단계 포지션사이징:** 3단계 이상의 포지션사이징

14. **스캘핑 아웃:** 일정 기준을 충족하면 포지션을 청산해 포지션의 크기를 축소

---

*underlying asset; 매수 또는 매도의 대상이 되는 특정 자산 —옮긴이
**benchmark; 평가 기준이 되는 지표로, 투자 수익률이 벤치마크보다 높으면 성공 투자로 평가한다. 이를테면 주식에 투자할 때는 KOSPI 지수가 벤치마크가 된다. —옮긴이

15. **스캘핑 인**: 일정 기준을 토대로 포지션을 추가

16. Optimal f: 수익과 손실을 극대화하도록 고안된 포지션사이징의 한 형태

17. **켈리 공식**: 포지션사이징 극대화의 한 형태로, 두 가지 가능성이 있을 때에만 사용

18. **바소–슈웨거 자산 배분**: 기법상 연관성이 없는 애널리스트들의 조언에 따라 정기적으로 재배분

19. **시장의 자금기술(수많은 변종 존재)**: 초기 에쿼티의 일정 비율과 수익의 다른 백분율을 리스크

20. **최대 손실을 활용해 포지션사이징 결정**: 계좌에 치명적인 타격을 줄 정도로 일정 손실을 넘어서지 않는 포지션사이징

트레이딩 계획에서 포지션사이징이 생각보다 훨씬 중요하고 복잡하다는 것을 이해하겠는가?

포지션사이징의 목적

포지션사이징은 목표달성을 돕는 트레이딩 시스템의 일부라는 사실을 명심하라. 각자 트레이딩 목표가 다르고 포지션사이징 방식 또한 천차만별이다. 그러나 포지션사이징에 관해 글을 쓴 극소수의 저자들조차 이 점을 잘못 인식하고 있다. 그들은 한결같이 말한다. 포지션사이징이란 파산하지 않고 최대한 많은 돈을 벌기 위해 고안된 것이라고 말이다. 그들은 목표에 대한 진술을 포지션사이징으로 착각하고 있는 것이다.

0.8R 기대수익으로 다시 게임을 해보자. 게임 규칙은 이렇다(100명이 게임을 하고 있다). 첫째, 게임을 하려면 비용을 2달러 내야 한다. 둘째, 30회 거래 후 잔고가 10만 달러에서 5만 달러로 줄어든다면 비용이 5달러 추가된다. 셋째, 파산하면 13달러를 더 지불해야 하므로 총손실은 20달러가 된다.

30회의 거래 후 잔고가 가장 많이 남은 사람에게 200달러를 지급한다. 게임이 끝난 후 손실분을 모두 모아 잔고가 가장 많이 남은 다섯 명에게 나누어준다.

게임 참여자가 할 일은 게임 방식을 결정하는 것이다. 다음 과정을 따라해보기 바란다. 실제 트레이딩에서도 목표에 적합한 포지션사이징 전략을 개발하는데 아주 탁월한 과정이다.

첫째, 내가 누구인지 결정해야 한다. 이런 대답이 있을 수 있다.

(1) 게임의 우승자가 되고야 말겠다는 사람 (2) 게임에서 최대한 많은 것을 배우려는 사람 (3) 관중 (4) 돈을 잃고 싶지 않은 아주 보수적인 사람

다음 단계는 목표를 정하는 것이다. 청산 시나리오에 따라 몇 가지 목표가 가능하다.

1. 어떤 대가를 치르더라도, 설령 파산하는 한이 있어도 게임의 우승자가 된다(게임의 우승자는 대개 이런 목표를 가지고 있다).
2. 우승을 목표로 하되 2달러 이상 잃지 않도록 한다.
3. 우승을 목표로 하되 7달러 이상 잃지 않도록 한다.
4. 5위 안에 들되 7달러 이상 잃지 않도록 한다.
5. 5위 안에 들되 2달러 이상 잃지 않도록 한다.
6. 어떤 대가를 치르더라도 5위 안에 든다.
7. 7달러를 잃지 않는 선에서 최선을 다한다.
8. 2달러를 잃지 않는 선에서 최선을 다한다.
9. 파산하지 않는 선에서 최선을 다한다.

내가 생각해낸 몇 가지 청산 규칙만 고려해도 이처럼 아홉 가지 다른 목표가 나올 수 있다. 창의력이 뛰어난 사람이라면 더 많은 목표를 생각해낼 것이다. 그 다음에는 목표달성을 위한 포지션사이징 전략을 세워야 한다.

마지막 단계로 언제 규칙을 바꿀 것인지 결정해야 한다. 10회의

거래를 마칠 때마다 자본이 가장 많은 사람을 발표한다. 10회의 거래 후 5위 안에 들지 못했다면 전략을 바꿀 수도 있다.

이 과정이 게임의 양상을 어떻게 바꾸어 놓는지 주목하라. 100인의 잔고가 다 다를 수도 있고 선택한 목표와 최종 잔고 사이에는 상당한 연관관계가 있을 수도 있다. 우승을 목표로 한 사람의 잔고는 100만 달러 이상에서 파산까지 들쭉날쭉할 것이다.

그러나 최선을 다하되 파산만은 면하자고 한 사람은 아주 보수적으로 투자할 것이므로 최종 잔고의 편차가 좁을 것이다. 이 게임은 포지션사이징의 목적은 목표달성이라는 것을 분명히 보여주고 있다. 하지만 앞서 언급했듯이 이 사실을 이해하는 사람은 거의 없다.

포지션사이징 활용법: 시뮬레이션

목표달성에 포지션사이징을 활용하는 한 가지 방법은 시뮬레이션이다. 포지션사이징 방식은 거래당 자본의 일정 비율로 설정한다.

앞서 설명한 시스템을 활용해 시뮬레이터를 설정하는 방법을 설명하겠다. 시스템의 기대수익은 0.8R이며 승률은 20%에 지나지 않는다. 이런 기대수익이라면 50회의 거래에서 평균 40R의 수익을 거둘 수 있다. 우리의 목표는 50회의 거래에서 35% 넘는 손실을 보지 않고 100% 수익을 올리는 것이다. R-배수 시뮬레이터로 어떻게 목표를 달성할 수 있을지 보자. 그림 4-3은 포지션사이징 최적화^{optimizer}다.

그림 4-3 포지션사이징 최적화 사용하기

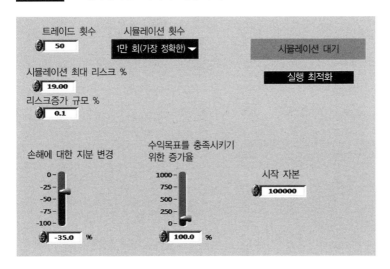

50회의 거래로 1만 회의 시뮬레이션을 실시하도록 최적화를 설정했다. 리스크 0.1%로 50회의 거래를 1만 회 시뮬레이션한 다음 리스크를 0.2%, 0.3%로 올려가며 거래당 최대 리스크가 19%가 되도록 0.1%씩 올린다.

손실이 5R이므로 리스크가 20%가 되면 자동 파산한다. 따라서 포지션당 리스크를 19%에서 멈추었다.

각 리스크 수준당 50회 거래를 1만 번 시뮬레이션하되 손실이 35%에 도달하면 멈춘다. 손실이 35%에 도달하면 '파멸^{ruin}'이라고 말하고 다음 1만 번의 시뮬레이션에 돌입한다. 연산량이 많지만 요즘 컴퓨터라면 쉽게 할 수 있다.

시뮬레이션 결과는 표 4-5에 표시해두었다.

표 4-5 **포지션사이징 최적화 결과**

최적화 접근	목표달성 확률(%)	실패 확률(%)	평균 수익(%)	중간 수익(%)	리스크(%)
최대 수익	1.1	98.7	10.7E+3	−72.4E+0	19.0
중간 수익	46.3	27.5	175.0E+0	80.3E+0	2.7
목표달성률 최대화	46.6	31.0	193.4E+0	77.9E+0	2.9
실패율 1% 이하	10.5	0.8	43.2E+0	37.0E+0	0.9
실패율 0% 이상	1.1	0.0	27.1E+0	24.6E+0	0.6
목표달성률 대비 실패율 최소화	37.9	11.1	93.8E+0	64.0E+0	1.7

첫 번째 줄에는 엔딩자본 평균$^{mean\ ending\ equity}$이 가장 높은 리스크 백분율이다. 10R 수익 거래가 많은 표본이 다수 있기 때문에 대개 리스크가 가장 큰 쪽이 시뮬레이션을 통해 최고의 엔딩자본 평균을 보

인다. 설사 거래 대부분이 35% 이상의 손실을 냈더라도 10R 수익 거래들이 평균을 끌어올린다.

19% 리스크에서 평균수익average gain은 1,070%다. 하지만 100% 수익을 올릴 확률은 1.1%에 불과하며 실패할 확률은 98.7%다. 가능한 최고 수익을 목표로 하는 것은 자살행위다. 최고 평균수익best average 시스템으로 엔딩자본 평균을 목표로 하는 편이 낫다. 최고 평균수익 시스템으로 엔딩자본 평균을 목표로 하면 평균수익 175%, 중간 수익 80.3%, 목표달성 확률 46.3%, 실패 확률은 27.5%다.

100% 수익 달성 목표를 최대치로 끌어올리는 것이 목표라면? 최적화 포기가 이런 경우다. 리스크를 2.9%로 설정하면 목표달성 확률은 46.6%다. 그러나 실패 확률이 31%이므로 중간 수익은 77.9%로 떨어진다.

실패(35% 손실) 확률 1% 이하를 목표로 잡는다면 시뮬레이터에 따르면 거래당리스크를 0.9%로 설정해야 한다. 이렇게 하면 목표달성 확률은 10.5%지만 실패 확률은 0.8%로 떨어진다.

실패 확률 0% 이상이 목표라면, 시뮬레이터에 따르면 거래당 리스크를 0.6%로 설정해야 한다. 리스크는 0%를 조금 상회하지만 목표인 100% 수익에 도달할 확률은 1.7%로 떨어진다.

100% 수익과 35% 손실의 확률 격차를 최대한 벌리고 싶다면 리스크를 1.7%로 설정해야 한다. 리스크 1.7%일 때 목표달성 확률은 37.9%, 실패 확률은 11.1%다. 따라서 확률 격차는 26.8%가 된다. 리스크를 달리 설정했을 때 확률 격차는 15% 이하가 된다.

두 가지 숫자, 즉 100% 목표와 실패 수준 35%로 백분율 리스크 포지션사이징 모델만 사용해서 다섯 가지 합리적인 포지션사이징 전략이 나왔다.

목표는 1%에서 1,000% 이상까지 마음대로 설정할 수 있다. 실패 수준 역시 1% 이하에서 100%까지 마음대로 설정할 수 있다. 트레이더마다 목표가 다를 것이다. 각자의 목표에 맞는 포지션사이징 전략은 헤아릴 수 없이 많다.

우리는 백분율 리스크라는 단 한 가지 포지션사이징 전략만 활용했다. 이밖에도 다양한 포지션사이징 모델이 있으며, 각 모델마다 다양한 변수가 있다.

R-배수 시뮬레이션의 문제점

시스템의 R-배수 분산을 시뮬레이팅하면 시스템의 성격을 쉽게 알수 있다. 그러나 R-배수 시뮬레이션에는 몇 가지 심각한 문제점이 있다. 안타깝게도 트레이딩의 세계에는 완전무결이란 없기 때문이다. 내가 생각하는 문제점들을 나열해보겠다.

- R-배수는 1회의 거래에 대한 실적만 측정한다. 따라서 다수의 거래를 동시에 실시할 경우에 대한 결과를 내놓지 못한다.
- 시장들 사이에는 일시적인 상관관계^{dependencies; correlations}가 있지만 R-배수는 이런 상관관계를 포착하지 못한다(사실 거래 개시일과 청산일만 추출된다). 따라서 스탑에 걸려 청산되지 않고 오픈 상태에 있을 때 어느 정도 손실(1R 기준)이 나고 있는지 알 수 없다.
- 모든 시뮬레이션이 그렇듯 R-배수 시뮬레이션의 유효성은 표본 분산의 정확성에 비례한다. 즉 표본 분산의 정확도에 따라 유효성이 달라진다. 시스템 실적에 대한 유효한 표본은 얻을 수 있지만 '진짜' 모집단*은 결코 얻을 수 없다. 최악의 손실

---

*population; 통계학적 관찰의 대상이 되는 개체의 전체 집합 —옮긴이

이나 최고의 수익 역시 시뮬레이션으로 얻을 수 없다.

- 초기 리스크가 비슷할 때 R-배수는 시스템을 비교하는 최상의 길이다. 그러나 하나 이상의 시스템 전략에 포지션사이징을 설정해두면 문제가 생긴다. 사실 이런 조건에서는 두 시스템의 절대적인 실적을 비교할 수 없다. 예를 들어 두 시스템을 비교해보자. 첫 번째 시스템은 처음 진입 포인트에서 포지션 전체를 오픈한다. 두 번째 시스템은 처음 이니셜 포인트에서 포지션 절반을 오픈하고 시장이 1단위의 변동성 만큼 시스템에 유리하게 움직이면 나머지 절반을 오픈한다. 이를테면 시장이 유리하게 돌아가 20R만큼 움직이면 시스템 1의 R-배수가 시스템 2(수익은 크고 토털 이니셜 리스크는 더 작음)보다 더 크다. 그러나 시장이 곧바로 불리하게 움직여 초기 청산지점에 도달하면 두 시스템의 R-배수는 -1로 똑같다. 시스템 2의 손실은 시스템 1 손실의 절반밖에 안 되지만 시뮬레이션에서는 나타나지 않는다.

- 트레이딩의 토털 이니셜 리스크total initial risk를 바꾸는 포지션사이징 기법(이를테면 피라미드)의 영향은 R-배수 개념으로 테스트하기 어렵다. 트레이딩 시스템의 R-배수 분산(포지션사이징 기법이 있든 없든)은 직접 비교할 수 없기 때문이다. 자금관리 기법을 평가하는 한 가지 방법은 시스템을 여러 개의 서브시스템subsystem으로 나누어 진입 포인트별로 각 서브시스템을 별도로 평가하는 것이다. 이를테면 각 피라미드를 하나의 서브시스템

으로 취급할 수 있다.

- R−배수는 시장들 사이의 일시적 상관관계 중 몇 가지만 포착하므로 R−배수를 이용한 시뮬레이션은 R−배수들이 통계학적으로 독립적이라는 가정하에 실행되어야 한다. 그러나 현실은 그렇지 않다. 트레이딩 개시일이나 청산일에 따라 모아서 시뮬레이션에 시간 요소를 도입할 수는 있다. 시간 요소를 도입하면 R−배수들이 차단될 때보다 변동성과 손실이 상당히 커진다. 달리 말하면 (1) 동시에 다수의 트레이딩을 생성하는 시스템의 실적을 판단하려고 한다면 그리고 (2) 동시에 다수의 시스템으로 트레이딩한다면 한 번에 1회의 거래에 기반한 시뮬레이션은 너무 낙관적인 결과를 도출한다.

시뮬레이션의 문제점 해결

시뮬레이터의 문제점들을 해결하기 위해 내가 개발한 것이 SQN이다. 대체로 SQN이 높을수록 목표달성을 위한 포지션사이징을 좀 더 자유롭게 활용할 수 있다. 달리 말하면 SQN이 높을수록 목표달성이 쉬워진다. 이를테면 매일 1회의 거래를 하며 기대수익과 R 표준편차의 비율이 1.5인 외환 시스템을 보유하고 있다고 주장하는 트레이더에 대해 언급했다.

이런 엄청난 시스템을 개발하는 게 가능한지 모르겠지만 정말 이런 시스템을 보유하고 있다면 전 세계가 경제위기에 허덕이는 시기라도 넉 달 남짓에 1,300달러를 200만 달러로 불릴 수 있다.

『포지션사이징 완벽 가이드』에는 31가지의 포지션사이징 모델이 소개되어 있는데, 각 모델마다 세 가지 에쿼티 모델이 있다. 따라서 총 93가지 모형으로 SQN을 통해 쉽게 목표달성이 가능하다는 것을 입증했다. 그렇지만 여전히 주의할 점이 있다. 이유는 다음과 같다.

1. R-배수 분산이 정확한지 결코 알 수 없다.
2. 시장유형이 변하면 대개 SQN이 변한다. 그런데 시장유형이 언제 변할지 정확히 예측할 수 없다.
3. 복잡한 상관관계가 있는 거래들도 비율에 포함해야 한다. 나

는 최대한의 리스크가 싱글 포지션 대신 전체 포트폴리오에 해당한다고 가정하고 SQN을 통해 포함시켰다.

이를테면, 평균(최상) 시스템과 평균과 표준편차의 비율이 0.16인 시스템의 최적의 리스크 비율은 1.7%다. 그러나 동시에 5개의 포지션을 거래한다면 포지션당 리스크를 약 0.35%로 줄여야 한다. '마법의 잔' 시스템이라면 포지션당 리스크를 5%로 설정할 수도 있다.

Part 5

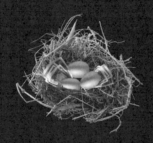

제5부

최적의 트레이딩을 위한 아이디어:

More Ideas for
Producing Optimal
Trading Performance

Super
Trader
Make Consistent Profits In
Good and Bad Markets

단순함을 유지하라

이 원칙은 투자나 트레이딩은 물론 인생의 여러 측면에도 적용된다. 단순함을 유지하라. 일을 복잡하게 만들수록 성공하기 어렵다. '단순함'이라는 원칙은 실생활과 시장 모두에서 통한다.

인간의 의식은 약 일곱 가지 덩어리의 정보를 수용할 수 있다. 의식 속에는 더 이상의 정보를 수용할 수 없다. 이런 한계 때문에 누군가 10자리 수를 준다면 5자리 이상을 기억하기 어렵다. 시장에서 분에 넘치는 복잡한 일을 하려다가는 실패하기 마련이다.

단순하게 처리하라고 해서 시장에서 얻는 방대한 정보를 컴퓨터를 활용해 분석하지 말라는 말은 아니다. 반대로 나는 적극 권장한다. 그러나 당신의 기법과 하루 일과가 정밀한 과학일 필요는 없다. 정밀하게 하려면 할수록 성공할 가능성은 줄어든다.

키스, 이건 간단해
KISS(Keep It Simple, SAM)

나에게 심리 테스트를 받은 투자자 중 최하 1%에 속하는 한 브로커의 심리를 분석한 적이 있다. 그는 스트레스가 심했고 내면의 갈등도 많았으며 일은 두서가 없었고 시스템도 없는 데다 태도는 부정적이었다. 당시 10분 정도 상담을 했지만 사실 며칠은 상담해야 할 형편이었다. 그 사람의 가장 큰 문제는 사무실에서 닥치는 모든 일에 짓눌려 있다는 점이었다. 어떻게 하면 수많은 종목 중에 우량주를 고를 수 있을까? 고객들의 목표도, 동기도 모두 다른데 어떻게 계획대로 밀고나갈 수 있을까? 인생이 엉망이다.

이 브로커는 강도 높은 심리치료가 필요했다. 심리상태가 큰 혼돈에 빠져 있었으므로 인생도 혼란스러울 수밖에 없었다. 마음속에 얽히고 설킨 것을 정리하면 인생의 꼬인 문제들도 풀린다.

가장 먼저 해야 할 일은 내가 인생에서 바라는 것(즉 내가 꿈꾸는 인생)이 무엇인지 결정하는 것이다. 그런 다음 내가 꿈꾸는 인생에서 한두 가지 단순한 목표에 초점을 맞추어 매진해야 한다.

둘째, 그에게는 트레이딩을 추적할 단순한 시스템이 필요했다. 주당 수차례의 신호만 생성하며 장 마감 후 시장을 살피기만 하면 되는 장기 시스템이 좋을 것이다. 이렇게 하면 복마전 같은 시장에서 멀리 벗어나 하루에 한 번만 결정을 내리면 된다. 이를테면 시스템을 이렇게 단순하게 만들면 된다. 110일 채널 돌파에 매수, 주간 변동성을 활용해 최악의 경우 청산, 종가에서 추적청산을 적용해 차익실현 청산으로 활용, 리스크를 자본의 1% 이내로 설정한다. 이 사람의 경우 자신과 시장에 대한 신념들을 모두 조사해야 했다. 조사하고 나면 자신에게 적합한 트레이딩 기법을 고안할 수 있다.

　모두 단순한 과정이다. 이처럼 단순한 과정을 밟을 때 성공이 따라온다. 이것을 이해하고 실천한다면 실적은 몰라보게 향상될 것이다.

트레이딩의 '마법의 잔'을 이해하라

'판단의 지침*'을 살펴보자. 앞서 언급했듯 인간의 정보처리 능력에는 한계가 있다. 우리가 의식적으로 수용할 수 있는 정보는 일곱 덩어리(여기서 한두 개 차감 또는 더하기)다. 스트레스를 받으면 위험에 대처하기 위해 혈류가 두뇌에서 주요 근육으로 빠지는데 이렇게 되면 처리할 수 있는 정보의 개수는 급감한다. 오늘날 위험은 대부분 심리적인 것이며, 더 빠르게 주력한다고 해서 트레이딩 위험이 작아지는 것은 아니다.

　트레이더가 처리해야 하는 정보의 양은 해마다 곱절로 늘어나

트레이딩의 '마법의 잔'

---

*judgmental heuristics; 인간의 일상생활에 필요한 의사결정의 지름길 —옮긴이

지만 우리의 능력은 그대로다. 따라서 인간은 정보를 처리하는 여러 가지 지름길heuristics을 개발해왔다. 사실 심리학자들은 오랫동안 지름길을 고안해왔고 이를 '판단의 지침'이라고 부른다.

결론은 인간은 정보처리에 아주 미숙하다는 것이다. 일부 경제학자들은 효율적 시장 가설*에서 비효율적 시장 가설로 옮겼다. 인간은 의사결정에 비효율적이며 시장 역시 비효율적이라는 것이다.

결론은 그럴듯하지만 이 결론으로 별다른 성과를 거두지는 못했다. 또한 새로운 경제학파 인지(행위)적 재무이론**이 출현하게 된다. 경제학자들은 이제 이렇게 묻고 있다. "인간이 비효율적이므로 시장 역시 효율적이지 않다면 인간의 비효율성에 대한 지식을 시장 예측에 어떻게 활용할 수 있을까?" 내 생각에는 미친 짓이다.

내가 적용한 것을 인지적 재무이론이라고 부를지도 모르지만 내 방식은 다르다. 인간 대부분이 정보처리에 미숙하다면 만약 인간을 효율적으로 만들면 어떻게 될 것인가? 시장 정보를 처리하는 데 효율성이 5%라고 하자. 물론 이 정도면 높게 잡은 것이지만 말이다. 한 사람의 효율성을 25%로 만들 수 있다면? 그 사람의 효율성을 50% 혹은 100%까지 끌어올릴 수 있다면?

놀라운 결과가 도출된다. 앞서 트레이딩 시스템을 R-배수의 분

---

*efficient market; 주가가 모든 정보를 반영하고 있으며 시장이 상당 수준의 효율성을 가지고 운영된다는 이론 ─옮긴이
**behavioral finance; 행동과학적인 연구방법론을 이용하여 재무현상을 연구하는 이론. 시장에서 나타나는 기형적, 변칙적 의사결정이나 행태를 설명하기에 적합하다. ─옮긴이

산과 평균(즉 기대수익), 그리고 분산의 특성을 규정하는 표준편차로 설명했다. 기대수익 0.8R에 매년 100회의 트레이딩을 생성하는 시스템을 생각해보라. 이런 시스템이 비현실적인 것은 아니다. 사실 우리의 표본 시스템은 거우 거래가 가능한 시스템이었다. 훨씬 더 나은 시스템도 있었다. 하지만 이 시스템은 연평균 80R의 수익을 올릴 것이다. 거래당 리스크를 1%로 한다면 연간 100%의 수익을 올릴 수 있다(즉 자본이 증가하면서 1%에 해당되는 액수가 커진다. 따라서 수익은 80%가 아니라 100%가 된다).

하지만 인지(행위)적 비효율성^{behavioral inefficiencies} 때문에 대부분은 허다한 실수를 저지르게 된다. 한 번의 실수로 어느 정도의 대가를 치르게 될까? 확실히는 모르지만 아마 이걸 밝혀내려면 방대한 데이터를 수집해야 하며 사람마다 결과도 다를 것이다. 아무튼 지금은 한 번의 실수가 평균 4R의 대가를 치른다고 하자. 일주일에 한 번 실수한다고 하면 실수 때문에 208R의 대가를 치르게 된다. 따라서 100% 수익을 올릴 수 있는 시스템으로 손실을 보게 된다. 반대로 한 달에 한 번 실수를 한다고 하자(아마 수익을 내는 트레이더들은 대개 이 정도 실수를 한다). 한 달 한 번 실수라면 80R 중에 48R의 손실이 발생하므로 수익은 32R이 된다. 시스템에서 엄청난 손실이 발생하는 기간에는 시스템이 통하지 않는다고 생각하고 그 시스템을 폐기할지도 모른다.

월 1회의 실수를 저지르는 트레이더를 살펴보자. 우리가 고안한 시스템은 한 달에 7~8회 트레이딩 신호를 생성하므로 이 시스템을 활용하면 8회 트레이딩당 한 번의 실수를 하게 된다. 즉 이 트레이더의 효율성은 87.5%다. 그러나 수익의 관점에서 보면 80R 중 32R의 수익만 올렸으므로 효율성은 40%밖에 되지 않는다.

　이 트레이더의 효율성을 60%, 혹은 80% 이상으로 끌어올릴 수 있다면 어떨까? 수익은 엄청나게 증가할 것이다. 인간이 흔히 저지르는 비효율성에 대해 읽어보고 더 효율적인 트레이더가 되는 길을 익힐 때다. 이 책의 방책을 따라가면 효율성을 높일 수 있다.

트레이딩으로 돈 버는 사소한 방법들

얼마든지 사업을 확장할 수 있다. 문제는 자본이 아니라 자본을 활용할 최선의 방안을 찾는 것이다. 생각해보면 뻔한 방안일 것 같지만 대부분은 생각하지 않는다. 사업을 확장할 수 있는 핵심 방안을 소개해보겠다.

1. **첫째, 더 나은 새로운 트레이딩 시스템을 고안하라** 기법상 다른 시스템과 연관성이 없다면 각 시스템을 통해 더 많은 수익을 얻을 수 있다. 계속 연구하면서 새로운 수익 창출원이 될 새로운 시스템을 찾아라. 그러나 특정한 시장환경에서는 제 구실을 못하는 시스템도 있다. 따라서 여분의 시스템을 비축하고 있어야 한다.

2. **둘째, 각 시스템을 적용할 수 있는 시장을 발굴하라** S&P500 지수 시장에 잘 맞는 훌륭한 시스템을 개발했다고 하자. 한 달 5회의 트레이딩에 기대수익은 2R이다. 즉 월평균 수익 10R을 기대할 수 있는 시스템이다. 만약 이 시스템이 다른 주요 지수시장에서도 비슷한 위력을 발휘한다면? 지수시장 10개를 더 발굴할 수 있다면 월수익은 100R로 늘어난다.

3. **셋째, 트레이더를 늘려라** 트레이더 한 사람이 제대로 감당할 수 있는 일과 시장은 제한되어 있다. 괜찮은 트레이더 한 사

트레이더의 수를 늘려라

람이 효율적으로 운용할 수 있는 자금이 5,000만 달러라고 하자. 이 수준 이상을 감당하게 되면 효율성은 급격히 떨어진다. 따라서 트레이더를 늘리는 것은 사업 확장의 방편이 된다. 괜찮은 트레이더 10명이 있으면 5억 달러를 효율적으로 굴릴 수 있다.

4. **넷째, 트레이더의 작업 효율성을 높여라** 트레이딩 시스템의 연평균 수익률이 40%라고 하자. 트레이더가 저지르는 실수를 기준으로 트레이더의 효율성을 측정할 수 있다. 이를테면 트레이더 한 사람이 대체로 수익률 40% 시스템으로 연간 20%에 해당하는 실수를 저지른다고 하자. 효율성 80%인 이 트레이더는 시스템에서 32% 수익을 올릴 수 있다. 이 트레이더의 효율성을 높인다면? 소속 트레이더들을 가르쳐서 실수를 연 5%로 줄일 수 있다면? 트레이더의 효율성을 높이는 코칭을 통해 사업을 크게 확장할 수 있다.

5. **다섯째, 목표달성을 위해 포지션사이징을 최적화하라** 그러기 위해서는 각각 다음 단계를 거쳐야 한다.

- 사업의 목표를 분명히 결정하라. 사람이나 사업장이나 이 일을 제대로 하지 못하는 경우가 많다.
- 활용하는 각 시스템이 생산하는 R-배수 분산을 결정하라.
- 포지션사이징 알고리즘을 시뮬레이션해 수많은 포지션사이징 알고리즘 중 목표달성에 가장 효율적인 알고리즘이 무엇인지 결정하라.
- 이 포지션사이징 알고리즘을 시스템에 적용하라.

예를 들어, 특정 시스템에 할당한 자본에서 200% 수익을 얻고자 한다고 하자. 연평균 70R 수익을 올리는 시스템을 보유하고 있다. 리스크가 거래당 할당 자본의 1%라면 이 시스템에서 연 70%의 수익을 올릴 수 있다. 그러나 포지션사이징 리스크를 3%로 올리면 원하는 대로 200%의 수익을 올릴 수 있다. 물론 포지션사이징을 늘리면 잠재 손실도 늘어난다. 포지션사이징을 올릴 때는 이런 부작용을 염두에 두어야 한다.

이런 요소들은 모두 배가 될 수 있다. 예를 들어 세 명의 트레이더가 있는데 한 명이 3개의 시장에서 2개의 시스템으로 거래하고 있다고 하자. 각 시스템이 1개 시장에서 연 60R의 수익을 올리지만 트레이더들의 효율성은 75%밖에 안 된다. 달리 말하면 연간 시장 1개에서 시스템당 15R의 실수가 발생한다.

이 회사의 실적을 살펴보자. 트레이더 3인×시스템 2×시장 3 × 45R을 곱하면 이 회사의 실적은 연 810R이다. 변수를 바꾸면 어떤 결과가 나오는지 살펴보자.

첫째, 세 명의 트레이더를 더하면? 총수익을 2배, 즉 1,620R까지 끌어올릴 수 있다.

둘째, 각 시스템마다 세 명의 트레이더를 더하면? 수익을 3,240R까지 끌어올릴 수 있다.

트레이더당 시스템을 하나 더하면? 수익을 4,860R까지 끌어올릴 수 있다.

트레이더들의 효율성을 90%까지 끌어올리면 어떨까? 그렇다면 더 많은 작업을 처리할 수 있어 20%의 추가 수익이 발생해 총수익은 5,832R이 된다.

마지막으로, 포지션사이징의 효율성을 높여 수익을 50% 더 끌어올린다면? 이제 무슨 말인지 이해할 것이다.

어떤 사업도 내가 여기 제시한 것들을 동시에 수행할 수는 없다. 하지만 다만 몇 가지라도 할 수 있다면? 최종 수익에 어떤 영향을 미칠 것인가? 앞서 열거한 것들 중 몇 가지 변화를 꾀하고 싶다면 목표 달성을 위해 트레이더의 효율성, 포지션사이징 효율성에 주력하라.

시장에서 예측은 금물이다

대부분의 트레이더들이 시장 예측에 매달린다. 시장이 내는 시험 문제에서 적중률이 70% 이상은 되어야 합격이라고 생각한다. 적중률이 95%면 A학점이라고 믿는다. 시장을 예측하고자 하는 욕구는 '맞추고 싶은(자신의 판단이 옳았다는 것을 입증하고 싶은)' 욕구에서 비롯된다. 시장이 앞으로 할 일을 예측할 수 없으면 이 욕구를 충족할 수 없다고 믿는다.

실적이 최고인 고객들 중에는 매년 50% 이상 수익을 꾸준히 올리는 트레이더들이 있다. 1년 중 손실이 나는 달은 몇 달밖에 되지 않는다. 이 정도 실적이면 시장을 예측할 수 있을 것이다. 내가 최근에 트레이더들에게 예측을 요구하는 서한을 보냈는데 최고의 트레이더 몇 사람이 이런 답장을 보내왔다.

트레이더 A: 저는 시장을 예측하지 않습니다. 그건 위험한 버릇입니다.

트레이더 B: 이건 그냥 시나리오일 뿐입니다. 시장은 그냥 내키는 대로 움직입니다.

나는 각자의 구체적인 견해에는 관심이 없었고 그저 돌아가는 분위기를 알고 싶었을 뿐이다. 시장이 어떻게 돌아갈지 생각하지 않고 어떻게 돈을 번다는 말인가? 여기에는 다섯 가지 요소가 있다.

1. 시스템이 생성한 신호를 따른다.

2. 시장에 의해 잘못된 신호라는 것이 입증되면 빠져나온다.

3. 수익이 최대한 불어나도록 한다. 즉 양의 기대치가 높은 시스템을 보유하고 있어야 한다.

4. 월별로 양의 기대를 실현할 확률이 높고 손실이 날 확률이 적도록 충분한 트레이딩 기회를 부여해야 한다.

5. 포지션사이징을 잘 이해하고 있으므로 틀렸을 때도 게임에서 퇴출되지 않고 맞히면 큰돈을 번다.

시장을 예측하지 마라

대부분의 트레이더들이 이 점을 이해하지 못한다. 프로들도 마찬가지다. 그래서 예측에 목을 맨다. 월스트리트 분석가들은 기업 분석으로 수십만 달러를 벌지만 분석 대상인 기업의 주식을 거래해서는 거의 수익을 올리지 못할 것이다. 그렇지만 사람들은 애널리스트가 매매시장의 펀더멘털을 얘기하기만 하면 그 정보로 돈을 벌 수 있다고 믿는다.

펀더멘털 분석이 쓸모없다고 말하는 사람도 있다. 이들은 컴퓨터나 차트에 선을 그어 시장을 기술적으로 분석한다. 이들은 선을 긋고 패턴을 해석하다보면 시장을 예측할 수 있다고 믿는다.

달리 말하지만 그래봤자 헛수고다. 돈을 버는 진짜 길은 손실을 제한하고 수익이 크게 불어나도록 하며 리스크 관리를 통해 계속 살아남는 것이다. 이것을 뼛속까지 이해한다면 성공 트레이딩의 열쇠 중 하나를 손에 쥐게 될 것이다.

실수와 자기 태업

문서로 기록해놓은 트레이딩 규칙을 어기는 것을 '실수'라고 규정
하자. 트레이딩의 지침이 되는 사업계획을 세웠다면 따라야 할 규칙
이 다수 생길 것이다. 이런 규칙을 세우지 않았다면 무엇을 하든 실
수를 하게 될 뿐이다.

실수의 종류에는 수천 가지가 있다. 흔히 저지르는 몇 가지 실
수는 다음과 같다.

- 고심 끝에 만든 시스템에 부합하지 않는 정보나 감정 따위에
  이끌려 시장에 진입하는 것

특정한 거래에 너무 많은 돈을 거는 위험

- 스탑에 걸려 청산해야 할 때 청산하지 않는 것
- 특정 거래에 너무 많은 리스크를 감수하는 것
- 감정에 이끌려 너무 빨리 청산하는 것
- 매일 해야 할 일과를 하지 않는 것
- 자신의 책임을 인정하지 않고 타인이나 다른 것에 책임을 돌리는 행위
- 하나의 계좌로 여러 개의 시스템을 트레이딩하는 행위
- 하나의 계좌에서 너무 많은 트레이딩을 운용해 일일이 살피지 못하는 것
- 시장유형이 바뀌어서 시스템이 적중하지 않는다는 것을 알고도 그 시스템으로 거래하는 것
- 시스템을 통한 진입에 주력하고 위험보상 비율에는 신경쓰지 않는 것
- 자신이 옳았다는 것을 입증하기 위해 너무 빨리 차익을 실현하거나 손실을 수용하지 못하는 것
- 트레이딩에 진입할 때 청산지점을 결정하지 않는 것
- R-배수와 트레이딩 시스템의 실적을 추적하지 않는 것

나는 트레이더들에게 코치를 할 때 R을 통해 실수를 추적하라고 요구한다. 예를 들어 충동적으로 시장에 진입하고 2R의 수익을 올린다면 실수를 통해 +2R을 얻게 된다. 만약 다시 한번 충동적으로 진입해 4R의 손실이 발생하면 그 실수로 −2R을 얻게 된다. 1년 동안

계속 추적하면 트레이더로서 자신의 효율성이 어느 정도인지, 비효율성 때문에 어떤 대가를 치렀는지 알 수 있다.

내 고객 중 한 사람은 200만 달러 계좌를 굴리는 선물 트레이더였다. 9개월 동안 그는 11번의 실수로 46.5R의 손실을 입었다. 한 달 평균 1.2번의 실수, 1회 실수당 4.23R의 손실을 입은 셈이다. 실수 때문에 수익은 50% 정도 줄었다. 만약 수익이 20%일 경우 실수가 없었다면 70%까지도 수익을 올릴 수 있었다는 뜻이다. 이제 실수의 위력을 실감하는가?

또 다른 고객 한 사람은 장기 포지션 트레이더로 스탑을 넓게 잡고 주로 ETFs를 거래했다. 1년 동안 그는 27번의 실수를 범해 8.2R의 손실을 입었다. 하지만 스탑을 넓게 설정하고 레버리지 없이 장기 트레이딩을 하므로 실수를 범해도 대가는 그다지 크지 않았다. 실수를 한 번 범할 때마다 0.3R의 손실을 입었지만 1년의 거래로 31R(약 30%)의 수익을 거두었다. 단 한 번의 실수도 없었다면 39.2R의 수익을 올릴 수 있었을 것이다. 즉 수익의 20%를 실수로 날려버린 셈이다.

실수 예방법

매일 심리적 시연으로 일과를 시작하라고 권하고 싶다. 이렇게 자문하라. "오늘 뭐가 잘못되어 실수를 하게 될까?"

예를 들어보자. 유럽에 있는 내 고객 한 사람은 탁월한 데이 트레이더였다. 주가지수선물을 데이 트레이딩해서 엄청난 수익을 올리고 있던 그가 어느 날 병원으로부터 전화를 받았다. 여자 친구가 교통사고를 당해 중상을 입었다는 소식이었다. 그는 포지션을 잊은 채 허겁지겁 병원으로 달려갔다. 그는 시장에서 스탑을 설정하지 않았다. 대신 그냥 청산하고 싶을 때 청산했는데 이 편이 더 안전하다고 생각했기 때문이었다. 그날은 머릿속에 온통 여자 친구 생각뿐이었고, 여자 친구가 무사하다는 얘기를 들을 무렵 장이 마감되었다. 장마감 후 포지션을 살펴보니 그날 하루 동안 1년치 수익이 날아가 버렸다.

내가 그를 코치하면서 가장 먼저 가르친 것은 최악의 경우에 대비한 계획을 짜고, 상상한 모든 최악의 경우에 대비해 적절하게 예행연습을 하는 것이었다. 최악의 경우에 대비한 계획을 잘 짜고 예행연습을 철저히 해서 자동반사적으로 완전히 몸에 익으면 심리적 시연에 매일 투자하는 시간도 줄어든다.

하지만 시장은 언제나 상상도 못한 사건들을 내놓는다. 이 책을 쓰고 있는 2008년 후반 시장 변동성은 평상시의 10배에 해당하는 표준편차를 보이고 있다. 시장 변동성이 정상이면 사건이 일어날 확률이 '0'이지만 실제로 일어나고 있다. 이런 환경에 대한 대비가 부족하면 참담한 최후를 맞을 수 있다.

비슷한 예를 또 들어보자. 테러로 세계무역센터가 무너지고 뉴욕의 금융가가 잔해로 뒤덮이자 주식시장이 문을 닫았다. 이런 일이 일어나리라고 누가 상상이나 했겠는가? 이걸 예측했는가? 다락방에서 다람쥐가 전선을 씹어 먹어서 거래가 중단되는 사태를 예측할 수 있는가? 그런 일은 일어나게 마련이니 대비해야 한다.

그러므로 매일 심리적 시연을 했으면 한다. 이렇게 자문해보라. "오늘은 어떤 일이 잘못되어 실수를 하게 될까?" 상상력을 발휘해서 온갖 경우를 다 생각해보라. 생각나는 경우마다 어떻게 대처하면 타격을 줄일지 시연해보라.

어느 날 시장에서 큰 손실을 볼 수 있다. 이런 경우에 대비하는 게 좋지 않을까? 효율성을 90%에서(즉 10회 거래당 1번의 실수) 98%(50회 거래당 1번의 실수)까지 끌어올리면 수익률이 2배 이상 늘어난다. 트레이더의 효율성을 100회의 거래당 저지르는 실수로 볼 수도 있다. 앞에서는 효율성을 실현된 총수익에 대한 백분율로 설명했다.

실수를 반복하지 않으려면

매일 해야 할 일이 또 있다. '일일 보고^{daily debriefing}'라고 부르는 임무로, 실수를 반복하지 않도록 고안된 것이다.

거래일 장 마감에 이렇게 자문하라. 간단한 질문이다. "실수했는가?" 아니라면 등을 토닥여줘라. 실수하지 않았는데도 돈을 잃었다면 두 번 등을 토닥여주어라. "잘했어. 규칙을 지켰잖아."

그러나 실수를 했다면 새로운 임무를 수행해야 한다. 바로 다시는 실수를 되풀이하지 않는 것이다. 이렇게 자문하라. "내가 실수를 저지를 때 어떤 환경이었나? 이런 환경이 언제 다시 나타날까?"

이 질문에 대답하고 나면 앞서 언급한 심리적 시연을 해야 한다. 실수를 저지른 환경에서 다시는 실수를 되풀이하지 않을 묘안을 궁리하라. 묘책이 떠오르면 완전히 몸에 배도록 거듭 연습하라.

이 일은 매일 해야 한다. 매일 몇 분 동안 하다보면 연수익이 20%에서 50%까지 상승할 것이다.

기본을 무시할 수는 없다

심리적인 면에서는 많이 발전했지만 기본적인 문제들을 가르치면 무시하면서 이렇게 말하는 사람이 있다. "모르겠어요." 그들은 기본적인 내용을 이해하려고 노력하기보다 무시하는 반응을 보이곤 한다.

트레이더라면 반드시 알아야 할 기본 중의 기본을 간단한 퀴즈로 만들어보았다.

1. 주당 25달러인 주식을 매수했다. 25% 추적청산을 설정하려고 한다. 최초의 청산지점은?

2. 25달러에 매수한 주식이 40달러로 상승했다가 37달러로 하락했다. 청산지점은?

3. 2만 5,000달러 계좌를 보유하고 있고 이 주식의 리스크를 계좌의 1% 이내에서 설정하고 싶다. 계좌에서 어느 만큼을 리스크로 설정해야 하는가?

4. 문제 1~3의 해답에 비추어 주식을 몇 주나 매수했는가?

5. 다른 주식을 38달러에 매수했다. 청산지점을 50센트 거리에 설정하고, 리스크를 1%로 한다면 몇 주를 매수할 수 있는가?

6. 너무 매수량이 많다고 생각해서 변동성에 따라 청산지점을 설정하려고 한다. 지난 10일 동안의 ATR은 3달러다. 변동성을 기준으로 분배하려고 한다. 몇 주나 매수할 수 있는가?

7. 청산지점은 여전히 50센트다. 이 포지션의 리스크는?

8. 첫 번째 종목과 두 번째 종목의 총투자액은? 리스크와 총투자액의 차이는?

9. 실적에 가장 큰 영향을 미치는 변수는 무엇인가? (심리는 문제가 없다고 가정하고)

10. 내가 생각하는 자기 태업은 무엇인가?

보너스 퀴즈: 첫 번째 종목을 50달러에 매도, 주당 25달러의 수익을 얻었다. R-배수는? 즉 수익이 초기 리스크의 몇 배인가?

여기에 답이 있다

정답

1. 현재 주가에 0.75를 곱한 것, 즉 18.75달러가 청산지점이다. 현재 주가에서 주가의 25%를 차감하면 청산지점이 산출된다.

그 값은 진입가의 75%와 같다. 정답을 맞혔다면 10점.

2. 25% 추적청산, 즉 주가가 신고점에 도달할 때마다(종가를 선호 한다면 종가가 신고점에 도달할 때마다) 신고점의 25%가 청산지점 이 된다. 이것이 새로운 청산지점이다. 따라서 전고점이 40달 러였다면 새로운 청산지점은 75%인 30달러가 된다. 주가가 하락하면 청산지점을 옮기지 않는다. 정답을 맞혔다면 10점.

3. 리스크는 2만 5,000달러의 1%인 250달러. 맞혔다면 10점.

4. 리스크는 6.25달러. 전체 리스크(250달러)를 주당으로 나누면 40주가 된다. 맞혔다면 10점.

5. 리스크가 50센트이므로 250달러를 50센트로 나누면 500주가 된다. 맞혔다면 10점.

6. 1% 리스크, 즉 250달러를 주당 3달러로 나누면 83.33333333 주가 나온다. 반올림하면 답은 83. 맞혔다면 10점.

7. 실제 리스크는 50센트×83, 즉 41.50달러. 맞혔다면 10점.
   변동성을 토대로 했으므로 배분액은 줄어든다. 청산지점은 변동이 없으므로 실제 리스크는 41.50달러. 맞혔다면 10점.

8. 첫 번째 예에서 25달러 주식을 40주 매수했다. 총 리스크는 250달러였지만 총 투자액은 25달러×40, 즉 1,000달러. 25% 청산지점을 두면 리스크는 총 투자액의 25%가 된다. 정답을 맞혔다면 3점. 두 번째 예에서 리스크를 토대로 1만 9,000달 러를 투자해 500주를 매수했거나 변동성을 토대로 3,154달러 를 투자해 83주를 매수했다. 어느 쪽도 괜찮으므로 둘 중 하

나를 정확히 맞혔다면 3점. 주식수(40주)에 주당 가격(25달러)을 곱하면 총투자액이 산출된다. 반면 리스크는 청산 이전까지 감내한 주가 하락 정도(6.25달러)에 주식수를 곱하면 된다. 정답을 맞혔으면 4점.

9. 포지션사이징. 정답을 맞혔다면 10점.

10. 거듭 실수하기. 맞혔다면 10점.

보너스 퀴즈: 첫 번째 주를 50달러에 매도, 25달러의 수익을 거두었다. R-배수는? 달리 말하면 수익이 초기 리스크의 몇 배에 해당하는가? 50달러에 매도했다면 수익은 25달러. 이는 초기 리스크인 6.25달러의 4배에 해당하므로 4R 수익이다. 정답을 맞혔다면 10점. 최고점수는 110점.

총점이 100점이면 기본을 착실히 익히고 있는 것이다. 계속 정진하라. 80~99점이면 좀 더 분발하자. 66~79점이라면 공부를 많이 해야 한다. 약점을 찾아내서 공부하자. 이 책을 이해하고 익히도록 애써라. 59점 이하라면 트레이딩 신참이거나 트레이딩 원칙이 낯설기 때문이다. 그런 경우라면 공부를 많이 해야 한다. 이 책을 공부했는데도 50점 이하라면 어쩌면 트레이딩 체질이 아닐지도 모르겠다.

부록

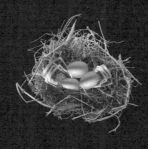

부록

용어설명:

Glossary

Super Trader
Make Consistent Profits In
Good and Bad Markets

가치평가Valuation 가치평가 모델에 따라 주가나 상품의 값어치를 매기는 행위. 밸류 트레이딩 참고.

계약Contract 상품 혹은 선물 1단위. 이를테면 옥수수 1단위 혹은 1계약은 5,000부셸이다. 금 1단위는 100온스다.

계절적 트레이딩 Seasonal Trading 생산 주기나 주요 주기 등에 따라 과거 꾸준히 일어난 연중 가격 변화를 예측하여 실시하는 트레이딩.

기계적 트레이딩 Mechanical Trading 모든 과정을 컴퓨터가 결정하며 인간의 의사결정은 전혀 개입되지 않는 트레이딩.

기댓값Expectancy(기대수익) 여러 번 트레이딩한 뒤 기대할 수 있는 평균 수익. 리스크 1달러당 올릴 수 있는 수익으로 표시하는 게 최선이다. 기댓값은 트레이딩 시스템이 생성하는 R-배수 분산의 평균 R이다.

다각화Diversification 전체 리스크를 줄이기 위해 서로 다른 독립된 시장에 투자하는 것.

다이버전스Divergence 두 가지 이상의 지표가 서로 어긋나는 신호를 보이는 현상.

돌파Breakout 밀집 구간을 벗어나 상승하거나 횡보 장세를 벗어나 상승하는 움직임.

레버리지Leverage 자기자본의 효율성을 높이기 위해 타인 자본을 활용하는 것.

롱Long 향후 가격 상승을 기대하고 거래 수단을 보유하는 것을 말한다. 숏short 참고.

리스크Risk 포지션의 진입 포인트와 최악의 경우 손실을 보고 그 포지선을 청산할 때의 포인트 사이의 격차. 이를테면 20달러에 주식을 매수해서 18달러에 청산하기로 했다면 리스크는 주당 2달러다. 학술적인 의미의 리스크란 투자하고 있는 시장의 가변성이다.

마법의 잔 시스템 Holy Grail System 시황을 완벽하게 추적하며 오류가 없어서 수익은 막대하고 손실은 없는 완벽한 시스템. 이런 시스템은 존재하지 않지만 진정한 '마법의 잔' 시스템을 만드는 비결은 '내 마음 속'에 있다. 이 책에서 밝혔듯이 하나의 시장유형에 한정되는 시스템이라면 '마법의 잔' 시스템을 어렵지 않게 개발할 수 있다.

마틴게일 전략 Martingale Strategy 포지션사이징 전략의 하나로 손실을 볼 때마다 포지션사이징을 늘리는 것. 고전적인 마틴게일 전략은 손실을 볼 때마다 베팅을 2배로 늘린다.

매매 기회 Trade Opportunity 수익 거래를 위한 여섯 가지 요소 중 하나. 시스템이 시장에서 얼마나 자주 포지션을 오픈하느냐를 나타낸다.

모델링Modeling 최상의 실적을 얻어내는 과정이 무엇인지 판단하고 그것을 다른 사람에게 훈련시키는 과정.

무작위Random 우연에 의해 결정되는 사건. 수학에서는 예측 불가능한 수.

백분율 리스크 모델 Percent Risk Model 한 포지션의 리스크를 자본의 일정 비율로 제한하는 포지션사이징 모델.

백분율 변동성 모델 Percent Volatility Model 한 포지션의 변동성(ATR로 결정)을 자본의 일정 비율로 제한하는 포지션사이징 모델.

밴드 트레이딩 Band Trading 거래 대상이 일정한 가격 범위 내에서 움직인다고 믿는 트레이딩 유형. 가격이 너무 오르면(즉 과매수 상태) 가격 하락을 예측한다. 가격이 너무 낮으면(즉 과매도 상태) 가격 상승을 예측한다. 이 책 5부에서 설명하고 있다.

밸류 트레이딩 Value Trading 가치가 높은 경우 시장에서 포지션을 오픈하는 트레이딩 전략을 가리키는 용어. 다양한 가치평가 방식이 있다. 한 기업의 자산이 주당 20달러인데 그 기업의 주식을 주당 15달러에 매수한다면 가치가 높은 투자다. 트레이더마다 가치를 평가하는 기준이 다르다.

베어리쉬Bearish 장차 시장이 하락하리라고 예측하는 의견.

변동성Volatility 일정 기간 동안 가격의 변동폭을 가리키는 용어. 변동성이 심한 시장은 일일 가격의 범위가 넓고 변동성이 약한 시장은 일일 가격의 범위가 좁다. 가장 유용한 트레이딩 개념 중 하나로 손꼽힌다. 변동성은 대체로 시장의 노이즈noise를 나타낸다.

불리쉬Bullish 장차 시장이 상승하리라고 예측하는 의견.

상품Commodities 선물거래소에서 거래되는 구체적 상품. 곡물, 음식, 육류, 금속 등이 있다.

선물Futures 계약이 체결되면 계약자가 특정일에 특정 가격에 특정 자산을 매수할 의무를 갖는다. 상품 거래에 주식지수 계약과 외환 계약까지 포함되면서 주식지수와 외환까지 포함하는 포괄적 의미를 지니게 되었다.

셋업Setup 트레이딩 시스템의 일부로 시장에 진입하기 위한 일정한 기준. 대개 트레이딩 시스템이라고 하면 셋업을 가리켰다. CAN SLIM 은 윌리엄 오닐^{William O'Neil}이 고안한 셋업 기준의 이니셜을 딴 것이다.

손실^{Drawdown} 트레이딩 손실로 계좌의 가치가 하락하거나 오픈 포지션의 가치 하락으로 '평가 손실' 때문에 계좌의 가치가 하락하는 것.

숏^{Short} 실제로 소유하지 않은 거래 수단을 매도하는 것. 숏 전략을 쓴다면 나중에 낮은 가격으로 매수하기 위해 매도하는 것이다. 매수하기 전에 매도하는 것을 시장을 숏팅^{shorting}한다고 말한다.

수동적 수입^{Passive Income} 돈이 돈을 버는 구조에서 생기는 수입.

스윙 트레이딩^{Swing Trading} 시장의 빠른 움직임을 포착하는 단기 트레이딩.

스캘핑^{Scalping} 장내 트레이더가 매수호가^{bid price}에서 매수하고, 매도가^{ask price}에서 매도하는 방식으로, 수익을 내거나 초단기 수익을 내기 위해 매매하는 행위. 매수호가란 매수하고자 하는 가격(매도자가 받을 가격)이며 매도가란 매도하고자 하는 가격(매수자가 받을 가격)이다.

스탑^{Stop}(손실제한 포인트) 가격이 청산지점을 건드리면 시장에서 주문을 내도록 하는 것. 대부분의 트레이더들이 오픈 포지션의 손실이 너무 커지기 전에 손실을 제한하기 위해 활용하므로 스탑 혹은 손실제한 주문^{stop loss order}이라고 부른다. 스탑 가격^{stop price}을 건드리면 시장에서 주문이 되는 것이지, 그 가격에 매도된다는 보장은 없다. 훨씬 낮은 가격에 매도될 수도 있다. 컴퓨터를 이용한 전자거래 시스템에는 스탑 오더 기능이 있다. 이 기능을 설정해두면 스탑 가격을 건드릴 경우 컴퓨터가 시장에 주문을 낸다.

스프레딩Spreading 다른 조건이 모두 동일하고 만기가 다른 두 선물계약의 가격 차이를 스프레드라 하는데, 이 스프레드를 이용한 거래를 스프레딩이라 한다. 즉 스프레딩은 매입과 매도 포지션을 동시에 취하는 전략으로, 결제월이 다른 두 선물을 한 선물은 매입하고 다른 선물은 매도하는 전략을 뜻한다.

시스템System 한 묶음의 트레이딩 규칙들. 완벽한 시스템이 되려면 (1) 셋업 조건 (2) 진입 신호 (3) 자본을 보존할 수 있도록 최악의 경우에 대비한 청산지점 (4) 차익실현 청산 (5) 포지션사이징 알고리즘이 있어야 한다. 그러나 시중에 판매되는 시스템들 중에는 이런 조건을 모두 충족하지 않는 시스템이 많다. 트레이딩 시스템 역시 R-배수 분산으로 표시할 수 있다.

신뢰도Reliability 정확도 혹은 승률. 60% 신뢰도는 60% 승률을 뜻한다.

심리적 시연 Mental Rehearsal 상황이나 전략을 실제로 해보기 전에 미리 심리적으로 시연해보는 과정.

알고리즘Algorithm 산출규칙. 수학적 함수를 연산하는 과정.

양의 기대 시스템 Positive Expectancy System 리스크 수준을 낮게 유지하면 장기적으로 돈을 벌 수 있는 시스템이나 게임. R-배수 분산의 평균이 양수.

에쿼티Equity 계좌의 순자산 가치.

외환거래Forex 전 세계의 대형 은행들에 의해 조성된 외환거래 시장. 요즘에는 소기업을 통해서도 외환거래가 가능하다.

위험보상비율Reward-to-Risk Ratio 계좌의 연평균 수익을 정점 대비 저점 차이의 손실^{peak-to-trough drawdown}로 나눈 것. 이 방식으로 산출한 값이 3 이상이면 탁월하다. 평균 수익을 평균 손실로 나눈 것을 위험보상 비율이라고도 한다.

유동성Liquidity 대상 주식이나 선물의 계약을 성사시킬 수 있는 정도. 대체로 거래량이 많으면 유동성이 크다.

음의 기대 시스템 Negative Expectancy System 장기적으로 결코 돈을 벌 수 없는 시스템. 이를테면 카지노 게임은 전부 음의 기대 시스템으로 설계되어 있다. 카지노 게임 중에 적중률^{hit rate}이 높아 승률이 아주 높은 시스템도 있는데 이 경우에는 가끔씩 막대한 손해를 보도록 설계되어 있다.

자금관리Money Management 포지션사이징을 설명하는 용어지만 너무 다양한 의미로 쓰이기 때문에 자금관리의 의미와 중요성을 모르는 사람이 많다. 이를테면 자금관리는 (1) 다른 사람의 자금관리 (2) 리스크 통제 (3) 자신의 자금관리 (4) 최대 수익 달성 등 다양한 의미로 쓰인다.

자산 배분 Asset Allocation 프로 트레이더들이 최적의 자산에 배분 투자를 어떻게 할지 결정하는 과정. 많은 이들이 이 과정을 어떤 자산(에너지 주 혹은 금 관련 주)을 고를지 결정하는 것이라고 생각한다. 그러나 자산 배분이란 각각의 자산에 어느 정도 투자할지 결정하는 과정이며 이를 활용할 때 엄청난 위력을 발휘한다. 따라서 자산 배분은 포지션사이징의 동의어다.

자유재량 거래 Discretionay Trading 체계적인 접근과 반대로 트레이더의 본능에 의존하는 매매 방식. 최고의 자유재량 트레이더는 체계적인 접근법을 개발하고 청산과 포지션사이징에 자유재량을 활용해 실적을 올리는 트레이더다.

장기 상승장, 장기 하락장 Secular (bull or bear) Market 시장의 장기 추세를 가리키는 말로 가치 상승은 장기 상승장secular bull market, 가치 하락은 장기 하락장secular bear market이라고 한다. 장기 추세는 수십 년 동안 지속될 수도 있지만 단 몇 달, 혹은 내년에 무슨 일이 일어날지 아무도 모르는 것이 시장이다.

장내 거래인 Floor Trader 선물거래소 안에서 트레이딩하는 사람. 일반 트레이더는 자기 계정으로 거래하고 장내 중개인pit broker은 대기업이나 증권회사를 대신해 거래한다.

재정적 자유 Financial Freedom 반 타프 박사에 따르면, 수동적 수입이 비용을 초과하는 재정 상태. 이를테면 월간 총 비용이 4,000달러이고 수동적 수입이 매월 4,300달러라면 재정적으로 자유롭다.

저위험 발상 Low-Risk Idea 양의 기대가 있고 단기적으로 최악의 상황에 처하더라도 장기적으로 기대수익을 실현할 수 있는 리스크 수준에서 트레이딩하는 것을 말한다.

정점 대비 저점 차이의 손실 Peak-to-Trough Drawdown 에퀴티의 최고점에서 최저점으로 떨어져 최대의 손실을 기록했다가 다시 에퀴티가 신고점으로 올라가는 것.

지분Equities 기업의 자본주 또는 채권자의 지분.

지수Indicator 트레이더, 투자자들이 결정을 내릴 수 있도록 데이터를 의미있게 축약해서 보여주는 것.

진입Entry 언제, 어떻게 시장에 진입해야 하는지 보여주는 시스템의 일부.

차익거래Arbitrage 가격 차이나 시스템의 허점을 이용해 꾸준한 저위험 수익을 얻는 전략. 대체로 연관성이 있는 주식, 상품 등을 동시에 매수 매도한다.

청산Exit 언제, 어떻게 시장에서 빠져나와야 하는지 보여주는 시스템의 일부.

체결오차Slippage 시장에 진입할 때 지불 예상한 금액과 실제 지불한 금액의 차이. 15에 매수하려고 했으나 15.5에 매수했다면 체결오차는 0.5다.

추세추종Trend Following 시장의 큰 움직임을 포착해 시장이 한 방향으로 계속 움직이는 동안 시장에 머무는 것.

추적청산Trailing Stop 시장의 주도적인 추세대로 움직이는 손실제한 주문. 수익이 나는 거래를 청산하는 방법으로 활용된다. 추적청산은 시장이 유리한 방향으로 움직일 때만 움직이며 반대 방향으로는 결코 움직이지 않는다.

타당성Validity 어떤 것이 얼마나 '현실적'인지를 표시하는 용어. 제대로 측정하고 있는가? 얼마나 정확한가?

투기Speculating 변동성이 큰 시장, 즉 리스크가 큰 시장에 투자하는 것.

투자Investing 대부분이 따르는 매수 후 보유 전략. 자주 진입하고 청산하거나, 롱포지션과 숏포지션을 동시에 취한다면 트레이딩이다.

트레이딩Trading 시장에서 롱 혹은 숏포지션을 오픈하는 행위. 포지션을 오픈할 때는 차후 상당한 수익을 거두기 위해 청산하거나 손실을 빨리 제한하기 위해 청산한다는 것을 염두에 둔다.

트레이딩 비용 Trading Cost 수수료, 체결오차, 시장조성자 비용 등 트레이딩에 수반되는 제반 비용.

펀더멘털 분석 Fundamental Analysis 수요 공급의 특성에 따라 시장을 분석하는 기법. 주식시장에서 펀더멘털 분석은 가치, 수익, 경영, 주식의 저평가, 주식의 고평가 등에 관한 데이터를 분석한다.

포지션사이징Position Sizing 성공 트레이딩을 위한 여섯 가지 핵심 요소 중 가장 중요한 요소. 목표달성 여부를 결정하는 시스템의 일부. 포지션의 규모를 결정하는 요소. 대부분 현재의 에쿼티를 바탕으로 포지션사이징을 결정한다.

표준편차Standard Deviation 분산의 양의 제곱근. 분산은 해당 값에 평균을 뺀 값, 즉 편차를 제곱하여 모두 더한 다음 도수로 나누어 평균을 산출한 것. 따라서 분산은 제곱한 것이기 때문에 산포도를 알아보기 위해서 분산의 양의 제곱근을 구한 것이 표준편차.

필터Filter 일정한 기준을 충족하는 데이터만 선별하는 지표. 필터를 과다하게 쓰면 과다최적화되기 쉽다.

횡보장Sideways Market 상승도 하락도 없는 시장.

ATRAverage True Range 지난 X일 동안 true range의 평균. true range는 다음 중 가장 큰 수: (1) 오늘의 고가-오늘의 저가 (2) 오늘의 고가-어제의 종가 (3) 오늘의 저가-어제의 종가.

Equal Units Model 각 포지션에 동일한 자본을 분배하는 포지션 사이징 모델.

MAEMaximum Adverse Excursion(매수가 대비 최대 역행폭) 특정 포지션의 진입에서 청산까지 전체 기간 중 포지션에 역행하는 최대한의 손실.

NLPNeuro-Linguistic Programming(신경언어학 프로그램) 시스템 분석가 리처드 밴들러Richard Bandler와 언어학자 존 그라인더John Grinder가 개발한 심리훈련 방식. 인간 행동의 탁월함을 모델링하는 과학이다. 그러나 NLP 세미나에 가보면 모델링 과정에서 고안한 기법들을 가르친다. 이를테면 반 타프 연구소Van Tharp Institute에서는 최고의 트레이딩, 시스템 개발, 포지션사이징, 자산 축적 등을 모델링했다. 우리가 워크숍에서 가르치는 것은 모델링 자체의 과정이 아니라 최고의 트레이딩, 시스템 개발, 포지션사이징, 자산 축적 등을 실행하는 과정이다.

PERPrice Earning Ratio 주가수익비율. 주가와 수익의 비율. 20달러 주식의 주당 연수익이 1달러이면 PER은 20이다. 지난 100년간 S&P500의 평균 PER은 약 17이다.

R-배수R-multiple 초기 리스크로 표시한 트레이딩 결과. 손실과 수익 모두 초기 리스크(R)의 배수로 표시할 수 있다. 이를테면 10R 배수는 초기 리스크의 10배에 해당하는 수익이다. 따라서 초기 리스크가 10달러라면 100달러 수익이 10R-배수 수익이 된다. R-배수를 이용하면 어떤 시스템이든 R-배수 분산으로 나타낼 수 있다. 분산으로 평균(기대수익)과 표준편차를 구할 수 있다.

R-value 초기 청산지점으로 규정한 특정 포지션의 초기 리스크.

Support 더 이상 떨어지기 힘든 주가 수준. 차트상에서 매수자들이 시장에 유입되는 구역.

Trade distribution 수익 거래와 손실 거래의 분포 양상. 연승기록이나 연패기록을 알 수 있다.

Units per fixed amount of money model 계좌의 일정 금액당 1단위를 매수하는 포지션사이징 모델. 이를테면 2만 5,000달러당 1단위(즉 100주 혹은 1계약)를 매수한다.

슈퍼 트레이더

초판 1쇄 발행 2012년 9월 11일
개정판 1쇄 발행 2023년 12월 15일
2쇄 발행 2024년 4월 30일

지은이 반 K. 타프
옮긴이 신가을

펴낸곳 ㈜이레미디어
전화 031-908-8516(편집부), 031-919-8511(주문 및 관리)
팩스 0303-0515-8907
주소 경기도 파주시 문예로 21, 2층
홈페이지 www.iremedia.co.kr   **이메일** mango@mangou.co.kr
등록 제396-2004-35호

편집 주혜란, 이병철 **표지디자인** 유어텍스트 **본문디자인** 에코북디자인
마케팅 김하경 **재무총괄** 이종미 **경영지원** 김지선

ISBN 979-11-93394-00-7 (03320)

당신의 소중한 원고를 기다립니다.
mango@mangou.co.kr